中国制造业
产能过剩的测度与成因

夏飞龙 著

The Measurement and Causes of Overcapacity in China's Manufacturing Industry

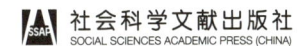

社会科学文献出版社
SOCIAL SCIENCES ACADEMIC PRESS (CHINA)

摘　要

自20世纪90年代末以来，中国经济增长长期受产能过剩问题困扰。特别是2008年金融危机后，产能过剩问题与产业转型升级、跨越中等收入陷阱、高质量发展等问题息息相关，表现更加突出。为此，中国有关部门出台了一系列措施来化解产能过剩，但收效甚微。针对此问题，从理论研究方面来看，可能的原因是：第一，缺乏对产能过剩的科学评价；第二，产能过剩的形成机理需要更深入的探讨。本书针对这两方面的原因展开研究。

首先，运用1996~2015年中国制造业面板数据和超越对数成本函数对中国制造业分行业的产能利用率进行测算，并将其与DEA、SFA和协整法的测算结果进行比较，发现：第一，中国长期存在产能过剩问题，且产能利用率一般表现为顺周期特征，但在2011~2013年表现出显著的逆周期特征；第二，成本函数法下的两种不同标准的产能利用率可相互替代，但从理论上讲最低点标准可能更适合衡量产能过剩的程度；第三，基于产能利用率构建的动态产能过剩指标可以有效地衡量产能过剩；第四，不同产能利用率测算方法各有优劣，可根据样本特征、数据可得性、历史背景等多种因素，选择合适的估算方法。

其次，以企业决策为微观基础，构建企业"进入—退出—创新"的产能过剩动态形成框架。并在此基础上，基于不确定性视角，将政府因素和市场因素共同纳入统一的分析框架，刻画产能过剩的形成机理。由此，提出了可供检验的研究假设，并利用2001~2015年的制造业面板数据对假设进行验证，得到的结论是：第一，不确定性与产能过剩存在非线性的"U"形关系；第二，不确定性通过企业进入、退出和创新三个渠道影响产能过剩；第三，不确定性同时也是政府失灵的原因，对政府干预具有调节作用。

最后，将政企合谋和企业创新相结合，刻画"高端不足，低端过剩"的结构性产能过剩的形成机理——政企合谋—低端技术锁定—结构性产能过剩。进一步，借鉴"政企合谋"框架进行理论推导，提出研究假设。与此同时，利用2001~2011年的工业面板数据对研究假设进行检验，得到的结论是：政企合谋是中国结构性产能过剩形成的重要原因。具体表现为：第一，企业选择高端技术生产和低端技术生产的成本差距、地方财政分成比例和宏观税率促进政企合谋，从而加剧结构性产能过剩；第二，高质量产品的价格加成以及地方政府和企业合谋的交易成本削弱政企合谋，从而缓解结构性产能过剩。

以上结论从不确定性和政企合谋视角来解释中国的产能过剩治理措施为何效果不佳。由此，得到的主要结论是：第一，政府在制定政策时，应考虑不确定性和政企合谋两方面的因素；第二，治理产能过剩，应抓住企业决策和体制两方面因素，使长期政策和短期政策相互协调。从短期来看，通过预期管理引导企业的进入和退出是化解产能过剩的主要手段；从长期来看，推动企业创新和深化体制改革是化解产能过剩的根本措施。

关键词：产能过剩　不确定性　政企合谋　政府干预　产能利用率

ABSTRACT

Since the late 1990s, China's economic growth has been plagued by overcapacity for a long time. Especially after the financial crisis in 2008, overcapacity was closely related to industrial transformation and upgrading, across middle-income traps, and high-quality development. Accordingly, the relevant Chinese authorities have introduced a series of measures to resolve overcapacity, but the results have been minimal. In view of this problem, from the perspective of theoretical research, the possible reasons are: first, the lack of scientific evaluation of overcapacity; second, the formation mechanism of overcapacity needs to be explored in more depth. This book explores the reasons for these two aspects.

Firstly, using the 1996 – 2015 China manufacturing panel data and the trans-log cost function to measure the capacity utilization rate of China's manufacturing sub-sectors, and compare it with the DEA, SFA and cointegration methods to find out: First, China has a long-term overcapacity problem, and the capacity utilization rate generally shows a procyclical characteristic, but it shows a significant counter-cyclical characteristic in 2011 – 2013. Second, the capacity utilization rate of two different standards under the cost function method can be substituted for each other, but in theory, the lowest point standard may be more suitable for measuring the degree of overcapacity. Third, the dynamic overcapacity index based on capacity utilization can effectively measure overcapacity. Fourth, each of the different methods of capacity utilization rate has its own advantages and disadvantages, and we can choose appropriate estimation method based on various factors such as sample characteristics, data availability, and historical background.

Secondly, based on the micro-foundation of enterprise decision-making, the dynamic framework of the overcapacity of "entry-exit-innovation" of enterprises is constructed. From the perspective of uncertainty, the government and market factors are jointly incorporated into a unified analysis framework, which depicts the formation mechanism of overcapacity. Therefore, the research hypotheses that can be testified are put forward, and the hypotheses are verified by the manufacturing panel data from 2001 to 2015. The conclusions are: First, there is a nonlinear "U-shaped" relation between uncertainty and overcapacity. Second, uncertainty affects overcapacity through three channels: entry, exit, and innovation. Third, uncertainty is also the cause of government failure, which has a regulatory effect on government intervention.

Finally, the combination of the collusion between government and enterprise and enterprise innovation portrays the formation mechanism of structural overcapacity of "high-end shortage, low-end surplus" which is "collusion of government and enterprise—low-end technology locked—structural overcapacity". Further, draw on the framework of the "collusion of government and enterprise" to make theoretical deductions and propose research hypotheses. At the same time, using the industrial panel data from 2001 to 2011 to test the research hypotheses, the core conclusion is that government-enterprise collusion is an important reason for the formation of structural overcapacity in China. Specifically: First, the gap between the cost of enterprises choosing high-end technology production and the cost of selecting low-end technology, local fiscal share ratio and macro tax rate promote government-enterprise collusion, thereby exacerbating structural overcapacity; Second, people's price increases for high-quality products and transaction costs of the collusion of local government and corporation weaken the collusion between government and enterprises, thereby mitigating structural overcapacity.

The above conclusions explain why China's overcapacity measures are not effective in terms of uncertainty and government-enterprise collusion. Therefore, the main policy implications are: First, the government should consider the factors of uncertainty and government-enterprise collusion when making policies. Second, to tackle the problem of overcapacity, we should grasp the decision-making of enterprises and institutional factors. In the short run, the decision of entry and exit of enterprises is the most important factors that affect overcapacity. In the long run, encouraging enterprises innovating and reforming the system of institute are effective to resolve overcapacity.

Keywords: Overcapacity; Uncertainty; Government-enterprise Collusion; Government Intervention; Capacity Utilization

目　录

第一章　导论 … 1
　第一节　问题的提出 … 1
　第二节　研究内容与研究意义 … 6
　第三节　研究的思路、框架与方法 … 7
　第四节　可能的创新与不足 … 10

第二章　相关理论和文献综述 … 13
　第一节　相关概念的界定 … 13
　第二节　不确定性经济学理论 … 21
　第三节　产能过剩的成因综述 … 28
　第四节　文献评述及本书的研究方向 … 48

第三章　中国制造业产能过剩的测度与产能利用率测算方法比较 … 51
　第一节　引言 … 51
　第二节　关于产能利用率测算方法的文献综述 … 53
　第三节　成本函数法产能利用率测算的理论框架 … 60
　第四节　变量、数据和实证结果 … 63
　第五节　本章小结 … 84

第四章　产能过剩的现状及形成机理分析 … 86
　第一节　引言 … 86

第二节　我国制造业产能过剩和不确定性的典型事实分析 …… 87
　　第三节　不确定性和产能过剩的形成机理分析 ……………… 99
　　第四节　本章小结 …………………………………………… 118

第五章　政府干预、不确定性与产能过剩：
　　　　　来自中国制造业的实证研究 ………………………… 120
　　第一节　引言 ………………………………………………… 120
　　第二节　研究假设 …………………………………………… 121
　　第三节　实证模型与数据说明 ……………………………… 129
　　第四节　实证结果与分析 …………………………………… 138
　　第五节　本章小结 …………………………………………… 158

第六章　政商关系、技术创新与结构性产能过剩 ……………… 161
　　第一节　引言与文献综述 …………………………………… 161
　　第二节　政商关系和结构性产能过剩的典型事实分析 …… 167
　　第三节　理论模型与假设 …………………………………… 170
　　第四节　数据和计量分析模型 ……………………………… 181
　　第五节　计量结果及分析 …………………………………… 187
　　第六节　本章小结 …………………………………………… 199

第七章　结论与政策建议 ………………………………………… 201
　　第一节　主要结论 …………………………………………… 201
　　第二节　政策建议 …………………………………………… 204
　　第三节　需要进一步研究的问题 …………………………… 206

参考文献 …………………………………………………………… 207

后　　记 …………………………………………………………… 231

第一章 导论

第一节 问题的提出

就理论和认识的推进而言，先不论西方，单论中国学术界对产能过剩的研究已经持续达 20 年，仍然选择产能过剩问题作为选题，似乎有些不明智。是的，在过去的 20 年中，产能过剩问题一直像"影子"一样伴随着中国经济的发展。无数的理论工作者投入其中，从各个方面对产能过剩的成因进行研究，并提供相应的政策建议。在汗牛充栋的文献中，人们似乎找到了产能过剩形成的各方面影响因素。那么，为什么在今天还要选择产能过剩作为研究选题呢？本书之所以选择产能过剩这一主题加以研究主要从以下几个方面考虑。

一 产能过剩是世界级难题，在中国也长期存在，特别在金融危机后表现更加突出

自 20 世纪 70 年代以来，全球就面临长期的产能过剩（Crotty, 2002）。直到现在，全球产能过剩问题仍非常严峻。经济合作与发展组织下属钢铁委员会发布的报告显示，2017 年上半年全球炼钢产能为 23.6 亿吨，较 2016 年同期的 23.7 亿吨仅微降 0.6%，未来全球钢铁需求将有所回升，但不足以消化目前的过剩产能。

产能过剩问题在中国也长期存在，特别是在金融危机后表现更加突出。学界比较认可的是卢锋（2009）对中国产能过剩阶段的划分，认为我国经历了三次大规模的产能过剩，分别是1998～2001年、2003～2006年和2009年至今。国际货币基金组织（IMF）在2012年发布的中国报告中指出，占GDP近50%的高投资造成了中国的产能利用率从金融危机前的近80%下降到2012年的60%。按照判断产能过剩的拇指法则，即期望的产能利用率在79%～82%，中国存在严重的产能过剩。2013年国务院发布的《国务院关于化解产能严重过剩矛盾的指导意见》明确指出："我国部分产业供过于求矛盾日益凸显，传统制造业产能普遍过剩，特别是钢铁、水泥、电解铝等高消耗、高排放行业尤为突出。2012年底，我国钢铁、水泥、电解铝、平板玻璃、船舶产能利用率分别仅为72%、73.7%、71.9%、73.1%和75%，明显低于国际通常水平。钢铁、电解铝、船舶等行业利润大幅下滑，企业普遍经营困难。"

二 产能过剩给中国经济的可持续增长带来极大的风险

产能过剩与中国经济的高质量增长、跨越中等收入陷阱和产业转型升级等问题息息相关，给中国经济的可持续发展构成了压力。从宏观角度讲，产能过剩是我国最突出的宏观经济风险之一（钟春平、潘黎，2014），造成了经济资源的浪费，阻碍了中国经济高质量增长，表现为资本投资效率持续下降（白重恩、张琼，2014）。根据相关文献做法（曹建海、江飞涛，2010），笔者选择工业固定资产增长率与工业产出增长率相对变化和工业"边际资本—产出比率"（Increment Capital-Output Ratio，ICOR）来衡量工业投资效率。如图1-1所示，1998～2001年，工业产出增长率高于工业固定资产增长率，而2002年后，工业固定资产增长率高于工业产出增长率，这粗略表明2002年后工业投资效率呈现下滑态势。进一步，利用"边际资本—产出比率"（见图1-2）来衡量投资效率。1998～2002年，工业 ICOR 有下降趋势，但 2003~2007 年小幅走高，特别是 2008 年后，该值急剧上升，这意味着工业投资效率在 2008 年后急剧恶化。

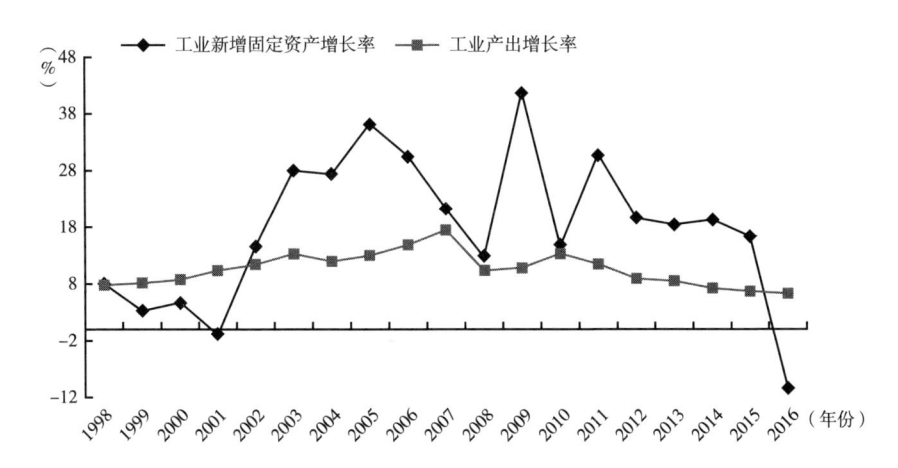

图 1-1　工业固定资产增长率与工业产出增长率

资料来源：国家统计局网站，由笔者绘制。

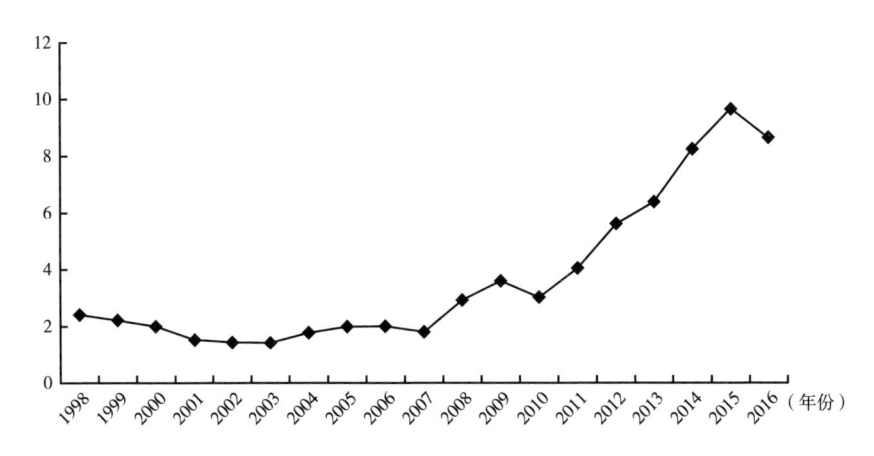

图 1-2　工业边际资本—产出比率（ICOR）

资料来源：国家统计局网站，由笔者绘制。

从微观角度看，产能过剩会导致企业的成本（机会成本和实际成本）上升，并降低资本和劳动的边际生产率，从而降低产品的竞争力（Dagdeviren，2016）。林毅夫（2012）也指出，产能过剩对企业盈利、私人部门投资和家庭消费可能具有持久的负面影响,同时还会造成金融市场恶性循环。

三 长期以来产能过剩的治理措施效果不佳

产能过剩成为影响我国经济可持续发展的重大问题,引起了我国政府的高度重视。国务院和工信部等相关部门针对产能过剩问题陆续颁布了一系列文件,如表1-1所示。这些产能过剩治理措施都是基于政府部门的行政手段来重新调配资源,可分为以下五个方面:①发布信息,提出警示;②加强环境管制措施;③设定较高的市场准入门槛;④直接限产和淘汰产能;⑤直接投资管制措施。然而长期以来,产能过剩的治理措施效果不佳,反而陷入一种"越治理越严重"的怪圈。也就是说,现有的产能过剩治理措施无法从根本上治理产能过剩,反而会导致市场协调困难、市场波动剧烈等不良反应,即一些政策加剧了产能过剩。

表1-1 2002~2015年中国颁发的部分化解产能过剩的文件

年份	文件名	颁发单位
2002	《关于制止电解铝行业重复建设势头的意见》	国家计委和国家经贸委
2006	《国务院关于加快推进产能过剩行业结构调整的通知》	国务院
2009	《关于抑制部分行业产能过剩和重复建设引导产业健康发展若干意见的通知》	国家发展和改革委员会等部门
2011	《关于遏制电解铝行业产能过剩和重复建设引导产业健康发展的紧急通知》	工业和信息化部、国家发展和改革委员会、监察部、国土资源部、环境保护部、中国人民银行、中国银行业监督管理委员会、国家电力监管委员会、国家能源局等部门
2013	《国务院关于化解产能严重过剩矛盾的指导意见》	国务院
2015	《部分产能严重过剩行业产能置换实施办法》	工业和信息化部

那么，我们不禁要问：为什么国家对产能过剩出台的治理措施效果不佳呢？从理论研究的角度出发，原因可能包括两点：第一，缺乏对产能过剩的科学评价；第二，产能过剩的形成机理需要更深入地探讨。

针对第一个原因，我们很容易理解。要研究产能过剩问题，最基本的是要判断产能过剩的程度及变化趋势。目前判断产能最有效的指标是产能利用率。首先，我国目前还没有权威的机构发布产能利用率指标。美国有QPC（Quarterly Survey of Plant Capacity Utilization）为制造业提供季度产能利用率，而我国政府相关部门并没有建立完善的产能利用率调查体系。其次，虽然学界利用多种方法可测算产能利用率，但不同方法之间的测算结果差异大，并未形成共识。同时，目前仅少数学者在这方面进行研究（梁泳梅等，2014）。最后，产能过剩程度的判定标准多样，也未形成共识。产能过剩的判定标准一直存在争议，美国的产能过剩判定标准为产能利用率低于81%，而欧洲为产能利用率低于79%~83%，我国也有学者认为是产能利用率低于74%。

针对第二个原因，我们同样很容易理解。正所谓"对症下药"，即只有找到造成产能过剩的真正原因，才能制定出有效的措施。但是由于产能过剩问题的复杂性，人们对产能过剩的形成原因仍然存在争议。在我国学术界，关于产能过剩的成因，一直存在"市场失灵"（林毅夫，2007；林毅夫等，2010；徐朝阳、周念利，2015）还是"政府失灵"（王文甫等，2014；张龙鹏、蒋为，2015）的争论。根据对现有文献的评述，我们发现现有产能过剩的理论研究主要存在以下三个方面需要进一步探讨的空间。第一，对产能过剩的形成机制研究过于片面。大量文献从企业进入方面来研究产能过剩，认定过度投资是产能过剩形成的直接原因。实际上，从产业组织理论来看，产能过剩是属于产业绩效范畴，其微观基础不仅包括企业进入，还包括企业的退出和创新。第二，对产能过剩的形成原因挖掘不够深入。大量文献围于"市场论"与"政府论"之争，要么将研究结论定位于市场因素，要么定

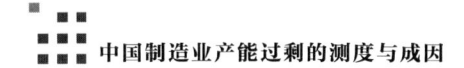

位于政府因素。虽然目前有大量的文献认同市场因素和政府因素的共同作用造成了产能过剩，但实际上还是"两张皮"，彼此是割裂的。实际上，不确定性正好是导致"市场失灵"和"政府失灵"的共同因素。第三，对结构性产能过剩研究不足。虽然有一些文献中提到了结构性产能过剩的概念，并对其做了定性分析，但理论和实证研究不足。

本书针对以上研究方面的不足做了一些力所能及的尝试。

第二节　研究内容与研究意义

一　研究内容

本书研究的主要内容是针对已有的关于我国产能过剩测度和成因等方面的研究不足，通过理论和实证研究进行丰富和拓展，具体如下。

第一，以制造业为研究对象，利用成本函数法对我国各行业的产能利用率进行测度，并构建动态产能过剩指数来衡量产能过剩程度。与此同时，将不同标准的成本函数法测算的产能利用率与DEA、SFA和协整法的测算结果进行比较。

第二，基于企业的进入、退出和创新行为构建产能过剩动态形成框架，对产能过剩的形成机理进行全面深入分析。在此基础上，利用不确定性将市场因素和政府因素同时纳入同一个研究框架，提出理论假设，并利用制造业面板数据进行实证检验。

第三，利用政企合谋的理论框架，利用企业进入和企业创新渠道，构建结构性产能过剩的形成机理。在此基础上，提出研究假设，并利用中国工业面板数据对理论假设进行实证检验。

二　研究意义

从理论角度来看，产能过剩的研究还远未形成共识，主要包括：

①国内外学者对产能过剩的内涵界定还存在分歧；②虽然大量研究都将产能利用率作为判定产能过剩的主要标准，但是不仅产能利用率的测度方法多种多样，而且基于产能利用率的判定标准存在严重的分歧，尚未形成一致的对产能过剩判定的方法；③对产能过剩的影响因素存在"市场失灵"和"政府失灵"之争，进而形成机理的研究也存在分歧；④对结构性产能过剩的研究还停留在定性层次，未有系统的理论和实证研究。此外，现有研究的不足还表现为缺乏严谨的理论推导和经验分析。本书试图综合运用数理分析方法和计量分析方法，希望能对现有产能过剩问题的研究进行有益的补充。

从现实角度来看，2018年政府工作报告指出，推动中国由高速增长阶段转向高质量发展阶段，需要深入推进供给侧结构性改革，继续抓好"三去一降一补"，继续破除无效供给，化解过剩产能、淘汰落后产能。然而，从当前治理产能过剩的措施效果看，效果不理想。造成这个结果的原因有很多，但是可能还存在两个方面的原因。第一，缺乏科学的产能过剩评价体系。第二，未能正确认识产能过剩的形成机理。本书试图通过建立模型和计量分析，科学评价产能过剩的程度，并深入分析产能过剩的形成机理，找出影响产能过剩的重要原因，进而提出可执行的化解过剩产能的措施，为化解产能过剩提供理论支撑。因此，本书的研究具有较强的现实意义和时代意义。

第三节 研究的思路、框架与方法

一 研究思路

为什么中国对产能过剩出台的治理措施效果不佳呢？从理论研究的角度出发，原因可能包括两点：第一，缺乏对产能过剩评价及预警的科学体系；第二，产能过剩的形成机理需要更深入地探讨。在产能过剩的测度方面，利用成本函数法对我国制造业的产能利用率进行测算，并构建动态产能过剩指数对产能过剩进行衡量，为后续的实证研究提供数据支持。在阐明产能过剩现状的基础上，基于企业的进入、退出和创新构建了产能过剩形成的动态框架，并利用不确定性因素真正地将市场和政府联系起来，刻画产能过剩的形成机理。最后，基于中国产能过剩具有结构性特征的事实，基于政企合谋视角，构建了结构性产能过剩的形成机理。具体章节安排如下。

第一章是导论。其内容包括：问题的提出、研究内容与研究意义、研究思路、研究框架与方法和可能的创新与不足。

第二章是文献综述。重点评述了产能过剩的内涵、不确定性经济学理论以及产能过剩的成因。

第三章是中国制造业产能过剩的测度与产能利用率测算方法比较。在文献回顾的基础上，利用成本函数法测算制造业产能利用率，并构建动态产能过剩指数来衡量产能过剩程度。与此同时，将不同标准的成本函数法测算的产能利用率与DEA、SFA和协整法的测算结果进行比较。

第四章是产能过剩的现状及形成机理分析。首先对我国产能过剩的典型事实和现状进行分析。其次基于企业的进入、退出和创新行为构建产能过剩动态形成框架，对产能过剩的形成机理进行全面深入分析。

第五章是政府干预、不确定性与产能过剩：来自中国制造业的实证研究。在第四章构建的产能过剩形成理论的基础上，提出理论研究假设，并利用制造业面板数据对假设进行检验。

第六章是政商关系、技术创新与结构性产能过剩。首先，通过文献分析建立了政企合谋—低端技术—结构性产能过剩的逻辑链条。其次利用数理模型找出影响政企合谋的因素，并提出可供检验的理论假设。最后利用工业面板数据对所提出的理论假设进行检验。

第七章是主要结论、政策建议和未来研究方向。对全书的结论进行总结，在此基础上，提出有效的政策建议，并对未来的研究方向进行展望。

二 研究框架

本书的技术路线如图1-3所示。

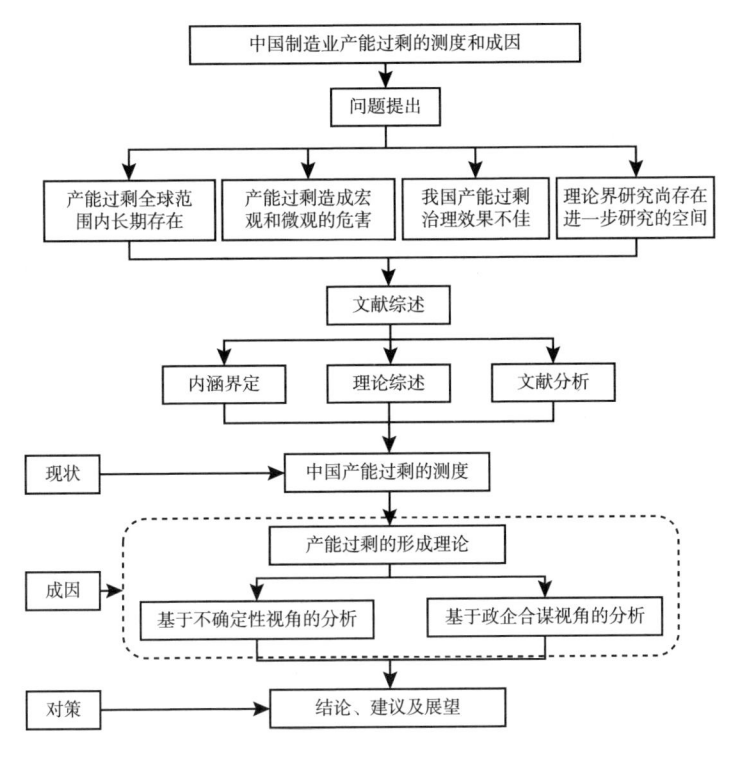

图1-3 本书的技术路线

三 研究方法

总的来说，本书借鉴国内外已有的研究成果，基于不同的研究视角，采用理论研究和实证研究相结合、定性和定量相结合的方法，综合运用经济学和统计计量学的理论进行研究。

第一，逻辑推演法。该方法在本书中主要体现在产能过剩的形成机理分析上。比如首先基于基本理论和典型事实，认为企业的进入、退出和创新行为可能导致产能过剩。其次通过建立数理模型将不确定性和企业的进入、退出和创新行为联系起来。最后构建了"不确定性—企业决策—产能过剩"的分析框架。与此同时，基于我国政府干预的典型事实，对该分析框架进行进一步扩展，构建了政府干预下的产能过剩分析框架。

第二，计量经济方法。该方法在本书中体现在利用成本函数法测算制造业产能利用率和对所提出的理论假设进行检验上。具体来说，本书主要运用了混合回归、随机效应回归、似不相关回归和系统GMM回归等估计方法。

第三，数理推导方法。该方法在本书中体现在第四章和第六章中。在第四章中利用数理模型分析了不确定性对企业决策行为的影响。在第六章中利用数理模型分析了政企合谋的影响因素。

第四节　可能的创新与不足

一　可能的创新

本书可能的创新包括如下几方面。

第一，产能过剩内涵理解及测度上的创新。现有大多数文献对产能过剩的分类比较混乱。本书基于不确定性将产能过剩区分为"有效的"和"无效的"产能过剩，指出"有效的产能过剩"对市场是有利的；而"无效的产能过剩"对市场是有害的。并在此基础上，对产能过剩进行重新分类，使对产能过剩的理解更加清晰。在测度产能过剩方面，提出了动态产能过剩指数，既克服了静态产能过剩指数的缺陷，又克服了不同方法测算产能利用率难以直接比较的问题。与此同时，还体现了产能过剩的相对性，可以有效地衡量产能过剩的程度。

第二，产能过剩形成机理的创新。从产业组织理论来说，产能过剩是一种市场绩效。本书基于企业的进入、退出和创新构建了产能过剩的形成机理，使理论更全面、更具有解释力。比如大多数文献从企业进入方面进行研究，认为企业过度投资是产能过剩形成的主要原因。在2010年后，我国的投资增速逐年下滑，那么产能过剩应该缓解，事实却是产能过剩不断加剧。现阶段产能过剩可能的解释是企业退出不足。

第三，产能过剩研究视角方面的创新。与以往从政府"干预动机"方面的研究不同，基于不确定性视角，本书发现政府不当干预是"能力不足"，从而使政府和市场因素真正地衔接起来，打破了"市场失灵"与"政府失灵"之争，为有效利用政府和市场机制化解产能过剩提供了依据。与以往研究不同，本书得到了不确定性与产能过剩之间存在非线性的"U"形关系的结论。基于政企合谋视角，对企业的低端技术锁定进行理论分析，从而构建了结构性产能过剩的形成机理。这既丰富了产能过剩形成机理的文献，又丰富了政企合谋的分析框架的研究领域，为我国出台的产能过剩治理措施提供了理论依据。

二 不足之处

本书虽然从不确定性和政企合谋两个角度分析了产能过剩的成因，回答了"政府出台的治理产能过剩的措施"这一问题。但是，客观来讲，本书还存在一些不足之处，主要包括以下几点。

第一，尽管本书试图对所提出的假设都进行验证，但受限于数据，在第六章中未对假设二、三和五进行验证。另外，虽然本书用系统 GMM 的估计方法克服了潜在的内生性问题，但难以完全消除内生性问题。因此，找到更合适的数据和方法验证本书所提出的假设是下一步研究的工作。

第二，本书仅采用单一代理变量（利润率）的波动来衡量实体经济不确定性，而未采用近年来利用不可预测部分的波动测度不确定性的方法。因此，找到更多的数据客观衡量经济中的不确定性也是下一步的研究内容。

第三，一方面，本书所构建的模型得到的都是局部均衡解，而影响产能过剩的各个渠道之间可能相互影响；另一方面，在建立不确定性与企业进入和退出的数理模型中，只建立了两个时期的离散模型。因此，如何在一般均衡框架下建立连续时间模型，从而得到更深刻的理解是下一步研究的内容。

第二章 相关理论和文献综述

第一节 相关概念的界定

一 产能过剩的概念及分类

(一) 产能过剩的概念

产能过剩（Overcapacity）的概念使用范围越来越广，学术界和政府部门文件都更倾向于将重复建设、过度投资和过度竞争等概念归为产能过剩（中国金融四十人论坛课题组，2017）。实际上，产能过剩并不是一个很严密的概念。因此，需要对其概念先做一番界定。产能的概念分为两个层次：企业、产业和国民经济（Klein，1960），分别对应着微观（企业和产业）和宏观（国民经济）产能。因此，在理论上，存在宏观产能过剩和微观产能过剩之分（张晓晶，2006），本书认同这个看法。① 然而，不仅在媒体报道中，一些学者在提产能过剩的时候也将二者混淆。

---

① 卢锋（2009）提出了异议，认为产能过剩本质上是部门性和微观性问题，排除了宏观产能过剩的概念。他认为宏观上一般称"总需求不足"，而不称作宏观产能过剩。显然，这只是说法不同而已，并未否定宏观上存在产能过剩的可能性。大多数学者还是认同宏观产能过剩的，笔者也持这种看法。

实际上，产能的概念首先在基于加速原理的经济周期理论中广泛应用。因此，从时间上来看，学术界先注意到的是宏观的产能过剩，当时称为"生产过剩"。《新帕尔格雷夫经济学大辞典（中译本）》第三卷对生产过剩做了描述：一般认为，生产过剩指的是"潜在的"生产过剩，因为决策者在适当的信息下，会采取合理的行动，他们大致能估计出自己面临的市场机会，而不会过量生产无利可图的产品。可能的情况是决策者不能判断需求是暂时下降还是长期下降。短期内下降的话，决策者会以增加库存的形式继续生产，但会控制在一定的范围之内；如果长期下降的话，决策者会削减生产。这很好理解，最先注意到的肯定是造成宏观危害的产能过剩，比如行业内企业库存增加、产品价格下降、企业利润大幅下降、持续性投资减少（李江涛，2006），从而引起了经济萧条。下面首先界定微观产能过剩。

OECD 2016 年的报告认为产能过剩是企业的实际产出在低于平均成本最低点的产出（产能），即如果边际成本小于平均成本，扩大产出仍然可以降低平均成本。这个定义遵循 Chamberlin 界定产能过剩的传统，其中产能指的是经济产能。[①] 程俊杰（2017）将这类产能过剩的概念归纳为"超额生产能力说"，国外学者一般认同此界定（Cassels，1937；Kamien 和 Schwartz，1972）。与此相对，我国学者对此界定存在一点不同，其中最具代表性的是卢锋（2009）对产能过剩的界定，他把产能过剩界定为主要发生在工业部门的闲置富余产能超过某种合理界限现象，通常伴随价格下降和利润减少以至持续亏损。国内外定义的差异最主要的体现在判定标准上（见表 2-1）。卢

---

① 对产能的理解概括起来包括三类，物理产能、经济产能和可持续产能（程俊杰，2017），这为估算产能利用率提供了理论支撑。笔者认为三种产能定义均具有一定的意义，无法判断优劣。在实际研究过程中，应综合考虑样本特征、数据可得性、历史背景等多种因素，从而选择相对合理的估算方法（张林，2016）。

锋（2009）采用静态产能利用率和价格走势、财务盈亏、需求增长等方面情况共同识别和判断是否存在产能过剩（见图2-1）。可见，国内外产能过剩的定义实际上并无本质的区别，二者都将产能利用率作为核心界定指标，不同的是判定产能过剩的标准（夏飞龙，2018a）。

表2-1 国内外产能过剩概念的差异

国别	概念的结构	判定标准	代表性文献
国外	实际产出小于产能	产能利用率、社会福利损失	Cassels（1937）；Kamien和Schwartz（1972）
国内	实际产出小于产能	产能利用率、企业亏损、宏观经济运行风险等	卢锋（2009）；曹建海和江飞涛（2010）；胡荣涛（2016）

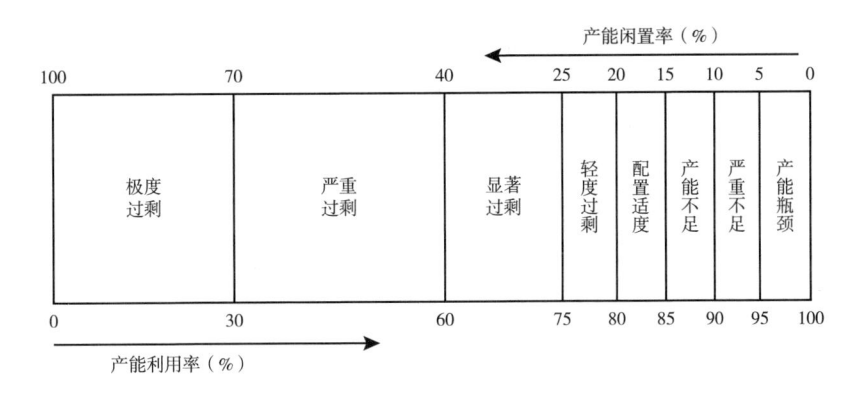

图2-1 静态产能利用率区段属性界定

资料来源：卢锋（2009）。

综上所述，基于产业组织理论，本书将微观产能过剩界定为一种"坏"的市场绩效，即在其他条件不变的情况下，企业或行业的产能利用率低于临界值，使企业或行业的净利润为负。其中产能利用率（Capacity Utilization Rate，CUR）为实际产出与产能之比。在其他条件不变的情况下，净利润（Net Profit，NP）与产能利用率的关系可

表示为 $NP = f(p, CUR, \ldots)$，其中 p 为企业产品价格，有 $\frac{\partial NP}{\partial P} > 0$，$\frac{\partial NP}{\partial CUR} > 0$，那么 $CUR_{临界值}$ 满足 $f(\bar{p}, CUR_{临界值}, \ldots) = 0$。这只是理论上可能得到的产能利用率的临界值。遗憾的是，大量文献一般将产能利用率的临界值设定为100%和79%~83%两类，但都具有一定的局限性（夏飞龙，2018a）。但是，目前难以找到比产能利用率更好的指标来判定产能过剩，因此，本书后续的研究中将利用产能利用率来构建产能过剩指标，来判定产能过剩。本书将以微观产能过剩作为主要的研究对象。如无特殊说明，本书中的产能过剩均指的是微观产能过剩，指的是企业层面、行业层面、区域层面的产能过剩。

与微观产能过剩相对的是宏观产能过剩。经济周期理论将一国的商业循环分为繁荣、衰退、萧条和复苏四个阶段。不论宏观经济处于哪个阶段，实际上都可能存在微观的产能过剩。而在繁荣和复苏阶段，经济取得增长，人们一般会忽视经济中存在的产能过剩。① 在衰退和萧条阶段，人们才会重视经济运行中存在的产能过剩问题。Basu（1996）明确指出在经济衰退和萧条时期，经济体存在着严重的产能过剩，因此一般在经济的衰退和萧条时期讨论宏观产能过剩。最早研究宏观经济问题的周期理论可以反映这个事实——经济周期理论也被称为危机理论。基于微观产能过剩的定义，我们认为宏观产能过剩是在其他条件不变的情况下，一个国家的大多数产业存在产能过剩，导致国家的宏观经济商业周期进入衰退或萧条阶段，具体表现为通货紧缩、失业率增加、银行呆坏账增加等宏观经济风险。

---

① 当然，在经济取得高速增长的情况下，也会有一些学者会注意到产能过剩问题，比如在2001~2007年的中国，但一般不会引起大众对这个问题的重视。

（二）产能过剩的分类

显然，由上文可知，产能过剩可分为微观产能过剩和宏观产能过剩两类。首先，在当前文献的产能过剩分类中，最具代表性的分类是由周劲、付宝宗（2011）提出的，他们依据造成产能过剩的原因的性质，将产能过剩分为"周期性产能过剩"和"非周期性产能过剩"，其中，"非周期性产能过剩"包括"结构性产能过剩"和"体制性产能过剩"。20世纪90年代末以来，中国先后经历了三次大规模的产能过剩（卢锋，2009）。第一次是1998~2001年与亚洲金融危机有关的周期性产能过剩，第二次是2003~2006年因过度投资所导致的非周期性产能过剩，第三次是2009年政府大规模投资计划以后的周期性产能过剩和非周期性产能过剩并存（王文甫等，2014）。其次，徐滇庆、刘颖（2016）对结构性产能过剩提出了质疑，认为淘汰落后生产方式不属于产能过剩。他们根据产能过剩的形成原因，将产能过剩分为周期性过剩、局部过剩和短板过剩。最后，王岳平（2006）基于产能过剩的发展阶段将产能过剩分为"预期产能过剩"和"即期产能过剩"。预期产能过剩是潜在的产能过剩，是企业大量投资预期形成的产能远远大于未来需求，但目前的供需仍相对平衡。这种产能过剩一般发生在需求快速增长阶段，比如第二阶段的产能过剩。即期产能过剩是多数国内学者讨论的、只有闲置产能超过合理界限才认为的产能过剩。这种产能过剩的触发点一般是需求达到饱和甚至开始下降，在现有的价格下，供给远大于需求，比如第一阶段和第三阶段产能过剩。本书认为这些产能过剩的分类可以帮助我们更好地理解产能过剩，但也造成了一些混淆。比如，结构性产能过剩应该是与总量性产能过剩相对应，与体制性产能过剩并不在一个层面上。下文将基于有效市场和无效市场[①]的概念对产能过剩进行重新分类，并

[①] 在第五章将详细论述有效市场和无效市场的概念。

尽可能涵盖现有分类的含义。

所谓"有效市场"是指既能分配现有的资源满足现有需求,又能将资源投入技术创新活动中去,以提高生产效率的市场。但即使是这样的市场,仍存在产能过剩。正如卢锋(2009)指出市场经济实质是过剩经济,适当的产能过剩是市场经济运行的必要条件,其作用表现在:调节和平滑需求波动、保证较高竞争程度、是实现市场经济优胜劣汰机制的必要条件。可以说,这类产能过剩是有效的、必要的。本书将有效市场的产能过剩界定为"有效产能过剩"。而"无效市场"指的是不能实现市场的静态资源配置效率和动态创新效率的市场。本书将无效市场中存在的产能过剩界定为"无效产能过剩"。结合现有文献的分类,产能过剩的分类如图2-2所示。通过这样的分类,本书的研究对象可明确为无效的、微观的产能过剩。

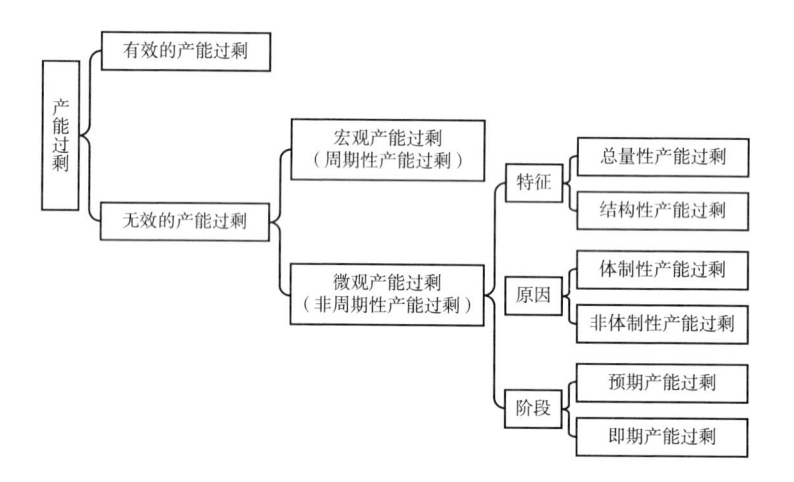

图2-2 产能过剩的分类

二 不确定性的概念及分类

(一)不确定性的概念

"不确定性"是一个十分复杂的概念,不同的学科对它的定义也不尽相同。在这里，我们主要从经济学视角来分析"不确定性"的概念。可以说，唯一确定的是经济中充斥着不确定性。不确定性是与时间有关的一个概念，过去和现在不存在不确定性，未来才存在不确定性。不确定性是经济主体事先不能确定知道某个事件或某个决策的未来结果的现象（伊特韦尔等，1996）。伊特韦尔等认为经济学是一门决策科学，只要决策的结果不唯一，就会产生不确定性。用数学语言表达是：如果世界状态 s ($s \in S$) 的任意决策 d ($d \in D$) 的结果 c (d, s) ($c \in C$) 不是唯一的，那么存在不确定性。也许某个事件或某个决策结果的概率分布已知，或者连概率分布也是未知的。奈特（2006）将前者界定为风险，后者界定为不确定性，不确定性是指经济主体对未来的经济状况的分布范围和状态不能确知。后续研究基本追随着奈特的思路。Jurado 等（2015）提供的一个测度不确定性的思路是如果经济越不可预测，那么经济不确定性程度越高。王维国、王蕊（2018）也认为经济不确定性是指无法准确观测和预测的变化，他们通过剔除全部可预测的信息之后的经济序列的标准差来衡量不确定性。

本书借鉴 Bloom（2014）将不确定性界定为"奈特不确定性（不可度量）"和"风险（可度量）"的混合体，即不对不确定性和风险进行严格区分。理由是：第一，奈特不确定性和风险只能在理论上进行区分，而在现实中，二者交织在一起，难以区分；第二，在现实经济中，市场并不完善，并不能将奈特所说的可度量的风险进行完全保险。因此，本书中的不确定性指的是二者的混合，并采用一些替代性指标对经济不确定性进行度量。

（二）不确定性的分类

1. **外生不确定性和内生不确定性**

伊特韦尔等（1996）将经济不确定性分为外生不确定性和内生不确定性。根据"世界状态"的性质，经济不确定性可以分为外生不确定性和内生不确定性。由经济系统的外生变量引起的不确定性称作外生不确定性，比如经济政策的不确定性、消费者偏好的不确定性等。没有一个经济系统能够减少这种外生不确定性。另一类不确定性与经济系统本身的运行有关，它来自经济系统中参与者的决策，经济系统内生变量引起的不确定性称作内生不确定性。比如，在市场经济中，买主不能确定他是否能遇到合适的卖主，反之亦然。就如在搜索理论的文献里讨论的，不辞辛劳去搜寻可能会降低这种内生的不确定性。此外，这种外生不确定性和内生不确定性可以相互作用。比如一座大坝由于施工者偷工减料（内生不确定性）和意外的大暴风雨（外生不确定性）的联合作用而崩溃，这是外生不确定性和内生不确定性共同作用的结果。

2. 实体经济不确定性和经济政策不确定性

根据不确定性的来源，Baker 等（2016）将经济不确定性分为实体经济不确定性和经济政策不确定性两类，他们明确指出实体经济不确定性来自实体经济层面，经济政策不确定性来自政府制定的经济政策及其制定过程（陈乐一和张喜艳，2018）。进一步，陈乐一和张喜艳指出实体经济不确定性是生产要素的价格波动、产出波动等来自实体经济层面的冲击所导致的经济不可预料的风险，而经济政策不确定性是经济主体不能确定预期到政府部门政策的制定、实施及效果所导致的未来经济的风险。这种区分也只具有理论上的意义。实际上，两者之间也是相互影响的。政府政策会影响到实体经济，反过来，经济波动也会促使政府制定适应性的政策。

3. 有效的不确定性和无效的不确定性

只有在完全竞争状态下的理想市场才不存在不确定性。与有效市场和无效市场相对应的是有效的不确定性和无效的不确定性，这是依据不确定性的程度来区分的。奈特（2006）明确指出不确定性是利润的来源，也是社会进步的动力之源。有效的不确定性对市场而言是必要的且适当的，它能促使市场实现静态的资源配置效率和动态创新效率。相反，无效的不确定性是相对于有效的不确定性而言，不确定程度或者过低，或者过高。这种程度的不确定使市场失灵，进而导致市场不能达到资源配置效率和创新效率。

4. 客观的不确定性、主观的不确定性和真实的不确定性

张雪魁（2010）将不确定性分为客观的不确定性、主观的不确定性和真实的不确定性，具体见表 2-2。

表 2-2 不确定性的分类

类型	概率观	知识观	理性观	预期类型
客观的不确定性	频率概率	经验知识	经验理性	适应性预期
主观的不确定性	主观概率	先验知识	形式理性	理性预期
真实的不确定性	估计概率	无知状态	价值理性	不可预期
	非数量化—不可知概率	无知状态	信念理性	不可预期

资料来源：张雪魁（2010）。

第二节 不确定性经济学理论

在正统的新古典经济学中，要么无视不确定性的存在，要么把不确定性视为威胁，要么以假定的方式忽视对不确定性的研究（张雪魁，2013）。正统经济学通过引入"充分竞争假设"、"充分理性假设"和"充分知识假设"来对古典经济学进行革命，同时，这些假设中又暗含了货币中性、制度中性、企业同质等，从而得到一些确定性的命题（张雪魁，2010）。由于正统经济学理论的假设太脱离实际，新古典经济学饱受着不能清晰阐明其假设之苦，并大大削弱了其对现实经济活动的解释力（汪浩瀚，2003）。到了 20 世纪二三十年代，引发了关于新古典经济学假设的大争论。其中，对新古典经济学最重要的一个改进是引入了不确定性。20 世纪 50 年代后，以不确定

性为研究核心的经济学迅速发展。

经济学说史上影响最大的三个派别——芝加哥学派、凯恩斯学派和奥地利学派，虽然相互之间的理论充满了冲突和差异，但是它们都对经济活动中存在的不确定性高度关注。它们的共同点是：第一，高度关注微观经济主体知识的有限性、异质性和默会性；第二，高度关注经济世界的深度不确定性（张雪魁，2010）。奈特、凯恩斯和哈耶克分别是各学派的代表人物，他们的学说对后续不确定经济学的发展产生了重要的影响。本书通过对奈特、凯恩斯和哈耶克的学说进行评述，说明不确定性在经济学理论中的重要性。

一 奈特的不确定性理论[①]

可以说，奈特可能是最早在经济学理论中引入不确定性因素的经济学家。奈特认为人类无法对未来进行正确预测的根本原因在于认识能力的有限性，即未来无法准确预测。奈特将不确定性分为可度量的和不可度量的两类，为经济学界所普遍接受。以下从两个方面对奈特的学说进行阐述：不确定性的来源和不确定性的经济分析。

（一）不确定性的来源

奈特认为不确定性产生的根源是经济过程本身的未来性，包括供给和需求两方面的未来性，这就给企业带来了两方面的不确定性，即供给的不确定性和需求的不确定性。这两类不确定性的最终承担者是供给者（企业），而不是需求者。这是因为供给（生产）在时间上先于需求，产品生产不是为了满足生产者自己的需要，而是以市场化导向满足消费者的需求，使供给者还承担着预测消费者需求的责任。也就是说，供给者在决策时不仅承担着供给的不确定性，还承担着需求

---

① 该部分内容主要的参考资料是奈特（2006）。

的不确定性。

第一,供给的不确定性。在刚开始决定投资时,生产要素的价格存在不确定性,生产结果也存在不确定性。一般而言,生产过程的时间区间越长,供给的不确定性就越大。其中,变化是不确定性的主要来源,更准确地说,应该是变化中的波动是不确定性的真正原因。在供给方面,最主要的变化来自资本积累和技术的进步,它们在各种生产过程中带来不确定性。

第二,需求的不确定性,最主要来源于人类需求的变化。这些变化可能具有偶然性、可预测性或某种目的性。奈特提出了"需求动机层级理论",将人类的需求由低到高分为生存需求、舒适需求、美感需求、印象需求、情绪需求、价值需求和角色需求(张雪魁,2010)。奈特的需求动机层级理论意在说明人的需求动机是多层次的、开放性的和不确定性的,并且需求层级越高,其所蕴含的不确定性就越大。人们较低层次的需求最稳定、可预测性最强,随着需求层次越来越高,动机中的审美及其他成分越来越多,预测难度会越来越大,从而带来的不确定性也越来越大。在市场经济中,消费者需求的不确定性会转化为企业面临的产品价格的不确定性。

(二)不确定性的经济分析

一个完全竞争的世界是一个不存在不确定性的世界,所有盈利机会都会为理性的经济人所发现和利用,进而没有利润、企业组织和企业家的存在空间。在新古典经济学面临利润、企业组织和企业家的解释危机的情况下,奈特的分析方法是从一个没有不确定性的社会开始,逐步引入不确定性,并观察社会结构会发生什么变化。基于这种研究逻辑,奈特将"原初社会"作为研究的理论起点,通过不断放松假设推演到现实社会(见表2-3),从而提出了他的利润和企业理论。

表 2–3 奈特引入不确定性的方法

项目	社会类型 1	社会类型 2	社会类型 3	社会类型 4
特点	原初社会:既不存在不确定性,也不存在社会进步因素	进步社会:只存在社会进步因素,不存在不确定性	不确定性社会:存在不确定性,但不存在社会进步因素	现实社会:既存在不确定性,又存在社会进步因素
问题	集中研究一个不存在的新古典的假象社会,澄清新古典完全竞争假设的内涵	集中研究不存在不确定条件下的社会进步诸因素及其意义,即动态完全竞争世界的真实内涵	集中研究在不存在社会进步因素情况下的不确定性及其经济理论	分析在现实世界中,不确定性和社会进步的内生关系及其理论意义
结论	在这个静态的完全竞争社会中不存在利润、企业组织和企业家	完全竞争可以使一个世界进步,但是,只要各社会进步因素是可以预知的,或者是有规律地发生作用,在这样的一个进步世界中,同样不存在利润、企业组织和企业家	引入不确定因素后,完全竞争世界变成一个不确定世界,利润、企业组织和企业家得到合理的解释	社会进步与不确定性存在一种内生关系,不可预知的社会进步是不确定性存在的前提,而不确定性的存在则是社会进步的必要条件
方法	从假想世界(社会类型 1)到现实世界(社会类型 4)的过渡,体现了新古典研究范式进步的特征,即可通过放松假定的办法使新古典范式渐近地接近一个真实的世界。这一逻辑思路反映了奈特对新古典经济人研究范式的修复			

资料来源:张雪魁(2010)。

首先,原初社会中不存在不确定性和社会进步因素,在具备完备知识的前提下,生产团队的分工协作、监督管理、贡献界定、利益分配等困扰现代经济组织的基本事件,都会变得无关紧要。企业组织处于寂静状态,企业家成为一种多余。整个原初社会处于一种静态的均衡状态。

其次,在引入社会进步因素后,原初社会就变为进步社会。奈特认为,如果进步和变化是有规律地发生或者可以预知,那么这样的进步和变化仍然没有不确定性。因此,这样一个进步社会仍然没有利润、企业组织和企业家存在的必要。

再次，奈特在原初社会的基础上，引入了不确定性，也就是没有社会进步因素的不确定性社会。在这样的社会中，奈特认为不确定性产生的方式主要有两个：生产（供给）不确定性和需求不确定性。在不确定性社会当中，需求不确定性是最重要的不确定性来源，奈特提出了"需求动机层级理论"解释不确定性产生的深层次原因。在不确定性社会中，解释了利润、企业组织和企业家的存在。

最后，现实社会既存在不确定性，又存在社会进步因素。奈特提出六个引起社会变化的基本变量，分别是人口数量和构成的变化、偏好的变化、现有生产能力的数量和种类的变化、所有权分配的变化、人和物地理分布的变化和技艺水平的变化（科学、教育、技术和社会组织等的进步）。这些因素的变化带来了更多的不确定性。在现实社会中，不确定性不仅解释了利润、企业组织和企业家存在的必要性，还与社会进步存在一种内生关系。不可预知的社会进步是不确定性存在的前提，而不确定性的存在则是社会进步的必要条件。

二 凯恩斯的不确定性理论

在解释《就业、利息和货币通论》的过程中，必须牢记凯恩斯首先还是《概率论》的作者（明斯基，2009）。凯恩斯关于不确定性的概念起源于他早期的著作——《概率论》，其中提出了逻辑概率（具有数量化的特征）。不确定性是凯恩斯构建《就业、利息和货币通论》的出发点。他认为的经济变量是生物的而非原子的，对未来知识的缺乏不能归纳为一个数学风险问题（汪浩瀚，2003）。在《货币改革论》中他认为经济行为是受不确定性和不可决定性支配的（汪浩瀚，2003）。

凯恩斯在经济研究中，关注人的预期的不确定性和"动物精神"与经济周期性波动的关系。他提出的最重要的概念是有效需求不足，而这归因于三个基本心理因素的作用：一是边际消费倾向递减，它是指消费的增长赶不上收入的增长，其结果可能是消费需求不足；二是资本边际效率递减，它是指人们增加投资时预计可以得到的利润率是递减的，当预期利润率低于或接近于利息率时，资本家就不愿意投资了，将引起投资需求不足；三是流动性偏好，指人们愿意持有更多具有较高流动性的货币，而不愿意保持其他的资本形态的心理。凯恩斯认为，流动性偏好是对消费不足和投资不足的反映，其动机包括交易、谨慎和投机。

认知不确定性作为决策制定中的一个关键性内容贯穿于整个凯恩斯经济分析的全过程（汪浩瀚，2003）。没有不确定性的凯恩斯就像不是王子的哈姆雷特（明斯基，2009）。可见，不确定性是理解凯恩斯经济理论的一把"钥匙"。

三 哈耶克的不确定性理论

哈耶克的不确定性扎根于他的知识论中。哈耶克（2012）认为，社会的知识从来不是作为一个总体而存在，不可能为一个主宰的头脑（mastermind）所掌握，而是作为个人知识分散于不同人中间，经常彼此不一致甚至相互冲突。这种知识观通常称作"分散知识"观，与权威知识观对立。对于个体而言，每个人都掌握着独特的知识，但不知道其他人掌握了什么知识。那么，个人就不可避免地受到有限知识的限制。这就意味着个人决策时面临知识的不完备的约束。也就是说，个人决策面临不确定性。

进一步，哈耶克提出了如何有效利用分散知识的问题。每个人都掌握着独特的知识，这就使人类形成了差异，即多样性。他得出了自发形成的自由市场是发现并利用分散知识的最好的秩序，每个主体都拥有自主决策权。利用迈克尔·波兰尼的"多中心模型"可以很好地说明这一点。在这个模型中，经济的决策权分散在 W（工人）、L

(土地所有者)、I（投资商）、M（经理）和C（消费者）中，每一个经济主体都自主决策。人类表现出智力的提高，更主要的原因不是个人私有知识的增加，而是收集各种不同的分散信息的方式，这反过来又产生了秩序并提高了生产力（哈耶克，2000）。

哈耶克认为，不确定性和无知是人类存在的前提条件（张雪魁，2010）。在《复杂现象论》一文中，哈耶克指出，"我们无知的重要性"并不因为科学取得巨大的成功而有所减弱，相反，科学的不断进步需要我们更为严肃地对待知识的限度及其作用的边界。我们对世界越是有更多的了解，我们的学问越深入，我们有关自己不知道什么的知识，我们有关自己无知的知识，也就越重要。可见，在哈耶克眼中，不确定性使个人自由选择和自由市场秩序成为一种绝对的必要。

四 小结

第一，奈特、凯恩斯和哈耶克都高度重视市场中不确定性的作用，认为不确定性不可消除，必然存在。奈特是将不确定性引入经济学理论的第一人，对新古典经济学框架进行了重要的修复。通过引入不确定性解释了利润、企业组织和企业家的存在。凯恩斯也看到了不确定性在经济活动中的重要作用，进行了凯恩斯经济学革命，形成了宏观经济理论。哈耶克从知识论的角度说明了不确定性客观存在，并为市场过程提供了哲学基础。

第二，三者对不确定性的态度却是迥异的。凯恩斯对不确定性的态度是悲观的，市场充斥着不确定性，而人类的有限理性又远远不能掌控不确定性。这从《就业、利息和货币通论》最后提出应对不确定性的建议可以看出。他认为不确定性是市场有效需求不足的根源，必须通过政府的干预才能达到宏观经济充分就业的均衡。与之相对，哈耶克对不确定性的态度是乐观的。不确定性是美好的，积极的。他认为市场是有效的，是唯一可行的社会制度。与他们俩不同，奈特对不确定性既不悲观，也不乐观。他既认为不确定性提供了社会进步更大的动力，又提供了减少不确定性的方法，包括科学进步、整合、投入资源和放慢社会进步（奈特，2006）。

第三，不确定性不可能完全消除，一定程度的不确定性是必要的。在我们现在的经济研究中，最看重的是创新带来的社会变化，它本身带来了很多的不确定性。诺斯（2008）指出了不确定性在经济变迁中的作用，认为经济学家自己对不确定性的态度是模糊的，由于确定性状态才能保证建立数学模型，他在很大程度上同意不确定性是一种不同寻常的状态，但是，不确定性并不是一种不同寻常的状态，它一直是形成整个历史和史前人类组织的结构演化的潜在条件。不确定性是中性的，对所有市场参与者都是一样的，保证了市场的"公正性"。正是这种不确定性的存在，给予了积极创新的企业家以利润作为奖励，驱使着企业家去不断地创新，使社会不断地进步。

第四，从社会进步角度出发，新古典经济学认为零利润市场处于"寂灭"状态，并不是一个有效的市场的标准。而只有存在利润的市场才是有效的市场，并且利润越丰厚市场越有效。其中蕴含的经济哲学意义是：唯有存在不确定性的市场，才是真正有效率的市场（张雪魁，2010）。市场因不确定性而存在。

第三节　产能过剩的成因综述

"产能"的概念首先在基于加速原理的经济周期理论中被广泛应用。因此，产能过剩最先是在经济周期理论中出现。一般认为，在经济衰退和萧条时期，经济体存在严重的产能过剩（Basu，1996）。虽然产能过剩最早出现在经济周期理论中，但经济周期理论家一直将产能作为一个不言自明的概念使用，并未对它进行理论诠释。直到1947年，张伯伦（Chamberlin）利用成本函数来定义企业的完全产能，从微观理论上界定了产能过剩概念①（Klein，1960）。如图2-3所示，企业的全产能为OE，实际产出为OB，产能过剩BE。在此基础上，张伯伦（2009）提出了产能过剩概念，认为垄断竞争使企业偏离了完全竞争状态下的完全产能，造成了企业产能过剩，而且长期存在。张伯伦从静态的福利视角，认为由垄断导致的产能过剩造成了福利的损失，是垄断的"浪费"。

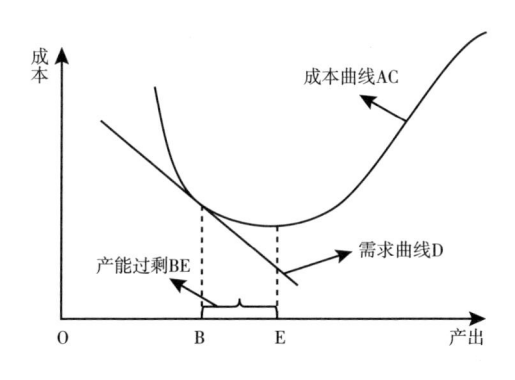

图2-3 产能过剩示意

自张伯伦从理论上提出了"产能过剩"概念之后，垄断竞争市场存在长期的产能过剩成为经济学的主流观点②，后续主要从微观视

---

① Klein（1960）对是不是Chamberlin最先诠释产能过剩概念持保留意见，认为Kaldor（1935）、Cassels（1937）、Paine（1936）在更早的时候对产能过剩作了理论诠释。

② 这个观点成为主流经过一场争论，Schmalensee（1972）对此做了一个很好的总结。首先，Demsetz对Chamberlin进行了批判。Demsetz（1959，1964）认为垄断竞争的企业具有市场力量，考虑到销售费用，不同销售数量的需求曲线是不一样的，因而最终的需求曲线可能是水平的。由此他判断垄断竞争的企业仍然在平均总成本曲线的最低点进行生产，即垄断竞争企业并不必然引起产能过剩。然后，Archibald（1967）又挑战了Demsetz的观点，Demsetz（1967）又做了回应，接着又被Barzel（1970）反驳。最后，Schmalensee（1972）也认为Demsetz是错的，他建立模型证明了垄断竞争企业不可能在平均总成本曲线最低点生产，认为在严格的假设前提下，企业可能在平均生产成本最低点生产。

角研究产能过剩的成因。基于宏观产能过剩的"经济周期"理论仍然有助于我们理解产能过剩的成因，2008年的全球金融危机就是最好的注解。本书将首先对经济衰退和萧条阶段的宏观产能过剩的形成原因进行评述，将其归纳为"经济周期"说。其次，基于产业组织理论来综述国内外关于微观产能过剩形成的原因。下文将分别基于宏观产能过剩视角和微观产能过剩视角对产能过剩的成因进行综述。

一　宏观产能过剩的成因[①]

以宏观产能过剩作为研究对象的主要是早期的"经济周期"和现代的宏观经济理论，它们把经济的衰退或萧条等同于宏观的产能过剩，重点是找出引起经济衰退或萧条的原因。本书的主要研究对象是微观产能过剩，但仍然要在这里把这些理论进行综述，主要基于两点理由。第一，这些理论是微观产能过剩研究的思想源泉之一。在某种意义上，只要是承认经济增长受到需求限制的任何理论分析，都或明或暗地假设市场经济中存在产能过剩的可能性，认为总产出受到总需求的限制。只要是认为微观产能过剩受到需求因素的影响，那么它的思想源泉就是这些早期的理论。第二，这些理论可以帮助我们厘清思想上的混乱。很多研究，特别是国内的一些研究，经常将宏观的产能过剩和微观的产能过剩不做区分，概念之间经常混淆。通过对这些理论的回顾，可以帮助我们把产能过剩研究的地图画全，找准本书研究的"坐标"。下文分别从消费不足、需求不足和过度投资等与产能过剩相关的理论进行综述。

（一）消费不足理论

早期解释生产过剩的一个重要的理论是消费不足说。早期的消费

---

① 该部分主要参考了约翰·伊特韦尔等人在1996年主编的《新帕尔格雷夫经济学大辞典（中译本）》第三卷中的第834~836页。

不足理论认为储蓄是收入循环流动的泄露，致使生产费用不能回收。18世纪初的贝纳德·孟德维尔的《蜜蜂的寓言》中提到节俭使经济萧条。在西斯蒙第和马尔萨斯的著作中可以找到这些思想，对消费不足理论做了充分的表述：收入的不平等分配，特别是国民收入中工资和利润所占的比例不合理导致了消费不足。霍布森认为低水平的平均工资导致高水平的储蓄和资本积累，但由于收入的不平等分配导致的低消费，储蓄和资本积累不可能获得满意的收益。这种消费不足理论的最大缺陷是将消费看成唯一的需求，使历史上著名的马尔萨斯—李嘉图论战①以马尔萨斯的失败而告终。从此，政府干预以稳定宏观经济运行的看法消失在正统的经济学理论中。

将消费当作唯一的需求是消费不足理论最大的缺陷。古典经济学家基于萨伊定律否定了这种看法，其思想是储蓄决策会自动地转化为资本积累的支出决策，致使收入的经济循环保持下去，这种调节机制是利率。但是，一方面，消费不足理论为凯恩斯的有效需求理论的提出埋下了伏笔；另一方面，其也指出了凯恩斯有效需求不足理论的一个局限，即总需求不能完全依赖投资，消费才是需求的最终承担者。特别地，当今认为改革收入分配方式可以提高有效需求的观点都可追溯到消费不足理论。可见，消费不足理论仍然具有生命力。

（二）有效需求不足理论

说到这个理论，就必须提到马克思和凯恩斯。生产过剩是马克思研究的重点，他在对资本主义的货币经济分析中认为，一旦商品不再

---

① 随着拿破仑战争的结束，英国经济出现了萧条。古典学派代表大卫·李嘉图所持的解释是：与战争相适应的英国生产结构已经不适应和平时期民众的需求，以致出现"交易渠道的剧烈变化"，某些市场是需求过剩，某些市场是供给过剩，但不可能出现普遍的供应过剩。消费不足派代表马尔萨斯认为：战争将导致政府支出增加，进而导致有效需求增加。随着战争的结束，这部分增加的有效需求将回落，引起就业和产出下降，必然导致生产过剩。最后，李嘉图运用萨伊定律取得了胜利。

与商品进行交换,而是以货币为媒介,而这种货币可能不会立即去交换商品,从而引起了某种特定的产出不能以有利可图的价格销售出去,这就导致生产过剩。马克思通过在流通领域引入货币作为交换媒介,从而得出了生产过剩的可能性。凯恩斯把推翻萨伊定律作为自己的主要任务之一,明确提出了有效需求不足理论。他认为在资本主义制度下,存在一种形成宏观经济均衡的趋势,这种均衡在投资力量和储蓄力量达到平衡时出现,但这种平衡并非必须在劳动充分就业的时候出现。也就是说,在市场经济体系中,充分就业时的充足需求是一种特殊情况,而有效需求不足才是经济中的常态,从而凯恩斯提出通过政府干预提高经济的有效需求来化解产能过剩的危机。

有效需求不足理论仍然是当今马克思政治经济学和现代宏观理论的基本出发点(卢锋,2009)。只要一发生危机,这两个理论又会重新焕发出生命力。2008 年的金融危机就是最好的注解。在理解产能过剩形成的视角中,需求一直是一个重要的视角。可以说,任何从需求视角出发解释产能过剩的理论都可追溯到这两位先贤的理论。

(三)过度投资理论

实际上,投资在当期是总需求的一部分,在下一期是产能的供给。过度投资理论认为当期过度投资造成产能的过度供给,到下一期必然会造成需求不足。但过度投资理论重点关注的是投资的产能供给效应,与凯恩斯的有效需求不足理论的侧重点不一样。过度投资理论可以分为货币学派和非货币学派(哈伯勒,2011)。但两者之间的区别并不重要,他们都认为:与均衡状态相比,繁荣造成了投资过多向工业配置的错误导向,从而造成了整个经济的产出结构失衡,最终造成产能过剩危机,使经济趋向崩溃。也就是说,强调生产资料工业的不成比例发展不仅是经济繁荣的一个特点,而且是随之而来的经济萧条的一个原因。

过度投资理论的缺陷在于[①]：为什么在没有深陷萧条的情况下，不能重新调整呢？凯恩斯的《就业、利息和货币通论》认为，如果萧条是有效需求低下和生产能力闲置的预先突出表现，那么衰退就克服不了过度投资状态，反而会使问题加剧。可以设想，如果自然利率提高并不是新投资机会增加的结果，而是社会储蓄愿望下降的结果，增加的消费需求便会产生繁荣的条件，其作用过程与分析增加投资的情况类似。这种繁荣不会形成生产资料工业相对于消费资料工业的过度扩张，而且情况正好相反。这种繁荣与其说是过度投资的繁荣，不如说是投资不足的繁荣。

虽然过度投资理论也存在缺陷，但过度投资是产能过剩的直接原因，这已经得到大多数研究者的认同。因此，持有这种观点的学者，其思想渊源是早期的经济周期理论。

二 微观产能过剩的成因

自张伯伦从理论上提出了"产能过剩"概念之后，垄断竞争市场存在长期的产能过剩成为经济学的主流观点，后续主要从微观视角研究产能过剩。受张伯伦的影响，西方学者大多从市场失灵角度来研究产能过剩。产业经济学[②]就是建立在"市场失灵"的理论基础上的一门学科。基于产业经济学理论，"产能过剩"本质是一种"坏的"市场绩效。下文将基于产业经济学理论，分别从行业基本条件、市场结构、企业行为和政府干预（政府政策）四个方面对微观产能过剩

---

① 该部分主要参考了约翰·伊特韦尔等人在1996年主编的《新帕尔格雷夫经济学大辞典（中译本）》第三卷中的第767~768页。
② 大多数文献表明，传统的产业经济学是建立在张伯伦的"垄断竞争"理论基础上的，其目的是消除市场上的垄断因素，使资源配置帕累托有效。然而，在现实经济中，由于不适合将完全竞争作为参照标准，因此产业经济学建立了一种接近完全竞争的市场绩效标准——有效竞争市场标准来替代完全竞争市场的绩效标准。

的影响因素进行评述。为了更好地表达这么分类的理由，在此把产业经济学中经典的 SCP 范式在图 2-4 中呈现。该图很好地呈现了各影响因素之间、影响因素与产能过剩之间的关系。在 20 世纪 70 年代后，随着博弈论引入产业经济学，企业行为越来越受到重视。我们也能看到，大量新近研究产能过剩的文献集中在企业的行为方面，包括企业的投资行为、串谋、创新等。

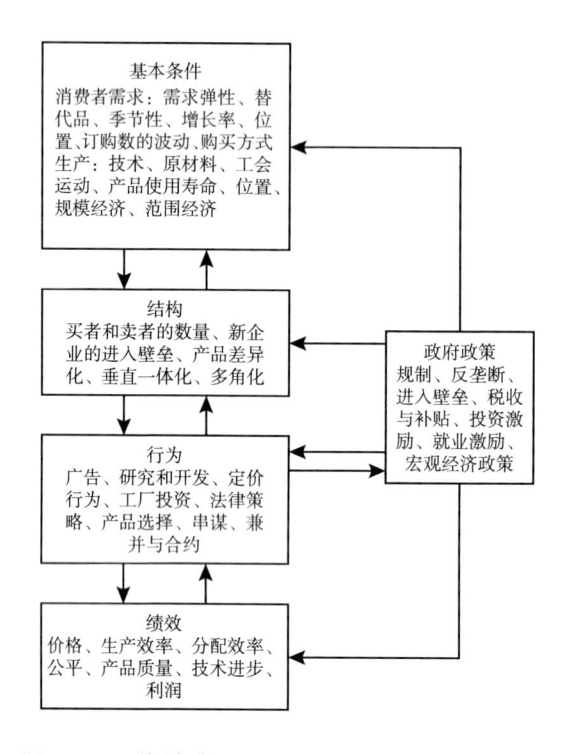

图 2-4　传统产业组织理论的 SCP 研究范式

资料来源：史东辉（2010）。

（一）行业基本条件

1. 规模经济

卢锋（2009）指出产能过剩以工业部门为主要对象。这表明，工业的一些特征会使其更容易发生产能过剩。一些早期研究将行业规模经济特征作为产能过剩的原因，后续很多研究将其作为一个控制变量。行业规模经济是指随着企业生产规模扩大，产品平均生产成本降低。最具有代表性的文献是安同良、杨羽云（2002），他们定义了企业价格竞争是行业特征的函数 $B = f(D, L, C, S, E, P)$，其中，价格竞争用 B 表示，行业特征分别为产品差别（D）、产业生命周期（L）、市场集中度（C）、厂商的生产规模（S）、企业的进入与退出壁垒（E）和企业间的相互市场势力（P）。[①] 具有规模经济的行业具有扩大生产规模的内在动力，往往导致产能过剩（安同良、杨羽云，2002）。

Crotty（2002）利用行业规模经济来否定"生产的单位成本随着产出的增长而迅速上升"的新古典假设，从而指出新古典"完全竞争"理论不能解释长期的产能过剩。其指出，激烈竞争将促使价格下降，一直降到"边际成本"为止。当存在规模经济时，如果采用边际成本定价，促使价格等于边际成本，企业的总收入将不能弥补企业的"固定"成本，使企业在短期内蒙受损失，导致短期的产能过剩（见图 2-5）。Crotty 将其称为破坏性竞争。韩文龙等（2016）称其为被迫式竞争，并指出，在市场需求饱和时，[②] 企业为了争夺市场份额，在具有规模经济的行业，企业的最优策略是扩大规模，进而发生产能过剩。

2. 经济周期因素

产能过剩本身就是一个相对概念，实质是产能相对于需求过剩。

[①] 作者的行业特征中包括静态的市场结构——产品差别（D）、市场集中度（C）、企业的进入与退出壁垒（E）和企业间的相互市场势力（P），本书将在行业结构部分进行综述。

[②] 安同良、杨羽云（2002）指出，市场需求饱和的行业一般处于成熟期或衰退期。一方面，当行业处于成熟期或衰退期时，厂商的市场占有率趋于稳定，总的市场容量增长缓慢或出现负增长；另一方面，主导技术趋于成熟，创新竞争减弱，价格竞争成为主导。

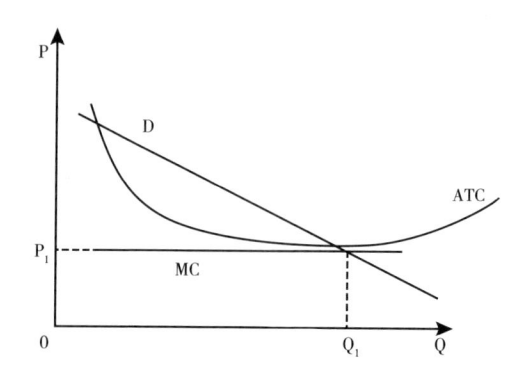

图 2-5 规模经济条件下的边际成本定价

注：笔者绘制。

在需求下降时，由于规模（产能）不易调整，企业采取的策略是调整实际产出来适应市场。在现实经济活动中，短期内实际产出会随着市场需求而调整，产能保持不变。这里的经济周期，是特指经济衰退和萧条阶段，社会总需求全面下降，包括投资需求和最终消费需求。在这种情况下，企业必然会降低产能利用率以适应市场，表现为产能过剩。新古典主义理论和凯恩斯主义宏观理论对经济是否会自动恢复产生了分歧，因此产生了自由放任主义和政府干预主义。但是，二者都认同需求下降会加剧微观企业的产能过剩。多数研究把需求看作产能过剩的一个重要影响因素，比如孙巍、赵天宇（2014）。经济周期会影响企业产品的需求和投入要素的价格，最终影响产能利用率。在市场萧条时，企业可能有低的产能利用率，容易发生产能过剩（Basu，1996；Fagnart 等，1999）。张新海、王楠（2009）利用双曲线贴现模型，认为由于企业存在认知偏差，在经济过热时出现冲动投资，而在经济处萧条时拖延投资，导致产能与经济周期同步，在经济过热退去进入萧条时，最终形成产能过剩。大量研究表明，在很长一段时间内，中国的产能利用率具有很强的顺经济周期特征（何蕾，2015；夏飞龙，2018b），这佐证了经济周期因素对产能过剩的影响作用。

3. 行业发展阶段

熊彼特不厌其烦地指出了历史的重要性。① 强调经济发展阶段的学者就是看到了历史的重要性。在中国主流经济学界，林毅夫教授是最强调经济发展阶段的学者。林毅夫（2007）提出了"投资潮涌"的思想，认为"后发优势"使发展中国家的企业容易对新的、有前景的产业形成共识，形成投资"潮涌"，事后不可避免地发生产能过剩。② 基于发展中国家所使用的技术一般在发达国家的技术前沿后面的技术的判断，发展中国家的企业在技术追赶的过程中，对下一步的技术方向容易形成共识，从而否定了现代宏观经济理论中"国民经济中下一个新的、有前景的产业何在是不可知的"的假设前提。这种"共识"是由发展中国家的产业发展阶段所决定的。③ 为了给"潮涌现象"提供微观基础，林毅夫等（2010）构建了一个先建产能，再进行市场竞争的动态模型。他们将"潮涌现象"中的企业描述为信息不对称条件下的理性行为。白让让（2016）以2000～2013年我国乘用车制造行业的微观数据为基础，实证结果印证了林毅夫提出的"潮涌现象"。徐朝阳、周念利（2015）利用美国的资本设备利用率

---

① 熊彼特在《经济分析史》中写道：首先，经济学的内容实质是历史长河中的一个独特过程。如果一个人不掌握历史事实……他就不可能了解任何时代的经济现象。其次……最后，我相信目前经济分析中所犯的根本性错误，大部分是由于缺乏历史经验……

② 在文中，林毅夫还指出"潮涌现象"所导致的产能过剩结果的严重程度可能和一个发展中国家遵循的发展战略有关，也应该会和一个国家的金融结构和金融监管体制有关。这表明，产能过剩是一个复杂的经济现象，从来不是由单因素决定的。

③ 江飞涛等（2012）对林毅夫的共识判断提出了批评，但笔者认为批评是站不住脚的。理由是：林毅夫文中认为企业对行业技术发展的前景会产生共识，而江飞涛等（2012）误读成对市场总需求的"共识"［这只是林毅夫等（2010）为简化分析的一个假设］，指出企业对未来的市场需求从来没有"共识"。这正好是徐朝阳和周念利（2015）指出的，"行业前景是确定的，但市场需求存在不确定性"。

的时间序列数据，发现经济发展早期阶段产能利用率低，产能过剩问题相对严重，而随着经济不断发展，产能利用率不断提高，产能过剩问题趋于缓解。Crotty（2002）以全球汽车产业为例，指出发展中国家要完成技术追赶，不得不进行大规模的"强制投资"，从而造成全球的长期产能过剩，这是发展中国家追赶所必要付出的代价。

4. 不确定性

不确定性对投资决策的影响是复杂的，可以分为两类：促进投资和抑制投资。一类是不确定性会抑制企业投资。传统的投资理论从风险厌恶等角度揭示了不确定性对投资的抑制作用（Craine，1989）。Pindyck（1988）基于实物期权理论研究了在投资不可逆和需求或成本不确定的情况下的产能选择，结论是产能投资将比投资可逆情况下更小。这里的期权指的是灵活投资的期权，也可称为等待期权，会使企业投资更加谨慎。Spencer 和 Brander（1992）建立了三个模型比较了先占优势和等待期权对企业投资的影响，认为等待期权的价值比先占优势的策略的价值更大。

另一类是不确定性会促进企业投资。Oi-Hartman-Abel 效应认为当企业拥有对称且凸的成本函数和利润函数时，需求不确定性会刺激竞争性企业增加投资（Bloom，2014）。Gabszewicz 和 Poddar（1997）考虑在双寡头竞争环境下，需求不确定性对产能投资决策的影响。他们得到的结论是：相对于确定性环境下的双寡头博弈，不确定条件下的寡头双方的对称均衡是都进行过剩产能决策。随着期权理论研究的拓展，其他种类的期权得到研究。Sarkar（2009）认为企业的灵活经营具有价值，投资产能过剩相当于购买了一个"灵活经营期权"，即当未来需求增加时可以提高产出以满足需求。Seta 等（2012）认为企业规模与学习效应正相关，投资产能过剩相当于购买了一个"增长期权"，即为了获得未来学习效应的价值。大多数期权理论研究认为企业不仅选择投资时机，还会选择投资规模。在同时考虑企业的两个选择后,企业可能会推迟投资但投资规模会更大(Huberts 等,2015)。另外,Ishii(2011)指出了不确定条件下企业的预防和投机动机可能导致产能过剩。这种动机在市场中的领导型企业表现尤为突出。

(二)市场结构

1. 低集中度

将低集中度与产能过剩联系到一起,是因为产业经济学中由贝恩提出的"集中度—利润率"假设(史东辉,2010),认为高集中度与高利润率高度相关。而产能过剩的一个重要特征是产业长期维持较低的利润率甚至亏损。这样就很容易猜测低集中度可能是造成产能过剩的原因。贝恩1968年在《产业组织》中系统地讨论了"过度竞争"问题,认为过度竞争主要发生于"原子型产业"或非集中产业,其具体表现是生产能力长期过剩。小宫隆太郎等(1988)认为过度竞争便是在集中度低的产业中,尽管许多企业的利润很低或陷于亏损状态,生产要素(主要是劳动力)和企业却不能顺利从该产业退出,使低或负的利润长期继续。这类观点可以表述为:集中度越低,产能过剩越高。Espositos(1974)对此观点表示反对,他们通过实证研究得出了市场集中度40%~69%的行业产能过剩最严重的结论。Mann等(1979)则对Espositos进行了反击,认为Espositos混淆了长期产能过剩和产能过剩的产生之间的区别,并通过跨行业的数据得出集中度越高,产业调整产能的速度越快,产能过剩越低。这两类观点可由图2-6来表示。

正如Mann等(1979)所说,从静态结果来看,可能是如Espositos(1974)所描述的,产能过剩程度与集中度呈倒"U"形,但是从动态来看,随着市场集中度上升,产能过剩会得到缓解(徐朝阳、周念利,2015)。我国的其他学者也持有类似观点,比如张东辉、徐启福(2001),万岷(2006)和冯梅(2013)。

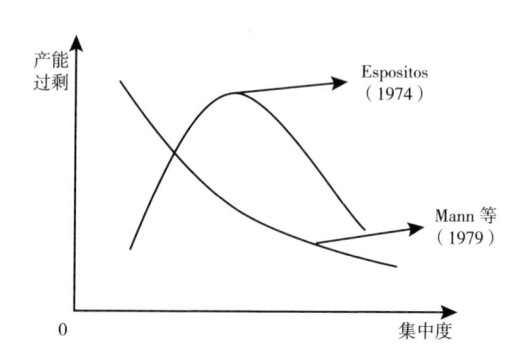

图 2-6　产能过剩与集中度的关系

2. 低进入壁垒和高退出壁垒

从进入壁垒和退出壁垒的角度出发，一般认为企业进入产业容易而退出难的情况容易形成产能过剩的局面。吕政、曹建海（2000）表达了这样的观点。他们认为在低进入壁垒和高退出壁垒的条件下，如果政府不能控制企业的进入，则容易导致产业过度竞争。韩国高（2013）认为市场准入门槛低（低进入壁垒）和大量落后产能难以顺利淘汰（高退出壁垒）等导致我国钢铁企业产能过剩问题严重。江小涓（2014）认为过度竞争指的是这样一种状态，某个产业由于进入的企业过多，已经使许多企业甚至全行业处于低利润的状态，但生产要素和企业仍然不从这个行业退出，使全行业的低利润率或负利润率的状态持续下去。可见，她也认为退出壁垒高是导致过度竞争的一个原因。张新海（2007），王立国、高越青（2014）表达了同样的观点。另外，一些学者在企业异质性的基础上研究了进入壁垒对产能过剩的影响。余东华、丘璞（2016）研究了进入壁垒对私营企业的影响，认为行政垄断造成高的进入壁垒逼迫私营企业只能停留在竞争性行业，导致产能过剩。

（三）企业行为

产业经济学中的行为包括广告、研究和开发、定价行为、工厂投资、法律策略、产品选择、串谋、兼并与合约等。与产能过剩问题相关的文献主要包括企业博弈和企业的研究、开发行为。以下分别从企业的策略性行为和创新行为[①]两方面进行综述。

1. 策略性行为

产能决策是企业的一种重要的竞争手段,具有策略性价值。企业的策略性行为导致产能过剩的动机主要包括进入阻止和串谋。[②] 下面将从这两方面进行综述。

(1) 进入阻止

在位企业为了获得更高的利润,采取过度投资策略阻止潜在企业进入的动机。过剩产能阻止策略是在位企业过度投资使产能过剩,并令潜在进入企业相信,一旦进入,在位企业也将充分利用产能,使新进入企业无利可图。Pashigian(1968)含蓄地提出过剩生产能力可能被在位企业用来阻止潜在企业的进入(通过更低的价格和更高的产量)。Wenders(1971)明确提出在位企业的过剩生产能力有提高进入壁垒的效果,即就算在位企业的过剩生产能力不能成功威胁潜在进入企业,也可以发挥更高的进入壁垒的作用阻止潜在进入企业。在所有这方面的文献中,最具有代表性的是 Spence(1977)和 Dixit(1979)两篇。进入阻止的基本思路是在位企业设置过度生产能力,令潜在进入企业相信进入时在位企业会充分利用产能达到上限使潜在企业无利可图。产能投资的不可逆性是有效阻止的原因(Spence,1977)。Spence 建立了两个模型,其基本假设是:①两个阶段,即进入之前和进入之后;②存在两个企业,一个在位企业和一个潜在进入企业;③在位企业和潜在进入企业生产同质产品;④潜在进入企业相信,当

[①] 严格来说,研究和开发是创新的前一个环节,但为了叙述方便,本书对研究、开发和创新不做区分。

[②] 另一个在文献中提到的在位企业投资产能过剩的动机是先占优势,来源于斯塔克伯格的序贯博弈,在此不做详述。

进入时，在位企业会充分利用过剩产能。模型一假设产能投资不影响边际成本，模型二假设产能投资影响边际成本，其平均成本函数分别为 $a(x, k) = \frac{c(x)}{x} + \frac{rk}{x}$ 和 $a(x, k) = \frac{c(x, k)}{x} + \frac{rk}{x}$，其中 x 是实际产出，k 是产能，且 $\frac{\partial c(x, k)}{\partial x \partial k} < 0$。进入阻止条件分别是 $P(k + y) \leq a(y, y) = \frac{c(y)}{y} + r$ 和 $\bar{P}(k, \bar{k}) \leq \frac{c(\bar{y}(k, \bar{k}), \bar{k})}{\bar{y}(k, \bar{k})} + r\bar{k}$。这两个条件保证了如果潜在企业进入，只能获得非正的利润，可以求出阻止进入的最小产能 $\bar{k}$。在模型一中，在位企业选择 k 和 x 实现利润最大化，约束条件是①$x \leq k$；②$k \geq \bar{k}$，利用库恩塔克定理可以求解。模型二也类似。在这样的模型中，其价格高于限制性定价（另外一种阻止策略）的价格，在位企业有动力通过投资过剩产能阻止潜在企业的进入，但这会导致产能过剩。这个模型的重要含义是"在位企业投资过度产能阻止潜在企业进入并导致产能过剩"。Dixit（1979）建立了双寡头斯塔克伯格模型来证明在位企业通过过度产能投资可以有效阻止潜在企业进入。将实物期权理论和博弈论相结合，同时考虑了企业的投资时机和规模，Huisman 和 Kort（2015）基于推迟潜在进入者的进入时机和减小潜在进入者的投资规模，认为在位企业会采取过度投资的阻止策略。

由于实证研究很难分离出企业的不同动机，因此，实证研究虽然不多，却得到了截然相反的结论。一些研究支持在位企业的过度投资阻止策略。Ma（2005）选择了产能利用率低于40%的台湾面粉产业为研究对象，表明在位企业采用了过剩产能策略阻止潜在企业进入。而另一些经验研究是不支持的。Hilke（1984）用实证模型检验了过剩生产能力战略对潜在企业进入的影响，结果是作用方向与理论预期一致，但结果在10%水平上不显著。Lieberman（1987）表明在位企业几乎不会采用过剩产能策略阻止潜在进入者。

（2）串谋

这是早期文献研究的另一个重要方面。一般认为在价格（产量）竞争的前提下，企业串谋可以得到更高的利润。企业的利润动机会促使企业之间串谋。一些研究表明，过剩生产能力作为一种惩罚措施有利于企业之间串谋。Davidson 和 Deneckere（1990）扩展了 Benoit 和 Krishna（1987）的模型，研究了企业之间的价格合谋。在第一阶段，企业选择它们的产能，第二阶段，企业获得持续合谋的最高价格。企业之间形成了"心照不宣"的共谋关系。作者发现，在各个均衡下，企业会选择投资过剩产能以惩罚打破合谋的企业。然而，也有企业质疑企业追求高利润而串谋的前提。Fershtman（1994）指出，市场竞争并不只有价格（产量）竞争，还有其他维度的竞争，比如产能、研发等方面的竞争。这种非正式的串谋会在其他方面加强竞争，从而使总体利润比不串谋更低。基于同样的原因，这方面的经验研究非常少，最著名的例证是欧佩克（OPEC）。

2. 创新行为

一般认为技术创新不仅能从供给方面满足消费者的差异化需求，也能提升产品的附加值而增加工资水平，进而扩大需求，有利于化解产能过剩。技术创新不足是产能过剩行业的一个重要特征。曹建海（2001）认为我国技术创新水平低，导致技术模仿成为我国主要的技术创新形式，致使以仿冒为主的大量同类产品充斥市场，形成过度竞争。缺乏核心技术支撑的新兴产业，技术创新效率低下使新兴产业形成了特有的高端产品不足和低端产品严重过剩的产能过剩（白雪洁、于志强，2018）。在环境规制与产能过剩的研究中提到"创新补偿效应"的文献认为，技术创新有利于提高产能利用率（韩国高，2018）。夏晓华等（2016）认为企业创新能力不足是导致产能过剩的重要原因。一些研究考虑到了技术创新包括产品创新和工艺创新。张倩肖、董瀛飞（2014）认为，工艺创新和长产能建设周期的结合引发的"潮涌现象"导致产能过剩，而产品创新不会导致产能过剩。李后建、张剑（2017）认为不仅以产品差异化为目的的产品创新有助于提高产能利用率，而且以降低产品成本为目的的大部分工艺创新也能有效地提高产能利用率。

根据现有文献，我国企业技术创新不足除了企业本身技术吸收能力不足外（韦影，2007），还与我国的专利政策（董钰、孙赫，2012）、所有制结构（吴延兵，2012）以及政府对技术创新的支持政策有关（肖文、林高榜，2014）。

（四）政府干预①

学界中形成了一个默契：发展中国家和社会主义特征的国家的政府干预强烈。因此，西方学者在这方面的研究相对较少。② 与之不同的是，中国选择了一条由政府主导的市场化改革道路（侯方宇、杨瑞龙，2018），资源配置除了依靠市场外，政府和体制因素在资源配置过程中具有重要的作用。因此，中国主流的学者更多认为体制扭曲背景下的地方政府不当干预应该是造成"中国式"产能过剩的最主要的因素（中国金融四十人论坛课题组，2017）。大量中国学者的研究认为地方政府不当干预是产能过剩形成的根本原因。地方经济增长、就业率等经济目标和官场升迁是地方政府干预的动机，财政分权和以考核 GDP 增长为核心的官员政治晋升体系是产能过剩的体制基础，低价供应土地（土地的"模糊产权"）、对本地企业环境污染的纵容（环境的"模糊产权"）和干预金融活动（金融体系的"预算

---

① 笔者认为，体制扭曲和地方政府不当干预所是一枚硬币的两面，两者交织在一起，共同导致要素价格扭曲。前者强调要素价格扭曲的客观的体制因素，后者强调地方政府的主观动机，实际上二者共同作用。故本书不做区分。

② 少量文献也是针对发展中国家来研究的，比如 Blonigen 和 Wilson（2010）等，详见程俊杰（2017）。

软约束")是其手段,为企业提供各种显性或隐性补贴(江飞涛等,2012)。政府不当干预的传导机制一般为扭曲了要素市场价格,导致企业过度投资,最终导致产能过剩(罗德明等,2012;张杰等,2011;史晋川、赵自芳,2007;韩国高、胡文明,2017)。归纳这类文献,我们可以得到政府干预形成产能过剩的逻辑:政府干预—要素价格扭曲—产能过剩。中国政府干预的形式多样,主要包括税收与补贴、投资激励、就业激励、宏观经济政策等。随着中国20世纪90年代价格双轨制退出历史舞台,市场化改革逐步推进。在我国,大部分商品由市场定价,政府很少干预。相比较而言,政府干预主要影响的是要素市场的价格,包括资本价格、土地价格和劳动力价格。下文将从投资政策、土地政策、劳动力政策以及提升国家竞争力政策四方面总结政府干预导致产能过剩的相关文献。

1. 投资政策

大量研究认为政府干预造成的企业过度投资是产能过剩的直接原因。其作用机理是政府的干预政策对资本市场价格造成扭曲,促使企业过度投资,引发产能过剩。采取的手段一般是各种显性或隐性的投资补贴。韩国高等(2011)认为地方政府对微观经济主体的不当干预,导致资本市场的扭曲,进而导致产能过剩。耿强等(2011)在动态随机一般均衡的框架下,讨论了地方政府政策性补贴扭曲了要素市场价格,导致产能过剩。江飞涛等(2012)认为体制扭曲背景下,地方政府对投资的补贴性竞争是导致产能过剩最主要的原因。王立国、鞠蕾(2012)以2005~2008年中国制造业26个行业上市公司和行业数据为样本,实证分析了地方政府的不当干预引发企业的过度投资进而造成了产能过剩。王文甫等(2014)构建了一个动态随机一般均衡模型,政府补贴在向大企业倾斜的情况下,会造成过度投资,引发非周期性产能过剩。

2. 土地政策

中国正在实施城镇化战略，大量农村土地转变为城市用地。政府以极低的价格获得大量的土地，成为土地的唯一供应者。政府为了某些目标，会对土地差别化定价。对于商业、住宅用地倾向于采取招拍挂的方式追求一次性收益，而对于工业、仓储用地，地方政府更看重的是工厂建成之后给本地区带来的GDP、税收、就业等政绩利益和长期收益，倾向于采取零地价甚至负地价的方式招商引资（曹建海，2004）。

桑瑜（2015）指出工业用地价格在2009~2015年，年均增速只有3.37%，而相对的商业用地和居住用地价格年均增长分别为5.91%和5.69%。土地市场的严重扭曲，降低了企业的进入成本，刺激了企业投资项目，最终导致产能过剩。汤小俊（2006）认为地方政府用地管理跟着项目跑的现象加剧了产能过剩。江飞涛（2008）认为土地的模糊产权，使低价出让土地成为各地方政府竞争产业投资的重要筹码，进而造成产能过剩。李春临等（2017）认为工业用地越充裕，越容易发生产能过剩，应杜绝"以地招商"。

3. 劳动力政策

城镇化是我国经济发展的重要推动力，而欧美国家不同，我国城镇化的突出特征是政府主导，快速推进而脱离了产业发展的客观规律（李强等，2012）。由于劳动力结构转变迟缓，因而在城镇化过程中形成了大量的人力资本低下的劳动力人口。另外，我国很多地方政府出于保护本地企业的利益，对于本地企业侵犯农民工和普通打工者劳动者权益的现象普遍存在漠视行为，长期默许企业利用自身在劳动力市场的强势地位支付给农民工和普通打工者低于市场水平的工资（康志勇，2012）。在这样的情况下，我国的劳动力市场发生了负向扭曲。谢攀、林致远（2016）发现地方保护对劳动力配置效率的负向效应显著，这一特征既存在于三次产业之间，也延伸至服务业内部的不同行业之间。刘航、孙早（2014）认为过快的城镇化提供了大量的低技能劳动力供给，促使地方政府为了保证城镇就业而采取政策手段对企业进行干预，进而造成了产能过剩。

在实证研究方面，并没有形成一致的结论。韩国高、胡文明（2017）基于省级面板数据实证研究了要素价格扭曲对工业产能过剩的影响，结果表明，要素价格扭曲恶化了产能过剩，其中劳动力价格扭曲作用最大。而鞠蕾等（2016）实证研究表明劳动力价格扭曲对产能过剩的影响并不显著。

4. 提升国家竞争力政策

将产能与一国的竞争力联系起来的代表性文献是 Fagerberg（1988），他认为国家的竞争主要体现在一国技术能力和一国满足世界需求的能力，即生产能力。在文中，他构建了衡量国家竞争力[①] $S(X)$ 的模型，$S(X) = AC^v \left(\frac{T}{T_w}\right)^e \left(\frac{P}{P_w}\right)^{-a}$，其中 A、v、e 和 a 均为正的常数，C 为一国的产能，$\frac{T}{T_w}$ 为技术竞争能力，$\frac{P}{P_w}$ 为价格竞争能力。两边取自然对数再对时间求导得：$\frac{dS(X)}{S(X)} = v\frac{dC}{C} + e\left(\frac{dT}{T} - \frac{dT_w}{T_w}\right) - a\left(\frac{dP}{P} - \frac{dP_w}{P_w}\right)$，其中 $\frac{dC}{C}$ 为产能的增长率，表示一国满足全球需求的能力。进一步，假定 $\frac{dC}{C} = z\frac{dQ}{Q} + r\frac{dK}{K} - l\frac{dW}{W}$，其中 $\frac{dQ}{Q}$ 表示技术能力的增长率，$\frac{dK}{K}$ 表示物理资本的增长率，$\frac{dW}{W}$ 为全球需求的增长率。由此，可以看出，一国为了提高国家竞争力，会大量投资物理资本，提高产能。因为如果全球需求增长，增长份额被别的国家争夺到的话，即使

---

① 国家竞争力用一国的出口量占全球市场需求的份额来表示。

本国的出口总量不变，份额也是下降的，这就促使各个国家为了抢占全球市场的份额（提高一国的地位），会争相扩大投资，提高产能，从而可能造成全球范围内的产能过剩。Crotty（2002）进一步指出了国家为了提升竞争力，会不惜代价投资核心产业，扩大产能。

第四节 文献评述及本书的研究方向

产能过剩是一个复杂的经济现象。从产业经济学理论出发，我们可以将这些因素分别归纳为行业基本条件、市场结构、企业博弈和创新及政府干预。它们之间的关系如图2-7所示。这就好似"盲人摸象"，学者从不同的视角来研究产能过剩，得到了各自认为最重要的影响因素。这些研究为我们理解产能过剩的形成提供了有用的依据，值得借鉴。

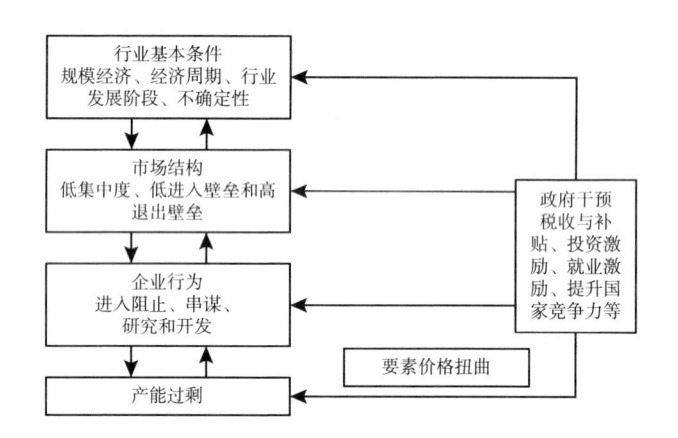

图 2-7 产能过剩的形成原因

实际上产能过剩问题在西方学术界首先被研究，其思想渊源可以追溯到西方的经济周期理论及马克思、凯恩斯等学说。明确提出"产能过剩"概念的人是张伯伦，因此，产能过剩问题首先被西方学者所研究。我国20世纪90年代末期进入产能过剩时代以来，我国学术界也开始研究产能过剩问题。与其他学术研究类似，早期的研究主要是追随国外研究的步伐，集中在行业基本条件和市场结构因素方面。这些研究观点可以统称为"市场失灵"派。虽然在当时已经有研究认为体制原因是产能过剩的主要原因，但"市场失灵"仍然是主流观点。学界一直有一种将"市场失灵"作为政府干预的理论传统。因此，"市场失灵"派提出的政策建议是政府干预解决产能过剩。比如政府利用市场准入、土地和信贷政策、推动企业兼并重组等政策工具来化解产能过剩。

然而，市场失灵并不能作为政府干预的理论前提，因为同样存在政府失灵。比如江飞涛（2017）指出我国政府一直推行的"集中"导向的产业组织政策并不能化解产能过剩。到2006年以后，随着越来越多的研究者认识到我国经济体制转型的体制特征和政府在经济增长中发挥的重大的作用，"政府失灵"导致中国产能过剩的观点受到重视。特别是在2008年全球金融危机之后，我国政府推出了"四万亿"的救市行为，但产能过剩并未得到化解。相反，2012年之后，在美欧等西方国家相继从产能过剩中走出来，我国的产能过剩反而愈演愈烈。此后，在学术界，"政府失灵"派的观点逐渐成为主流。他们提出的政策建议可以归纳为让市场来化解产能过剩。倘若只是政府干预导致中国的产能过剩，那么，随着中国市场化改革不断推进，市场化程度越来越高，市场配置资源的能力越来越强，产能过剩应该能不断得到化解。然而，现实却不是这样的。

因此，越来越多的研究采取了中间路线，认为政府失灵和市场失灵共同作用导致产能过剩。但是，这些研究都过多利用规范研究方法，深度挖掘不够，仍然是"两张皮"，缺乏一个同时容纳市场失灵和政府失灵的统一研究框架。

我们要问的是，有什么因素既会导致市场失灵，又会引起政府失灵？笔者的答案是"不确定性"。正是因为现实中存在不确定性，完全竞争的理想市场假设被否定,现实偏离均衡,导致产能过剩。同时,也是因为不确定性,政府的干预才会"失灵"。这为我们的研究提供了一个可行的切入点。我们可以认为:企业的投资决策受到现实市场中本身存在的不确定性的影响,与此同时,政府干预可能会改变企业面临的不确定性,从而改变企业的投资决策行为。因此,通过不确定性因素的引入,我们可以将市场因素和政府因素容纳在同一个框架内进行研究,这正是本书的研究重点和难点。

第三章 中国制造业产能过剩的测度与产能利用率测算方法比较

第一节 引言

改革开放以来，中国似乎刚告别了"短缺经济"时代，就迎来了"产能过剩"时代。从 20 世纪 90 年代中后期到 21 世纪初，经济增长由高速增长转为稳定快速增长，一些行业，如电冰箱、洗衣机、电视机、轻型汽车、棉纺织行业都被认为是产能过剩行业（江小涓，2014）。按照卢锋（2009）的划分，到 2009 年，我国经历了三次大规模的产能过剩。① 产能过剩会导致企业的成本（机会成本和实际成本）上升，并降低资本和劳动的边际生产率，从而降低产品的竞争力（Dagdeviren，2016）。从微观上看，导致企业亏损；从宏观上看，造成了经济资源的浪费，危害长期经济增长。林毅夫（2012）也指出，产能过剩对企业盈利、私人部门投资和家庭消费可能具有持久的负面影响，同时还会造成金融市场恶性循环。

产能过剩是我国当前宏观经济面临的重大风险之一（钟春平、

---

① 这在学术界并没有达成共识。李正旺、周靖（2014）认为发生了四次较为严重的产能过剩；何蕾（2015）认为在 1980～2013 年产能利用率经历了三个周期，即三次严重的产能过剩。这从侧面说明了产能过剩现象的复杂性。

潘黎，2014），引起了政府的高度重视。国务院和工信部等相关部门为化解产能过剩陆续颁布了一系列文件。① 关于产能过剩问题，不管是理论研究还是政府实务，首先遇到的问题是如何衡量产能过剩，包括其程度和发展趋势。产能利用率（capacity utilization）② 是衡量产能过剩最常用、最直接的指标（国务院发展研究中心《进一步化解产能过剩的政策研究》课题组，2015）。QPC（Quarterly Survey of Plant Capacity Utilization）为美国制造业提供季度产能利用率，而中国缺乏基于微观层面的产能利用率数据，我国政府相关部门并没有建立完善的产能利用率调查体系，③ 也就没有权威的产能利用率数据，所以我们衡量产能过剩只得借鉴国外机构的数据。令人遗憾的是，国外数据也让人迷惑。比如2011年，OECD报告认为中国的产能利用率为85.6%，而IMF却认为低于60%。此外，经济学界对产能利用率测算方面的研究也不多（梁泳梅等，2014），这可能是导致政府治理产能过剩效果不理想的原因之一（程俊杰，2017）。因

---

① 比如2002年的《关于制止电解铝行业重复建设势头的意见》、2006年的《国务院关于加快推进产能过剩行业结构调整的通知》、2009年的《关于抑制部分行业产能过剩和重复建设引导产业健康发展若干意见的通知》、2011年的《关于遏制电解铝行业产能过剩和重复建设引导产业健康发展的紧急通知》、2013年的《国务院关于化解产能严重过剩矛盾的指导意见》、2015年的《部分产能严重过剩行业产能置换实施办法》等，来源于中国政府和工信部官方网站。

② 在许多文献中产能利用率、设备利用率和资本利用率都是表达同一个概念，本书也不作区分。

③ 目前，只有一些产能利用率的数据散见于一些文件和报告中。据国务院发展研究中心《进一步化解产能过剩的政策研究》课题组（2015），国家统计局虽然开展了产能利用率的监测，但并没有发布系统的统计数据；《中国人民银行统计季报》中的5000户企业景气扩散指数中有关于设备能力利用水平的调查，但这并不是客观的产能利用率。相比较而言，据魏琪嘉（2014）指出，美国在20世纪80年代以来先后经历了三次严重的产能过剩，分别是80年代中期、90年代初期和21世纪初期。同时，美国建立了完善的产能利用率调查体系（Berndt和Morrison，1981）。

此，在当前我国产能过剩久治不愈的情况下，为衡量产能过剩提供可靠的数据是当务之急：一方面相关部门应建立完善的产能利用率调查研究和发布体系，另一方面学术界也应该重视对产能利用率测算的研究。

产能利用率可分为两大类：基于调查统计的工程意义的产能利用率和基于经济学理论的经济学意义的产能利用率（Baltagi 等，1998），学术研究通常采用经济学意义的产能利用率。国外对产能利用率的研究比较早，成果丰富。我国学者一般借用国外的测算方法对我国产业的产能利用率进行测算，但并未将不同测算方法的结果进行比较。此外，测算方法的适用性也未做讨论。一些学者基于不同测算方法的假设条件和界定标准不同而认为不同方法测算的产能利用率之间没有可比性（余淼杰、崔晓敏，2016）。然而，Baltagi 等（1998）认为工程意义的产能利用率60%等价于经济学方法衡量的产能利用率100%。实际上，学界对不同测算方法得到的产能利用率有无可比性仍然存在争议。因此，有必要对不同产能利用率测算方法进行比较研究，从而找到适合度量不同种类产能过剩的产能利用率的测算方法。本章的主要内容包括：①运用1996~2015年中国制造业面板数据和超越对数成本函数对中国制造业分行业的产能利用率进行测算（该方法目前使用较多）；②将成本函数法测算的中国制造业产能利用率与其他不同方法的测算结果进行比较和分析，试图找到适合衡量中国产能过剩的测算方法；③利用产能利用率数据初步衡量中国的产能过剩的现状，为后续章节的研究提供可检验的数据。

第二节　关于产能利用率测算方法的文献综述

程俊杰（2017）指出，虽然国内外学者对产能过剩的定义存在差异，但是都认可将产能利用率（capacity utilization）[产能利用率（CU）=实际产出（Y）/产能（Y^*）]作为衡量产能过剩的核心指标。在产能利用率的研究方面，国外对此进行了大量的研究，我国学者主要借鉴国外的研究方法进行测算。另外，在判定产能过剩方面，一些学者在产能利用率的基础上做了进一步的探索。

由产能利用率的计算公式可知，测算产能利用率的关键是估算产能。顾名思义，产能指的是生产能力。然而，一旦我们开始估算产能，就会遇到很多理论困难。Klein（1960）指出估算企业的产能、产业的产能和国民经济的产能在理论上是不同的。Cassels（1937）分析了两种产能：针对固定生产要素的产能和针对全部生产要素的产能。一般而言，我们认为的产能是一个短期概念，是存在固定成本（比如机器设备、厂房等）的潜在产出。根据对产能的不同理解，可将产能利用率分为两大类：工程意义的产能利用率和经济学意义的产能利用率。下文将对这两类产能利用率的测算方法进行综述。

一 工程意义的产能利用率

工程意义的产能利用率是实际产出与工程意义的产能之比，其中工程意义的产能一般指的是设计生产能力，即在除去正常检修时间外的最大产出，通过直接调查的方式获得产能利用率。美国在20世纪50年代末就有专门机构和公司展开了产能利用率测算，其中McGraw-Hill就是通过直接抽样调查行业中的大企业，直接获得企业的产能利用率，再通过工业增加值加权得出行业的产能利用率（Phillips，1963）。一些中央银行、经济研究机构也采用直接调查的方式得到产能利用率，比如新西兰技术研究所（New Zealand Institute of Economic Research）、印度储备银行（Reserve Bank of India）等（程俊杰，

2017）。然而，直接调查法需要耗费大量的人力和物力，同时每个被调查者对产能和产能利用率概念的理解存在不一致（Morrison，1985a），导致直接调查法的应用受到限制。

二 经济学意义的产能利用率

早期工程意义的产能利用率的经济解释力下降（Berndt 和 Morrison，1981），促使了经济学家从理论上估算产能利用率。经济学意义的产能利用率是指在一定经济学假设条件下，估算理论上的产能，进而计算的产能利用率。根据经济学假设的不同，大致有三类估算产能利用率的方法。

（一）基于产能与一些经济学变量之间存在某种关系的估算

第一，峰值法，是由美国宾夕法尼亚沃顿商学院的 Klein 教授等开发的方法，根据商业周期的波动曲线上各峰值点的位置（峰值法假设产量达到峰值时产能100%利用），再用"过峰趋势技术"把所有时点的潜在产出拟合出来，再对设备利用率进行估计，因而被形象地称为峰值法。Phillips（1963）评析了沃顿指数（由 Wharton School Econometrics Unit 提供），说明了峰值法估算产能利用率的过程。后续的研究有 Klein 等（1973）、Klein 和 Su（1979）、沈利生（1999）等。峰值法的优点是简单快捷，但缺点是存在"假峰"问题，比如低估潜在产出而高估产能利用率（Phillips，1963）。另外，峰值的选取主观性较强。

第二，协整法，由 Shaikh 和 Moudud（2004）首次提出，假定潜在产出和固定资本投入之间具有长期共同变化的特征，即两者存在协整关系，并估计了美国和 OECD 国家的制造业部门产能利用率。协整法的优点是不需要对函数形式进行主观设定，操作方法简单，所需数据易得。我国学者对协整法测算产能利用率进行了跟进。程俊杰（2015）利用协整法对 2001~2012 年我国 30 个省份产能利用情况进行了测度，并基于动态面板GMM指出引起我国东、中、西部地区产能过剩的原因是存在明显差异。何蕾（2015）利用协整法测度了1980~2013年中国36个二位数工业行业的产能利用率。但是正如Winston（1974）指出的，如果认识到资本利用率这个经济变量的话，那么一个重要的结论是资本存量和产出没有唯一的关系。协整法因假设前提而受到质疑。

第三，其他的数据分析法。美国早期National Industrial Conference Board是假设在短期内资本产出比不变，然后利用数据分析技术估算产能（Phillips, 1963）。Foss（1963）认为可以利用电动机的利用率来代替产能利用率，后被Jorgenson和Grilliches、Christensen和Jorgenson以及Shaikh将产能利用率的范围扩展到1909~1967年（Shaikh和Moudud，2004）。龚刚和杨琳假设用电量和资本服务量之间存在固定比例关系，进而估算出设备利用率（梁泳梅等，2014）。王维国、袁捷敏（2012）认为产能与物质资本存量存在固定比例关系，估算了我国1952~2008年的产能利用率。Dergiades和Tsoulfdis（2007）认为实际投资与长期均衡投资之比可以代替产能利用率，并利用投资增长率、利润和信贷三个变量，采用结构向量自回归（SVAR）方法，估计了14个欧盟国家的产能利用率。

(二）基于技术效率最优的估算

第一，生产函数法。在技术偏好不变的情况下，将固定投入生产要素充分利用时的最大产出作为产能。生产函数法一般设定生产函数形式，然后通过计量方法估计参数，最后得到产能产出。Klein和Preston（1967）首先提出生产函数法，认为可以通过设定生产函数求出潜在产出作为产能，进而得到产能利用率。Artus（1977）利用生产函数法测算了1955~1978年八个工业化国家的产能，最后得到了产能利用率。余东华、吕逸楠（2015）以光伏产业为例，利用柯布—道格拉斯（C-D）生产函数法测度了光伏产业上、中、下三个环节的产能利用率。国际货币基金组织（IMF）也用生产函数法估计产能利用率。生产函数法的优点是以新古典增长理论为依据，且只需要资本、劳动、产出三个变量的数据，相对比较易操作，且可以消除行业间的差异性（沈坤荣等，2012）。同时，也因总生产函数的存在性而被人质疑（Shaikh 和 Moudud，2004）。

第二，数据包络分析法（DEA）和随机前沿分析法（SFA）。数据包络分析法对既定的投入要素进行最佳组合构造前沿面，反映了要素组合与最大产出的关系。DEA 只需考虑生产要素投入数量，就可估算潜在产出。该方法的特点是所需的数据易得，因此受到学者青睐（Dupont 等，2002；董敏杰等，2015）。有学者认为 DEA 估算的是静态产能利用率，对 DEA 进行改进。张少华、蒋伟杰（2017）将企业的动态决策过程加入产能利用率的估算，利用冗余的 DSBM 模型估算了产能利用率。SFA 是随机型参数估计的前沿生产函数法，继承了传统生产函数的估计方法，即首先确定一个生产函数形式，并假设随机扰动项包括随机误差项和技术损失误差项，然后基于该函数形式对参数进行估计。相对于 DEA，SFA 不仅考虑了不同生产要素之间的替代弹性和随机的生产前沿，而且还可以通过具体的生产函数的参数检验来确定模型本身设定的合理性（杨振兵、张诚，2015）。技术效率最高的潜在产出是假设利用一切能利用的技术达到的产出，是"帕累托最优"的。

（三）基于经济效率最优的估算

第一，成本函数法。将短期成本曲线最低点或短期成本曲线和长期成本曲线的切点产量作为产能，前者在短期看是最优的，后者在长期看是最优的，两者都是利用短期成本函数进行估计。Nelson（1989）指出，在规模报酬不变的情况下，两种标准是相同的。

Kim（1999）甚至认为最低点标准是不恰当的。成本函数法的难点在于成本函数形式的设定。用得最多的两种成本函数形式是超越对数成本函数和标准化可变成本函数（梁泳梅等，2014），后续研究有很多（Morrison，1985a，1985b；Nelson，1989；Kim，1999）。我国的学者也有一些代表性的研究。国务院发展研究中心《进一步化解产能过剩的政策研究》课题组（2015）以短期成本曲线最低点产量作为潜在产出标准，利用成本函数法估算了28个制造业行业1998~2008年的产能利用率。韩国高等（2011）以短期成本曲线和长期成本曲线的切点产量作为潜在产出标准，利用成本函数法估算了我国28个行业1999~2008年的产能利用水平。这两种潜在产能标准的优点是具有严格的微观经济理论基础，是运用最广泛的估算产能利用率的方法，缺点是成本函数的形式难以确定，数据较难获得。

第二，利润函数法。利润函数法认为产能利用率是实际利润与"影子"利润之比。Sergerson和Squires（1993）利用利润函数法对美国渔业的产能利用率进行了测算，并讨论了规制对其的影响。但是，随着对偶理论的兴起，加上实证的便捷性，利润函数法逐渐被成本函数法所取代（程俊杰，2017）。

将以上各种产能利用率的测算方法总结如表3-1所示。各种不同的测算方法都有各自的优缺点，究竟哪一种测算方法更好学术界也没有统一的定论。虽然梁泳梅等（2014）提出了数据包络分析法（DEA）适合中国产能过剩的衡量，但张林（2016）仍坚持认为在研究过程中可以根据实际的研究条件相机选择相对合理的估算方法。下文将首先利用制造业面板数据进行产能利用率的估计，并与其他文献中不同测算方法得到的产能利用率进行比较和分析。

表 3-1 产能利用率测算方法及其特点

产能利用率	假设条件	方法	优点	缺点	代表性文献
工程意义的产能利用率	无	抽样调查	直接获得,相对客观	受访者对潜在产出理解存在随意性,缺乏经济学理论基础,且投入成本高	一些中央银行、经济研究机构采用该方法
经济学意义的产能利用率	产能与一些经济学变量之间存在某种关系	峰值法	简单快捷	可能存在"假峰"	Klein 等（1973）；Klein 和 Su(1979)；沈利生(1999)
		协整法	不需要设定函数形式	假设前提受到质疑	Shaikh 和 Moudud（2004）；程俊杰（2015）；何蕾（2015）
		其他	不需要设定函数形式	假设前提受到质疑	Foss(1963)；王维国、袁捷敏(2012)；Dergiades 和 Tsoulfdis(2007)
	技术效率最优	生产函数法	以新古典增长理论为依据,所需数据少,相对比较易操作,可以消除行业间的差异性	总生产函数的存在性受到质疑,生产函数形式难以确定	Klein 和 Preston（1967）；Artus（1977）；余东华、吕逸楠（2015）；沈坤荣等(2012)
		DEA	不需要设定函数形式,未考虑随机因素影响	估计结果不稳定,易受异常值影响	Dupont 等（2002）；董敏杰等（2015）；张少华、蒋伟杰（2017）
		SFA	可对估计参数进行检验,考虑随机因素对产出的影响,结果稳定	假设复杂,参数估计困难	杨振兵、张诚（2015）

续表

产能利用率	假设条件	方法	优点	缺点	代表性文献
经济学意义的产能利用率	经济效率最优	成本函数法	具有严格的微观经济理论基础	成本函数形式难以确定,所需数据多,所得产能利用率可能大于1	Cassels(1937);Klein(1960);Berndt和Morrison(1981);Morrison(1985b)
		利润函数法	同上	同上	Sergerson 和 Squires(1993,1995)

资料来源：笔者整理。

第三节 成本函数法产能利用率测算的理论框架

一 短期平均总成本最低点标准

参考 Nelson（1989）和格林（1998）的做法，在本章的实证研究中，假定企业的生产函数是平滑的，采用劳动（L）、能源（F）和原材料（M）作为生产的可变投入要素，资本（K）作为生产的准固定投入：

$$Y = f(L, K, F, M, T) \quad (3-1)$$

其中 Y 表示总产出，L 表示劳动数量，K 表示资本存量，F 表示能源消费量，M 表示原材料投入，T 表示无形的技术进步。在给定产出的条件下，企业最小化可变成本，那么存在可变成本函数为：

$$VC = C(P_F, P_L, P_M, Y, K, T) \quad (3-2)$$

其中 VC 表示可变成本，P_F 表示能源价格，P_L 表示劳动力价格，P_M 表示原材料价格。

利用超越对数对(3-2)式近似得：

$$\begin{aligned}\ln VC =& \beta_0 + \beta_F \ln P_F + \beta_L \ln P_L + \beta_M \ln P_M + \beta_Y \ln Y + \beta_K \ln K + \beta_T T \\ &+ \frac{1}{2}\beta_{FF}(\ln P_F)^2 + \frac{1}{2}\beta_{LL}(\ln P_L)^2 + \frac{1}{2}\beta_{MM}(\ln P_M)^2 + \frac{1}{2}\beta_{YY}(\ln Y)^2 \\ &+ \frac{1}{2}\beta_{KK}(\ln K)^2 + \frac{1}{2}\beta_{TT}T^2 + \beta_{FL}\ln P_F \ln P_L + \beta_{FM}\ln P_F \ln P_M \\ &+ \beta_{FY}\ln P_F \ln Y + \beta_{FK}\ln P_F \ln K + \beta_{FT}T\ln P_F + \beta_{LM}\ln P_L \ln P_M \\ &+ \beta_{LY}\ln P_L \ln Y + \beta_{LK}\ln P_L \ln K + \beta_{LT}T\ln P_L + \beta_{MY}\ln P_M \ln Y \\ &+ \beta_{MK}\ln P_M \ln K + \beta_{MT}T\ln P_M + \beta_{YK}\ln Y \ln K + \beta_{YT}T\ln Y + \beta_{KT}T\ln K\end{aligned} \quad (3-3)$$

将(3-3)式关于价格求导，得到每种可变投入所占成本的份额：

$$S_F = \frac{\partial \ln VC}{\partial \ln P_F} = \beta_F + \beta_{FF}\ln P_F + \beta_{FL}\ln P_L + \beta_{FM}\ln P_M \\ + \beta_{FY}\ln Y + \beta_{FK}\ln K + \beta_{FT}T \quad (3-4)$$

$$S_L = \frac{\partial \ln VC}{\partial \ln P_L} = \beta_L + \beta_{LL}\ln P_L + \beta_{FL}\ln P_F + \beta_{LM}\ln P_M \\ + \beta_{LY}\ln Y + \beta_{LK}\ln K + \beta_{LT}T \quad (3-5)$$

$$S_M = \frac{\partial \ln VC}{\partial \ln P_M} = \beta_M + \beta_{MM}\ln P_M + \beta_{FM}\ln P_F + \beta_{LM}\ln P_L \\ + \beta_{MY}\ln Y + \beta_{MK}\ln K + \beta_{MT}T \quad (3-6)$$

成本份额相加必须为1，这就要求：

$a) \beta_F + \beta_L + \beta_M = 1$

$b) \beta_{FF} + \beta_{FL} + \beta_{FM} = \beta_{FL} + \beta_{LL} + \beta_{LM} = \beta_{FM} + \beta_{LM} + \beta_{MM} = 0$

$c) \beta_{FY} + \beta_{LY} + \beta_{MY} = 0 \quad (3-7)$

$d) \beta_{FK} + \beta_{LK} + \beta_{MK} = 0$

$e) \beta_{FT} + \beta_{LT} + \beta_{MT} = 0$

企业的固定成本（TFC）为所投入的资本：

$$TFC = P_K \times K \quad (3-8)$$

其中 P_K 为资本的价格。

因此,短期的总成本（SRTC）为:

$$SRTC = VC + P_K \times K \quad (3-9)$$

那么,短期平均总成本（SRATC）为:

$$SRATC = \frac{VC}{Y} + \frac{P_K K}{Y} \quad (3-10)$$

以短期平均总成本最低点时的产出 Y_m 作为潜在产出,则 $\frac{\partial SRATC}{\partial Y_m}$ = 0,那么:

$$\frac{1}{Y_m}\frac{\partial VC}{\partial Y_m} - \frac{VC}{Y_m^2} - \frac{P_K k}{Y_m^2} = 0 \quad (3-11)$$

(3-3) 式对 $\ln Y_m$ 求导得:

$$\frac{\partial \ln VC}{\partial \ln Y_m} = \beta_Y + \beta_{YY}\ln Y_m + \beta_{FY}\ln P_F + \beta_{LY}\ln P_L$$
$$+ \beta_{MY}\ln P_M + \beta_{YK}\ln K + \beta_{YT}T \quad (3-12)$$

又因为:

$$\frac{\partial \ln VC}{\partial \ln Y_m} = \frac{\partial VC}{\partial Y_m} \times \frac{Y_m}{VC} \quad (3-13)$$

联立 (3-11)、(3-12) 和 (3-13) 式可得:

$$\beta_Y + \beta_{YY}\ln Y_m + \beta_{FY}\ln P_F + \beta_{LY}\ln P_L + \beta_{MY}\ln P_M$$
$$+ \beta_{YK}\ln K + \beta_{YT}T = 1 + \frac{P_K K}{VC}\Big|_{Y=Y_m} \quad (3-14)$$

由 (3-14) 式可得 Y_m,但是式子复杂,不能得到解析解,本书采用迭代法求解 Y_m。

二 短期和长期平均总成本曲线的切点标准

以短期平均总成本曲线与长期平均总成本曲线的切点产量 Y_0 作为潜在产出，则 $\frac{\partial SRATC}{\partial K^*} = 0$，那么，

$$\frac{\partial VC}{\partial K^*} + P_K = 0 \qquad (3-15)$$

（3-3）式对 $\ln K^*$ 求导得：

$$\frac{\partial \ln VC}{\partial \ln K^*} = \beta_K + \beta_{KK} \ln K^* + \beta_{FK} \ln P_F + \beta_{LK} \ln P_L$$
$$+ \beta_{MK} \ln P_M + \beta_{YK} \ln Y + \beta_{KT} T \qquad (3-16)$$

又因为：

$$\frac{\partial \ln VC}{\partial \ln K^*} = \frac{\partial VC}{\partial K^*} \times \frac{K^*}{VC} \qquad (3-17)$$

联立（3-15）、（3-16）和（3-17）式，可得：

$$\frac{VC}{K^*}\begin{pmatrix} \beta_K + \beta_{KK} \ln K^* + \beta_{FK} \ln P_F + \beta_{LK} \ln P_L \\ + \beta_{MK} \ln P_M + \beta_{YK} \ln Y + \beta_{KT} T \end{pmatrix} + P_K = 0 \qquad (3-18)$$

由 Nelson（1989）知，令 K^* 为实际的固定资本存量时求解（3-18）式可得 Y_0。同理，不能得到解析解，亦采用迭代法求解。

第四节 变量、数据和实证结果

本章选取利用 1996~2015 年制造业面板数据，对（3-3）、（3-4）和（3-5）式进行联合估计，得到可变成本函数的系数。然后分别计算两种潜在产出标准下的产能利用率：①将各行业估计出的系数代入方程（3-14）中，用迭代法计算出最小化平均总成本标准

下的潜在产出 Y_m；②将估计出的系数代入方程（3-18）中，用迭代的方式计算出短期平均成本曲线和长期平均成本曲线标准下的潜在产出 Y_0；③通过产能利用率（CU）＝实际产出/产能产出，分别计算两种潜在产出标准下的产能利用率。

一 变量选取和数据说明

从 2012 年开始，国家统计局对制造业的分类进行了调整。为了保持一致性，笔者选取了制造业中前后一致的 25 个行业，分别为：①农副食品加工业；②食品制造业；③酒、饮料和精制茶制造业；④烟草制品业；⑤纺织业；⑥纺织服装、服饰业；⑦皮革、毛皮、羽毛及其制品和制鞋业；⑧木材加工和木、竹、藤、棕、草制品业；⑨家具制造业；⑩造纸和纸制品业；⑪印刷和记录媒介复制业；⑫文教、工美、体育和娱乐用品制造业；⑬石油加工、炼焦和核燃料加工业；⑭化学原料和化学制品制造业；⑮医药制造业；⑯化学纤维制造业；⑰非金属矿物制品业；⑱黑色金属冶炼和压延加工业；⑲有色金属冶炼和压延加工业；⑳金属制品业；㉑通用设备制造业；㉒专用设备制造业；㉓电气机械和器材制造业；㉔计算机、通信和其他电子设备制造业；㉕仪器仪表制造业。下文用产业的编号代替各具体产业。如无特殊说明，数据均来自《中国统计年鉴》和《中国工业经济统计年鉴》。

1. 资本存量（K）与折旧率（δ）

陈诗一（2011）指出，不能简单地使用统计年鉴中提供的固定资产原值或者净值的数据来代替资本存量，正确的方法是利用永续盘存法估算资本存量。[①] 第一步，计算工业分行业折旧率。累计折旧$_t$ =

[①] 2013 年以后，固定资产原价和累计折旧数据来自《中国工业经济年鉴》，其他数据来自《中国统计年鉴》。考虑到折旧额和投资额不可能为负数，因此负值用 0 来替代。

固定资产原值$_t$ – 固定资产净值$_t$；本年折旧$_t$ = 累计折旧$_t$ – 累计折旧$_{t-1}$；折旧率$_t$ = 本年折旧$_t$ / 固定资产原值$_{t-1}$。第二步，计算全部工业口径的分行业每年新增实际投资额。当年价投资$_t$ = 固定资产原值$_t$ – 固定资产原值$_{t-1}$，以1996年为基年，① 用固定资产投资价格指数对投资额进行平减。② 第三步，以1996年的固定资产净值年平均余额为初始资本存量。第四步，按照永续盘存法估算资本存量。资本存量$_t$ = 可比价全部口径投资额$_t$ +（1 – 折旧率$_t$）× 资本存量$_{t-1}$。

2. 资本价格（P_K）

持有资本对于厂商有三种成本：机会成本、折旧和资本价格变化导致的成本变化，则 $P_K = \left(r + \delta - \dfrac{\dot{q}}{q}\right) \times q$，其中 r 为实际利率，利用中国1996年以来的根据当年变动月份加权平均后的三至五年期固定资产贷款加权利率减去通货膨胀率得到；q 为资本品的市场购置价格，使用固定资产投资价格指数（1996年=1）来代替。③

3. 劳动力投入（L）和劳动力价格（P_L）

本书采用制造业各行业年末人员数作为衡量劳动力投入 L 的指标。为了与资本价格保持一致，将历年在岗职工人均工资用CPI指数平减，进而得到实际劳动力价格指数 P_L（1996 = 1）。数据来自历年《中国劳动统计年鉴》中"分行业城镇单位就业人员和工资总额"。

4. 能源投入（E）及能源消费价格（P_E）

能源种类有很多，包括煤、石油、天然气以及电力等，本书选取制造业各行业以万吨标准煤为单位的能源消费量作为各行业的能源投

---

① 本章所有数据都是以1996年为基年。
② 由于统计年鉴没有提供工业分行业的固定资产投资价格指数，只能使用工业全行业的固定资产投资价格指数来对工业分行业现价投资额进行平减。
③ 考虑到资本的价格不可能为负数，因此负值用0来替代。

入 E。① 参考陈诗一 (2011),标准煤价格参照换算公式:1吨原煤=0.7143吨标准煤,原煤价格的数据采用"烟煤优混"国内现货价格。因只能找到2003~2015年的价格数据,2003年以前的数据采用燃料、动力类购进价格指数来估算,从而得到完整的能源消费价格 P_E (1996年为基年)。

5. 原材料投入 (M) 及原材料价格 (P_M)

参考陈诗一 (2011),工业增加值=工业总产出-工业中间投入+应交所得税,从而得到:工业中间投入=工业总产出-工业增加值+应交增值税,然后从工业中间投入中扣除能源投入成本,近似得到各行业除去能源投入部分的原材料投入成本。② 采用《中国统计年鉴》给出的七大类原材料购进价格指数作为原材料价格的替代变量,将28个行业分别归于这七大类,从而得到28个行业的原材料价格指数 P_M (1996年为基年)。

6. 可变成本 (VC) 和产出 (Y)

可变成本 (VC) =工资成本+能源投入成本+原材料投入成本=中间投入+工资成本。产出 (Y) 为各行业工业总产值,1996年为基年,分行业出厂价格指数来自《中国价格统计年鉴2016》。2008年以后的工业增加值利用每年的工业增加值率计算获得,工业增加值率数据来自中经网。2012年后的工业总产值利用公式:工业总产值=主营业务收入+库存商品期末余额-库存商品期初余额。

7. 技术进步 (T)

技术进步 (T) 用各行业的全要素生产率来衡量。为简单起见,

---

① 其中2015年能源消费数据来自中经网。
② 2008年以后的工业增加值数据是通过年末累计增加值率估算的。2012年后的工业总产值用公式:工业总产值=当期主营业务收入+期末库存商品价值-期初库存商品价值估算。

笔者选取最简便的索罗残差法估算全要素生产率（TFP）。[①] 任若恩、孙琳琳（2009）指出，在测量产业层面的 TFP 时需要考虑中间投入问题。在"希克斯中性"技术进步的假设下，扩展的柯布—道格拉斯（C-D）生产函数为 $Y_t = A_t K^\alpha L^\beta D^\gamma$，其中 Y_t 为工业总产值，A_t 是全要素生产率，K 为资本存量，L 为劳动投入，D 为中间投入；α、β 和 γ 分别为资本、劳动和中间投入的产出弹性。假设规模报酬不变，那么 $\alpha + \beta + \gamma = 1$。利用双固定效应模型，并考虑一阶序列相关性估计扩展的 C-D 生产函数，然后推算出各行业的全要素生产率。

二 可变成本函数估计结果

本书用 Stata 11 估计成本函数系数。在实际的估计中，采用似无相关模型（SUE），对（3-3）、（3-4）和（3-5）式进行联合估计。[②] 同时，附加约束条件（3-7）式以及三个方程中系数之间的相等关系，共计 19 个约束条件。[③] 系数结果如表 3-2 所示，三个回归方程的 R^2 分别为 0.992、0.594 和 0.453。大部分参数估计值在 5% 的水平上显著。

[①] 郭庆旺、贾俊雪（2005）指出索罗残差法假设约束较强，较为粗糙，但结果表明，索罗残差法与其他方法估算的全要素生产率增长率总体变化趋势较为一致。

[②] 因为工资、能源和原材料份额总和为 1，考虑到多重共线性，只取（3-4）式和（3-5）式与（3-3）式进行联立估计。

[③] 考虑到重工业和轻工业成本函数的差异，我们参照韩国高等（2011）按照重工业和轻工业将制造业分成两组，从产能利用率看，分别估计和整体估计结果高度正相关。从图形看，两者的高度趋同。回归结果也得到了相同的结论：重工业组的相关系数为 0.79，且在 P = 0.004 的水平上拒绝了零假设。轻工业组的相关系数为 0.65，且在 P = 0.000 的水平上拒绝了零假设。简便起见，这里不作分组估计，采用整体估计的结果。

表 3-2 可变成本函数参数估计结果

系数	估计值	系数	估计值	系数	估计值	系数	估计值
β_F	0.154*** (-4.06)	β_{LL}	-0.00324 (-1.57)	β_{FY}	-0.0477*** (-17.41)	β_{MY}	0.0634*** (-19.82)
β_L	0.133*** (-6.73)	β_{MM}	-0.0132 (-1.78)	β_{FK}	0.0624*** (-21.37)	β_{MK}	-0.0709*** (-20.81)
β_M	0.713*** (-18.16)	β_{YY}	0.280*** (-3.68)	β_{FT}	0.00125 (-0.29)	β_{MT}	-0.0113* (-2.23)
β_Y	1.543*** (-7.22)	β_{KK}	0.226* (-2.18)	β_{LM}	0.0153*** (-5.09)	β_{YK}	-0.260** (-2.87)
β_K	-0.427 (-1.80)	β_{TT}	0.436*** (-6.67)	β_{LY}	-0.0157*** (-9.51)	β_{YT}	-0.363*** (-4.72)
β_T	-1.095** (-2.90)	β_{FL}	-0.0120*** (-4.52)	β_{LK}	0.00845*** -4.7	β_{KT}	0.332** (-2.93)
β_{FF}	0.0141* (-2.16)	β_{FM}	-0.0021 (-0.33)	β_{LT}	0.0100*** (-3.57)	β_0	-4.316*** (-10.10)

注：括号内为 t 值；* 表示 p<0.05，** 表示 p<0.01，*** 表示 p<0.001。

三 制造业分行业产能利用率结果

利用 Matlab 2014 求解潜在产出。第一步，潜在产出 Y_m。将表 3-2 中估计的系数代入方程（3-14）中，利用迭代法求解，得到平均成本最低点产量标准的潜在产出 Y_m；第二步，潜在产出 Y_0。将表 3-2 中估计的系数代入方程（3-18）中，用迭代的方式计算出短期平均成本曲线和长期平均成本曲线相切标准的潜在产出 Y_0。第三步，利用公式产能利用率（CU）=实际产出/潜在产出，分别计算两种潜在产出标准下的产能利用率 CU_m 和 CU_0。笔者测算了 1996~2015 年共 20 年的产能利用率，表 3-3 和表 3-4 分别提供了 1996~2015 年的产能利用率 CU_m 和 CU_0。总体制造业的产能利用率是以各产业的总产值为权重，计算得到的产能利用率平均值。

表 3-3　1996~2015 年平均成本最低点标准的产能利用率 CU_m

单位：%

产业	1996年	1997年	1998年	1999年	2000年	2001年	2002年	2003年	2004年	2005年
1	213.0	222.5	203.4	195.0	162.9	195.8	201.0	203.3	191.6	185.8
2	138.8	145.1	127.8	128.8	150.9	128.7	138.9	133.4	125.7	121.2
3	114.8	87.2	76.8	91.2	98.9	93.9	97.6	90.2	93.6	107.7
4	44.7	46.1	30.8	24.1	32.3	30.7	22.5	16.8	18.6	17.4
5	211.0	197.6	180.0	181.8	161.9	178.4	190.6	145.4	137.2	180.5
6	204.9	187.1	176.2	194.7	145.9	207.9	236.9	228.2	225.4	200.6
7	143.0	179.8	133.2	96.3	222.9	147.1	184.9	166.7	182.1	148.2
8	120.1	77.0	44.6	88.5	105.1	92.2	115.2	91.4	96.0	149.0
9	112.5	127.2	44.6	36.5	66.1	79.8	52.5	62.3	93.2	121.5
10	145.0	152.9	148.0	137.9	100.3	117.6	127.2	118.7	88.2	114.2
11	93.6	105.4	85.0	109.7	89.9	112.5	105.2	109.6	110.0	81.2
12	84.4	166.7	98.6	73.0	168.5	113.8	122.8	132.4	143.3	123.6
13	135.1	103.3	75.6	98.1	108.5	96.5	106.9	103.1	89.4	129.2
14	161.2	162.0	112.2	86.5	124.9	133.0	111.2	96.6	129.8	136.4
15	148.7	150.9	140.7	137.1	128.5	135.4	141.7	120.7	101.1	113.4
16	88.4	69.7	119.0	79.8	61.0	93.4	92.6	118.3	121.9	91.7
17	107.0	112.2	92.0	110.9	108.1	64.9	98.3	110.3	120.0	94.8
18	117.5	65.0	48.7	69.0	84.0	82.5	96.4	92.9	90.0	132.2
19	107.6	132.1	56.6	39.8	98.4	105.0	60.7	49.2	90.3	111.6
20	181.0	193.7	125.9	190.8	93.1	140.1	148.8	130.7	93.2	173.0
21	70.0	124.1	102.2	135.3	89.4	98.2	130.6	164.1	181.7	163.2
22	107.7	71.3	94.1	49.3	165.1	44.4	87.2	118.9	148.1	104.5
23	142.2	66.6	52.0	76.7	98.5	84.8	101.2	97.5	101.2	198.7
24	148.6	146.0	102.8	66.8	134.8	196.8	108.2	138.5	176.5	211.1
25	45.0	69.5	70.9	77.8	75.4	77.9	76.4	48.5	39.2	85.4
总体	142.3	134.2	108.5	107.7	120.0	128.9	123.1	123.7	134.4	158.2

产业	2006年	2007年	2008年	2009年	2010年	2011年	2012年	2013年	2014年	2015年
1	183.3	183.3	185.3	172.3	182.9	198.7	200.2	206.9	201.6	198.2
2	148.1	156.1	159.2	165.4	165.5	186.9	190.8	201.1	181.0	189.1
3	100.1	111.4	111.2	120.2	119.4	150.0	160.2	167.8	160.8	152.0

续表

产业	2006年	2007年	2008年	2009年	2010年	2011年	2012年	2013年	2014年	2015年
4	14.3	11.1	15.4	16.0	23.9	29.2	40.4	47.8	44.0	41.4
5	177.1	163.9	154.0	167.5	179.5	186.0	166.2	174.0	168.4	175.3
6	214.2	221.4	199.9	182.6	219.4	220.8	228.7	224.2	243.8	242.1
7	201.8	210.6	203.4	206.5	185.4	205.9	251.9	229.9	198.4	246.0
8	129.6	136.8	137.3	145.5	129.4	157.2	165.3	176.6	172.1	159.5
9	114.9	142.2	135.5	116.7	183.8	179.0	185.5	199.5	191.6	168.2
10	124.6	110.2	104.9	118.8	132.0	127.6	123.8	114.1	114.0	125.0
11	109.7	115.3	99.0	93.0	124.2	126.1	132.8	147.7	161.5	174.6
12	164.6	185.8	186.2	183.6	176.7	173.8	348.5	346.5	308.4	319.3
13	112.1	119.3	116.7	101.0	94.7	109.8	111.8	113.1	109.0	102.2
14	133.9	137.5	139.3	122.0	142.9	153.5	155.1	157.2	154.5	142.9
15	126.5	113.1	107.4	122.4	141.7	161.5	175.6	176.7	159.5	178.0
16	135.0	139.5	112.1	102.1	108.0	136.4	101.2	78.4	135.9	119.4
17	121.7	133.3	140.6	143.5	138.0	156.3	156.6	151.7	136.6	155.7
18	114.4	128.9	138.8	120.3	115.0	134.8	143.3	143.2	133.2	109.4
19	119.8	135.3	122.5	89.4	138.6	136.1	160.4	170.6	162.3	149.0
20	175.3	154.1	140.6	168.4	181.0	174.9	186.3	186.0	168.0	187.5
21	189.8	170.1	192.8	125.5	184.4	208.9	133.6	138.7	168.7	148.6
22	136.2	166.4	171.4	170.7	186.9	190.3	183.2	160.9	120.1	154.1
23	158.9	189.7	203.0	216.7	191.6	214.7	213.8	231.6	238.2	210.0
24	232.7	264.0	252.2	207.9	271.2	288.8	298.7	341.3	337.8	301.2
25	138.9	81.8	83.8	89.3	120.7	129.7	98.4	85.4	95.4	143.8
总体	166.2	175.9	174.3	158.0	181.4	196.5	198.4	208.5	205.5	196.5

注：产业编号与上文给出的产业相对应。

表3-4 1996~2015年切点标准的产能利用率 CU_0

单位：%

产业	1996年	1997年	1998年	1999年	2000年	2001年	2002年	2003年	2004年	2005年
1	241.3	258.2	235.5	227.8	183.4	230.0	238.9	244.6	230.1	224.4
2	148.7	158.7	140.1	142.1	171.4	142.4	157.5	150.1	140.8	136.2
3	124.4	93.2	81.9	102.3	112.6	106.7	112.4	102.4	107.1	127.6

续表

产业	1996年	1997年	1998年	1999年	2000年	2001年	2002年	2003年	2004年	2005年
4	50.5	53.0	33.5	26.1	37.2	35.2	25.3	18.8	21.6	20.8
5	250.0	236.1	216.1	222.2	190.1	215.3	234.8	169.2	157.7	222.9
6	217.4	199.2	186.7	210.8	153.5	229.9	269.2	260.0	256.8	225.4
7	145.5	186.2	136.0	97.0	239.7	152.0	196.6	176.4	194.4	155.8
8	121.2	77.0	44.1	90.1	108.7	95.4	122.1	95.0	99.6	164.3
9	110.1	126.0	43.4	35.6	65.3	79.1	52.4	62.3	94.5	126.5
10	157.2	171.0	166.0	158.5	112.7	136.0	151.3	139.3	98.0	135.9
11	95.7	110.2	88.2	119.8	94.6	127.0	117.3	123.4	124.0	87.9
12	83.0	170.1	98.0	72.2	172.9	115.1	126.0	136.8	148.2	127.4
13	152.7	113.9	80.7	114.5	130.9	115.1	130.6	123.8	102.2	163.1
14	191.2	199.1	127.3	96.8	152.1	165.0	132.6	112.1	160.7	174.3
15	161.3	167.4	154.3	155.9	140.9	156.3	168.5	140.2	114.4	133.4
16	96.1	73.6	134.7	88.7	64.4	106.0	104.7	138.5	142.0	101.7
17	120.6	128.4	104.2	131.6	130.7	70.8	113.7	131.0	145.6	109.8
18	137.8	70.6	51.6	77.4	98.7	96.2	115.8	110.1	105.9	174.6
19	116.1	148.5	58.2	40.9	107.0	118.5	64.4	51.6	99.7	128.9
20	198.1	218.4	134.5	219.6	97.4	154.5	166.2	142.7	98.6	200.7
21	72.2	135.5	110.4	153.0	96.0	106.1	146.1	192.1	217.1	191.6
22	113.5	73.3	99.3	50.2	186.5	45.2	92.1	130.6	168.0	113.4
23	153.0	68.4	53.1	80.6	105.2	89.9	109.3	105.1	109.1	240.6
24	159.5	158.2	107.8	69.4	149.2	235.0	118.0	155.3	206.5	256.6
25	44.37	69.30	70.92	78.57	74.94	78.78	77.44	48.72	39.12	87.97
总体	158.8	151.2	119.8	121.6	135.5	149.0	141.1	141.2	155.6	190.5

序号	2006年	2007年	2008年	2009年	2010年	2011年	2012年	2013年	2014年	2015年
1	226.1	229.7	231.3	216.9	236.3	260.5	264.8	279.5	278.6	276.9
2	175.3	187.7	192.1	202.3	202.3	233.6	242.7	255.9	229.5	250.1
3	116.0	133.3	132.1	145.9	143.1	187.0	203.4	217.2	211.5	200.4
4	17.2	13.5	18.5	19.3	29.5	36.0	50.2	60.0	56.1	52.2
5	219.8	201.3	187.0	211.6	228.8	238.3	216.3	228.7	222.2	238.5
6	247.9	261.8	229.3	206.4	259.3	264.3	274.5	268.7	305.9	309.5
7	222.5	236.7	229.1	235.3	207.1	235.9	299.1	264.8	226.2	298.3
8	141.0	152.0	153.9	166.0	146.1	185.3	199.3	216.6	215.5	197.4

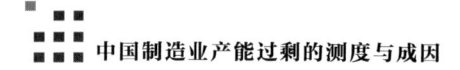

续表

序号	2006年	2007年	2008年	2009年	2010年	2011年	2012年	2013年	2014年	2015年
9	120.5	154.3	144.8	123.0	207.1	201.3	215.5	232.3	227.4	196.4
10	152.9	130.7	122.0	145.4	165.0	159.1	155.6	146.1	143.6	165.2
11	126.1	134.1	109.5	102.5	144.1	147.5	157.1	165.7	194.7	216.5
12	175.1	202.2	204.6	203.3	193.2	191.9	414.5	401.1	364.2	387.9
13	137.7	150.4	146.6	130.4	119.1	143.5	148.1	151.8	148.3	137.9
14	173.4	181.7	183.0	158.3	195.1	210.9	217.2	224.3	223.8	208.3
15	154.8	134.4	124.6	146.6	174.1	200.4	223.1	227.6	201.3	239.4
16	161.8	168.6	130.1	118.1	123.4	162.0	114.4	86.8	169.9	146.7
17	151.0	170.0	179.7	187.9	177.9	209.1	213.9	200.2	177.7	217.2
18	148.0	174.5	188.2	167.1	156.3	188.3	203.2	205.7	193.3	157.7
19	140.9	165.8	149.4	105.3	181.5	172.8	215.2	234.5	225.9	208.4
20	206.1	177.9	160.1	204.9	225.0	215.6	236.2	234.4	215.5	252.5
21	233.6	205.3	241.2	144.8	236.4	276.9	162.5	167.2	221.5	192.7
22	155.3	199.7	206.9	209.2	234.8	241.3	236.6	197.5	141.8	196.0
23	184.0	229.7	251.1	281.2	238.1	280.3	284.8	309.4	328.0	283.6
24	289.9	340.2	326.0	258.7	372.2	384.9	405.7	473.7	484.6	419.1
25	150.1	84.90	87.24	94.36	131.8	142.7	110.0	93.85	106.5	177.3
总体	203.0	219.8	218.1	196.9	235.5	256.2	262.1	278.3	280.7	267.5

注：产业编号与上文给出的产业相对应。

四 结果比较分析

1. CU_m 和 CU_0 的结果比较分析①

Nelson（1989）指出如果两种方法测算的产能利用率具有高度相关性，那么这两种方法测算的产能利用率结果可以相互替代。CU_m 是按最低

---

① 笔者测算得到的产能利用率大部分大于100%，以产能利用率79%~82%（或者100%）来衡量产能过剩的标准似乎表明成本函数法得到的结果不适合衡量产能过剩。但Liu和Yin（2017）认为采用成本函数法测算的产能利用率大于100%是正常的。下文将对如何利用产能利用率来衡量产能过剩的判断标准做进一步的论述。

点标准测算的产能利用率，CU_0 是按切点标准测算的产能利用率。如图 3-1 所示，从 CU_m 和 CU_0 二者的散点拟合图可以明显看出，二者高度正相关，其相关系数高达 0.981。马红旗等（2018）认为产能利用率的变动趋势一致可以说明测算结果具有可靠性。如图 3-2 所示，制造业分行业产能利用率的变化趋势基本保持一致。从对总体制造业的产能利用率来看，CU_m 和 CU_0 两者的相关系数达到 0.995。因此，两种由不同的衡量产能利用率标准得到的 CU_m 和 CU_0 具有很强的替代性，并无本质差异。

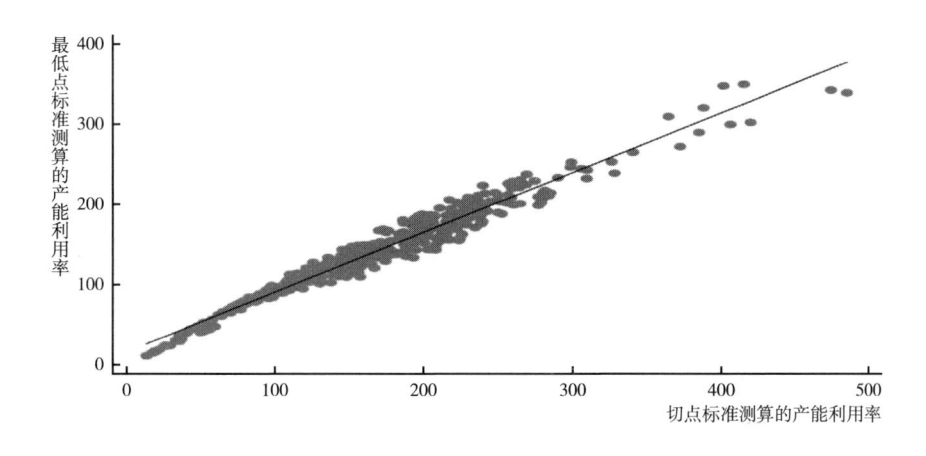

图 3-1 CU_m 和 CU_0 的散点拟合图

然而，Liu 和 Yin（2017）指出产能过剩是一种短期的经济现象，企业不能自由调整产能，但能根据市场需求调整产量。最低点标准的产能利用率含有短期意义（强调的是企业调整产量），而切点标准的产能利用率强调的是长期含义（强调的是企业调整产能）。此外，在规模报酬递增的情况下，企业有建立过剩产能的倾向，而切点标准的产能利用率否定了这种产能过剩（比如垄断竞争的情况）。因此，从这方面考虑，最低点标准的产能利用率 CU_m 更适合衡量产能过剩的程度。

此外，Nelson（1989）指出，当 $CU_0 > CU_m$ 时，产业规模报酬递增；当 $CU_0 < CU_m$ 时，产业规模报酬递减；当 $CU_0 = CU_m$ 时，产业

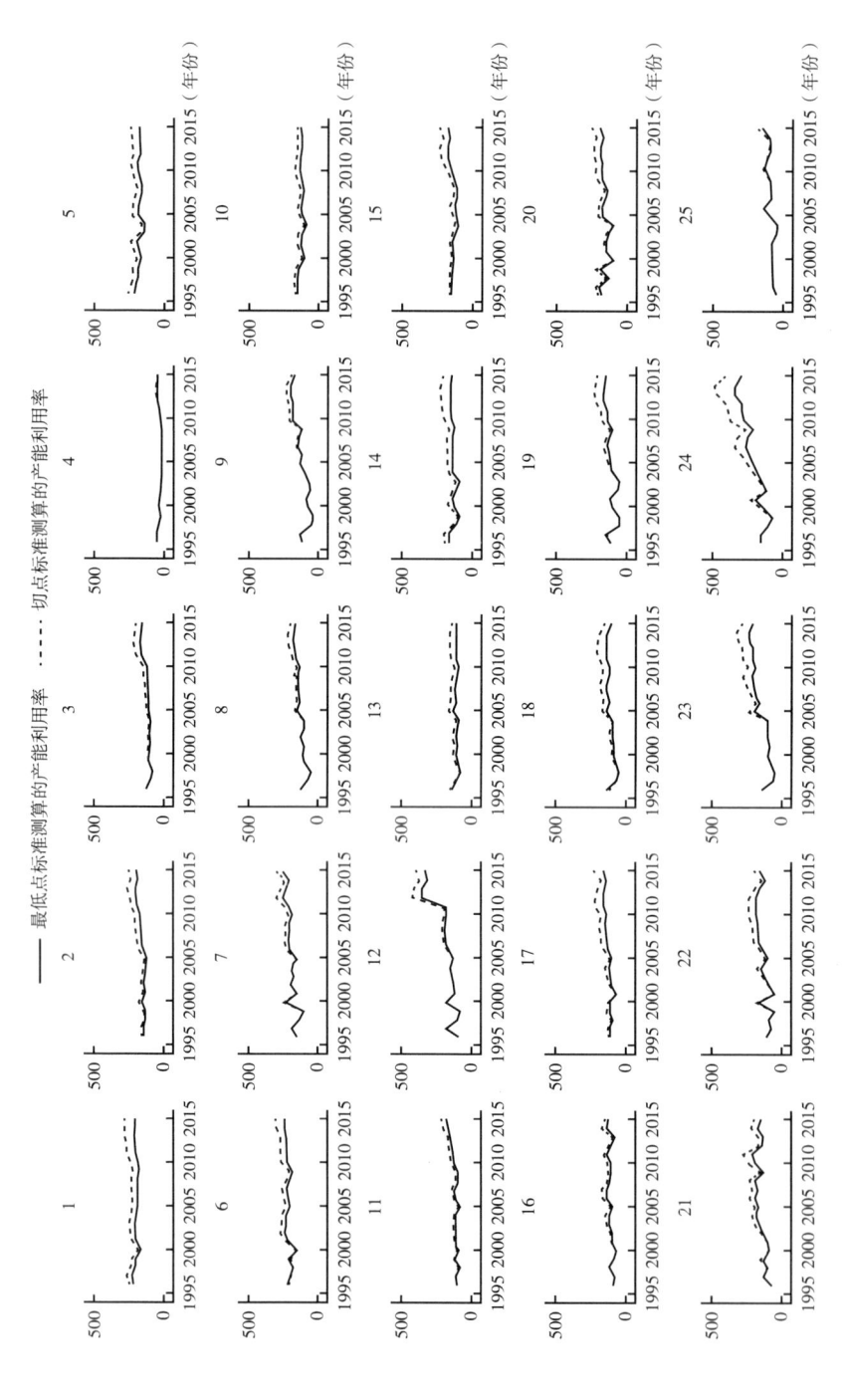

图3-2 制造业分行业产能利用率

规模报酬不变。从图 3-2 可以看出，我国制造业的 $CU_0 > CU_m$，由此可以得出，整体上我国制造业处于规模报酬递增阶段，未能充分利用规模经济效应。这个结果与相关研究文献的研究结果保持一致。例如李旭超等（2017）从资源错配视角出发，认为我国企业偏离了最优规模，未能有效地发挥规模经济。另一些研究（魏后凯，2003；郭树龙、李启航，2014）表明我国制造业产业组织结构呈现高度分散化特征。

2. 衡量产能过剩——动态产能过剩指数

产能过剩是一个复杂的概念，从预期视角出发，可以分为两种类型的产能过剩。第一种是预期到的产能过剩。这种产能过剩是企业在投资的时候已经考虑的风险，是已经预期到的可能的产能闲置，也是必要的闲置，其动机包括（Driver，2000）：①过剩产能为了应对需求变化（包括随机和非随机变化），将过剩产能作为一个满足易变的市场需求的"缓冲器"，称作预防型过剩产能；②将过剩产能作为一种策略，阻止潜在进入者进入，称作策略型过剩产能。这也是有些学者认为的产能过剩是市场经济的正常现象（张晓晶，2006）。第二种是未预期到的产能过剩，这是由于未来的不确定性，企业在投资时无法预见的产能过剩，如突然的经济萧条导致产品需求大幅下降、替代产品的崛起、新技术的出现等情况。这种产能过剩会导致产能闲置，产品价格下降，企业不能收回前期投资的成本，从而产业平均利润率下降。现实的产能过剩包含这两类产能过剩。

产能利用率是衡量产能过剩的核心指标。[①] 用产能利用率衡量产

[①] 我国一些学者为识别产能过剩提出了一些判别标准。卢锋（2009）将产能利用率分为八个区间，而且认为不能机械地解读各个区间，认为静态产能利用率只是产能过剩的必要条件，还应考虑价格走势、财务盈亏、需求增长等多方面情况综合判断。周劲和付保宗（2011）提出了产能过剩评价体系来判断产能过剩。这些判定标准的思路都是在产能利用率的基础上，辅以其他指标来判定产能过剩。但是，这增加了判定的复杂性，使标准的可操作性下降。

能过剩的标准分为两大类。一类是直接利用产能利用率的数值进行判断。文献中广泛应用的判定产能过剩的标准要么是欧美等国家的经验产能利用率79%~83%，要么是理论上的产能利用率100%。由表3-3和表3-4可知，本章利用成本函数法测算的产能利用率基本上高于100%。如果按以上两类标准来衡量中国的产能过剩，结果是中国不仅不存在产能过剩，还存在产能不足。这显然与现实情况不符。另一类是间接利用产能利用率，通常构建产能过剩指数来衡量产能过剩。Kirkley等人定义的产能过剩指数（Excess Capacity Index，ECI）为 $ECI_{i,t} = \frac{1}{CU_{i,t}} - 1$，其中 $CU_{i,t}$ 为t的产能利用率（杨振兵，2016）。

刘航等（2016）构建产能过剩指数为 $ECI_{i,t} = \frac{1}{CU_{i,t}}$。这两类产能过剩指数本质是相同的，其含义都是产能利用率越低，产能过剩程度越高。通过构建产能过剩指数显然可以利用成本函数法的产能利用率结果来判定产能过剩的严重程度。但是，这种产能过剩指数也存在一定的局限。第一，对产能利用率的倒数处理方式过于简单。这种倒数处理方式实际上还是将测算的产能利用率值与100%比较。由于不同测算方法得到产能利用率的绝对值存在较大差异，因此简单地与100%进行比较并不能消除测算方法本身带来的系统性偏差。第二，忽视了企业会根据现实的具体经济情况选择合适的产能利用率的事实。企业的生产是一个动态决策的过程，前期的投入会通过跨期决策影响下一期的生产决策（张少华、蒋伟杰，2017）。杨振兵、张诚（2015）指出产能过剩情况往往存在"惯性"，即前期的产能过剩情况会对当期产生不可避免的重要影响。这种产能过剩指数只包含当期产能利用率没有体现这种跨期决策效应。

为了改善产能过剩指数的缺陷，本章提出动态产能利用率的判断标准。我们假定企业为适应性预期，企业会选择上一期产能利用率来计算当期生产是否有利可图。也就是说，在生产之前，企业事先以上一期的产能利用率作为当期生产需要达到的产能利用率目标。如果当期实际的产能利用率比上一期更低，那么当期存在产能过剩问题。在以往文献产能过剩指数的基础上，我们提出动态的产能过剩指数（Dynamic Excess Capacity Index，DECI）$DECI_{i,t} = \dfrac{CU_{i,t-1}}{CU_{i,t}}$。其判断标准是：如果$DECI > 1$，那么可能存在比较严重的产能过剩风险，且DECI越大，产能过剩程度越严重。那么，当期产能利用率相对于上一期越低，则动态产能过剩指数越高，进而产能过剩程度越高。为了验证动态产能过剩指数的合理性，可以从两个方面进行检验。

第一，成本函数法两种标准的产能利用率的可比性检验。前文已经表明，这两种标准的产能利用率高度相关，可相互替代。那么，其对产能过剩的衡量结果应该是一致的。如图3-3所示，两种标准的产能利用率构建的动态产能过剩指数几乎完全重合在一起。这表明两种标准的产能利用率所揭示的制造业分行业的产能过剩程度几乎是相同的。这与上文的两种标准下的产能利用率可相互替代的结论保持一致。

第二，中国工业的产能过剩程度检验。2018年国家统计局公布了2006~2017年中国工业企业的整体产能利用率情况[①]（见图3-4）。这是基于抽样调查得到的产能利用率。文献中通常使用的判定产能过剩的标准，认为产能利用率低于79%则存在一定程度的产能过剩问题。由图3-4可以看出，2008~2009年和2012年以后我国工业存在产能过剩问题。同时，利用国家统计局公布的产能利用率构建动态产能过剩指数来判定产能过剩。根据上文提到的判定标准，也得到了相同的结论。

---

① 遗憾的是，中国国家统计局只公布了2017年的分行业的产能利用率情况，因此无法逐年进行分行业的产能利用率分析。

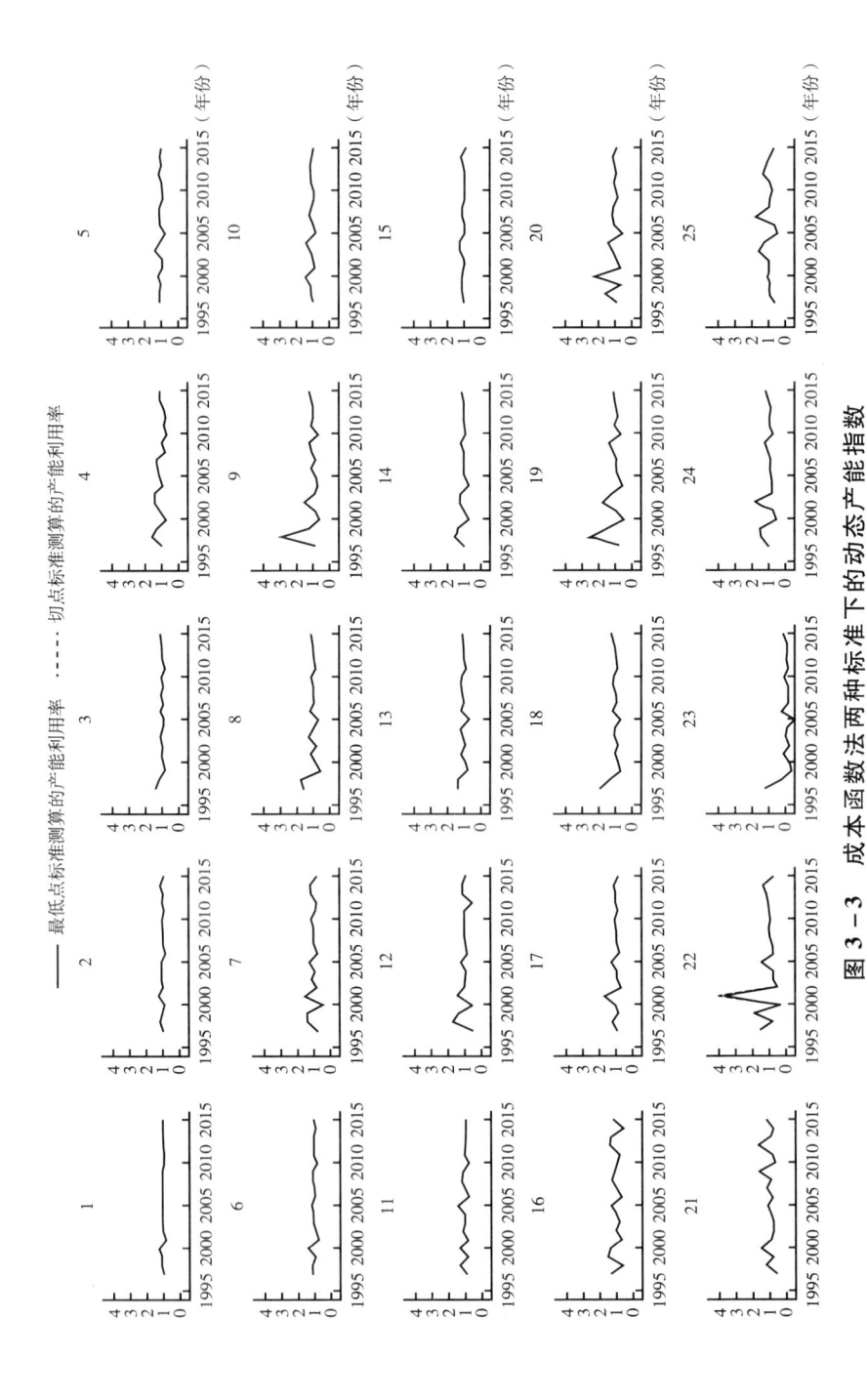

图 3-3 成本函数法两种标准下的动态产能指数

综上所述，动态产能过剩指数既体现了产能过剩的相对性，又克服了静态产能过剩指数（ECI）的缺陷。此外，动态产能过剩指数与产能利用率的绝对值所判定的产能过剩结果是一致的。可见，动态产能过剩指数可以有效地进行产能过剩程度的判定。

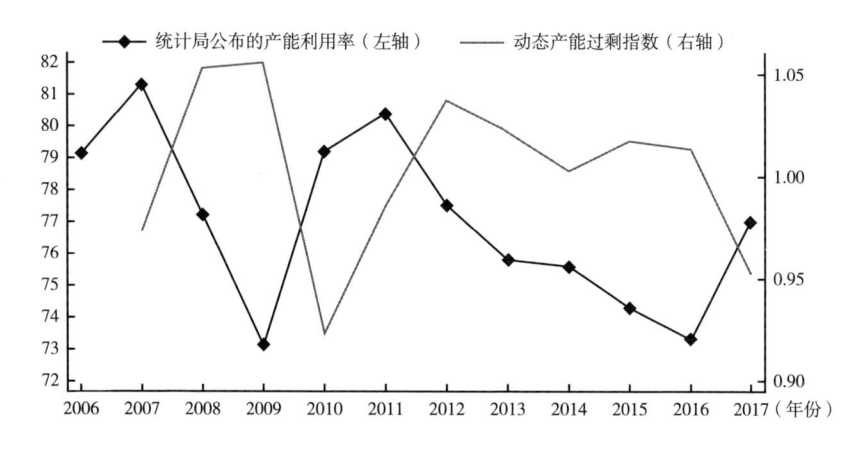

图3-4 中国工业产能利用率和动态产能过剩指数

资料来源：http://www.stats.gov.cn/tjsj/zxfb/201801/t20180119_1575361.html。

3. 成本函数法和其他测算方法的结果比较分析

将不同方法测算的产能利用率进行比较，从而找出适合的产能利用率测算方法是文献研究中的一个重要问题。一类是认为不同方法的测算结果不具有可比性。余淼杰、崔晓敏（2016）指出，现有研究主要采用函数法和数据包络分析法来测算企业或行业层面的产能利用率。进一步，他们指出这两种方法不仅产能利用率的绝对值有差异，而且时间趋势也不相同。也就是说，他们认为不同方法的测算结果不具有可比性。另一类是认为不同测算方法之间具有可比性。余淼杰等（2018）利用工业企业数据测算了产能利用率，并与其他不同测算方法的结果进行比较得到了生产函数法更适合衡量产能过剩的结论。马红旗等（2018）通过不同测算方法的结果进行比较来得到成本函数法测算结果可靠的结论。以上文献是对产能利用率的绝对值进行比较，主要的判定标准是产能利用率的时间趋势、与宏观经济增长的趋势的匹配程度等。这样的比较方式存在的不足包括，第一，由于不同测算方法对产能的界定标准不同，得到的测算结果往往差异较大。正如余淼杰、崔晓敏（2016）所指出的，不同方法的测算结果是不具有可比性的。第二，比较标准略显随意。通过产能利用率的时间趋势图来判断趋势，具有很强的主观性。鉴于此，本章利用动态产能过剩指数对不同测算方法的结果进行比较，可以克服以上比较方法的缺陷。比较的判定标准是：哪一种方法测算到的产能过剩与现实中表现越一致，则说明这种方法越适合衡量中国的产能过剩状况。自20世纪90年代末以来，政府部门先后在五个时间段对产能过剩进行了集中治理，分别为1999~2000年、2003~2004年、2006年、2009~2010年、2013年（卢锋，2009；余淼杰、崔晓敏，2016；余淼杰等，2018）。我们可以假设现实中在这些时间段中国工业可能发生了比较严重的产能过剩问题。基于此，我们采用工业总体的产能利用率构建动态产能过剩指数来判断产能过剩比较严重的时间段。

笔者在文献中找到了不同方法的产能利用率结果。[①] 其中，董敏杰等（2015）测算的产能利用率作为数据包络分析方法的代表性结果，程俊杰（2015）的测算结果作为协整法的代表性结果，杨立勋（2018）的测算结果作为生产函数法的代表性结果。首先，本章利用构建的产能过剩指数来判断产能过剩的情况。利用不同方法测算的产能利用率来构建动态产能过剩指数（见图3-5）。

从图3-5可以看出不同方法测算到的比较严重的产能过剩的时

[①] 由于本章的测算结果只包含了25个制造行业，且利用工业总产值的比重作为权重加权平均得到总体的产能利用率。为了使比较更可靠，本章分别对文献中的其他测算方法的结果按上述方法计算得到总体的产能利用率。由此得到的总体的产能利用率的绝对值可能存在一定的差异。

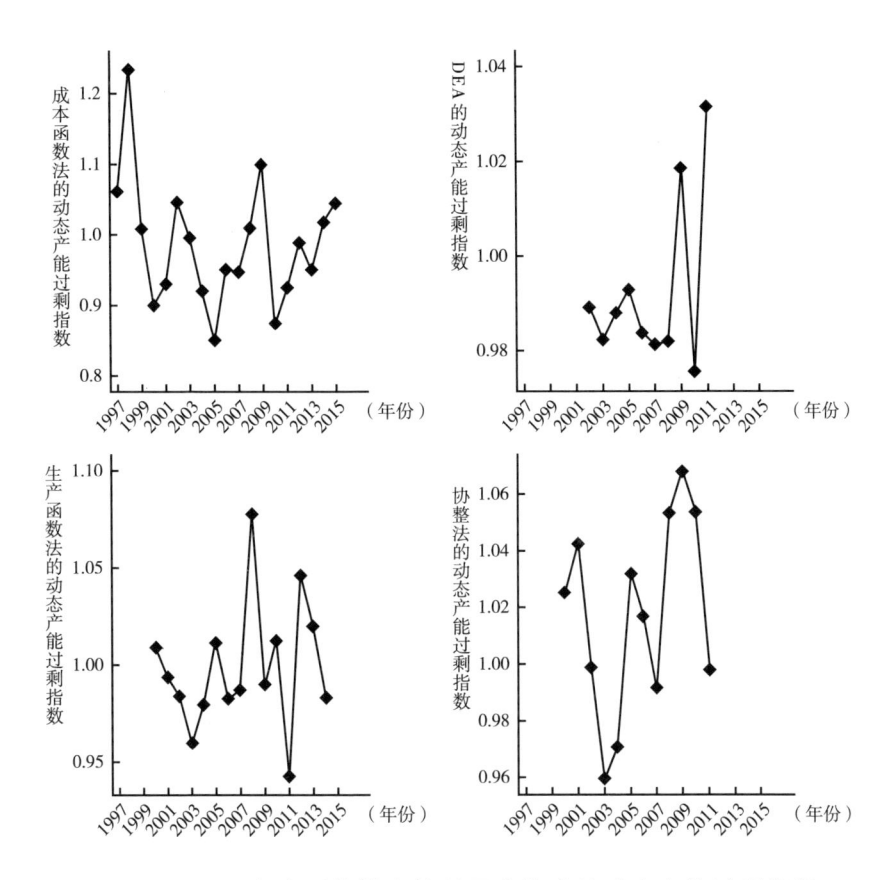

图 3-5 不同方法测算的产能利用率构建的动态产能过剩指数

间段，其对比结果如表 3-5 所示。文献中测算的产能利用率的时间区间不一致，因此所能测算到的阶段也不相同。但从测算的准确度上来看，不同方法都测算到了 2008 年金融危机和从 2012 年左右开始的更深层次的产能过剩。本书的测算结果还测算到了 20 世纪 90 年代末中国的产能过剩。从这个比较结果来看，不同测算方法各有优劣，难以确定哪一种方法更优。因此，在研究过程中根据实际的研究条件相机选择相对合理的估算方法（张林，2016）是可行的。进一步，分别对不同方法得到的产能过剩指数做相关性分析。我们发现，与成本函数法的产能过剩指数相关系数最高的是数据包络分析法的产能过剩指数，相关系数为 0.24。生产函数法和协整法得到的产能过剩指数的相关系数为 0.63。也就是说，成本函数法与数据包络分析法相关性高，而生产函数法与协整法相关性高。

表 3-5 不同方法测算产能过剩结果比较

测算方法	产能过剩测算结果	相关性分析结果	数据来源
成本函数法	1997~1998 年、2002 年、2008 年、2014~2015 年	与数据包络分析法的相关性高	本书测算
数据包络分析法	2009 年、2011 年	与成本函数法结果的相关性高	董敏杰等（2015）
生产函数法	2000 年、2005 年、2008 年、2012~2013 年	与协整法的相关性高	杨立勋（2018）
协整法	2000~2001 年、2005~2006 年、2008~2010 年	与生产函数法结果的相关性高	程俊杰（2015）

4. 产能利用率与经济周期

产能利用率与经济周期的关系也是文献中研究的重要问题。通常我们认为产能利用率表现为顺经济周期的特征。即在经济高涨时，市场需求旺盛，企业开工率高，产能利用率高，反之则反。余森杰等（2018）将这个作为判定他们的测算结果优于其他文献测算结果的依据。而马红旗等（2018）则认为在经济高速发展阶段和 2008 年金融危机之后一段时间，产能利用率表现出逆周期特征。在此，我们利用本书测算的最低点标准的产能利用率来研究这个问题。在图 3-6 中，我们将制造业总体的产能利用率和 GDP 增长率放在一张图中。通过对比发现，1996~2010 年，产能利用率表现出顺周期的特征，而在 2011~2013 年，产能利用率的趋势与 GDP 增长率的趋势发生了背离，表现出逆周期的特征。这与马红旗等（2018）指出钢铁行业的产能利用率并不完全是顺周期的观点相吻合。进一步，将 1996~2010 年的产能利用率和 GDP 增长率进行相关性分析得出，二者的相关系数高达 0.75，2011~2013 年，二者的相关系数为 -0.66。

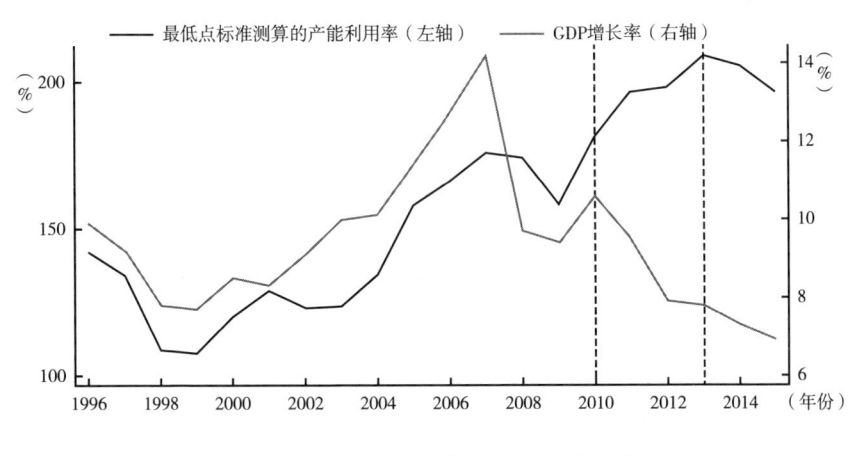

图 3-6 产能利用率与 GDP 增长率

产能利用率的顺周期的特征符合我们的经济直觉。对于产能利用率逆周期的特征，马红旗等（2018）的解释是在经济增速突变阶段，企业的生产预期发生突变，进而使非市场因素对市场因素的市场调节功能的制约和支配作用增强。或许可以说，不确定性和政府干预等因素导致了产能利用率的逆周期特征。对应于中国 2011~2013 年产能利用率的逆周期特征可能的解释是在 2008 年，政府为了平稳经济增长，推出如"四万亿"和"十大产业振兴计划"等措施，暂时弥补了金融危机造成的制造业总需求下降，使制造业依然保持着高的产能利用率。但由于目前中国处于经济新常态阶段，短期的刺激政策仅能暂时缓解经济增长的压力，而根本的经济增长动力——技术创新并未能得到改善。不仅如此，刺激政策也导致大量的投资进入制造业领域，使制造业产能进一步扩大。然而随着政府刺激计划逐渐退出，我国经济仍然处于新常态。由政府刺激措施引起的新增产能，在 2014 年后，使我国制造业出现更加严重的产能过剩问题。这也是一些学者提出我国的"四万亿"刺激计划是造成现阶段产能过剩的主要原因的理由。比如刘阳阳、冯明（2016）指出金融危机与政策扶持的共同作用使被扶持行业的产能过剩程度提高了 4.6%，且滞后期为 3 年。

第五节　本章小结

本章选择了目前应用较多的成本函数法测算了 1996~2015 年中国制造业的产能利用率。测算了两种不同的产能标准——短期成本曲线最低点的产出和短期与长期成本曲线的切点的产出——下的产能利用率。针对目前判定产能过剩方法的缺陷，基于产能利用率构建了动态产能过剩指数来判定产能过剩。与此同时，还将本章的测算结果与其他测算方法的结果进行比较分析，主要得到以下几点结论。

第一，成本函数法下的两种不同标准的产能利用率可相互替代，但从理论上讲，最低点标准可能更适合衡量产能过剩的程度。分行业和总体制造业的产能利用率的时间趋势相似，二者的相关系数分别为 0.981 和 0.995。产能过剩归根到底是一种短期现象。最低点标准表明短期内企业可以调整产量而不能调整产能。这使最低点标准在理论上更具有说服力。通过对两种标准下的产能利用率的比较，我们还发现我国制造业整体呈现规模报酬递增的特征。这表明，我国制造业企业还未达到最优企业规模。其原因可能是地方保护主义盛行，市场分割较严重、国内统一的大市场并未建成，这使制造业并不能很好地利用我国市场规模大的优势。如果地方政府能够破除地方保护主义，建立统一大市场，可能会提高制造业整体的规模效应。

第二，基于产能利用率构建的动态产能过剩指标可以有效地衡量产能过剩。通过成本函数法对两种产能利用率的可比性检验和基于国家统计局公布的产能利用率的产能过剩衡量检验表明，动态产能过剩指数一方面消除测算方法本身带来的系统性偏差，另一方面考虑了企业生产跨期决策的现实。动态产能过剩指数既体现了产能过剩的相对性，又克服了静态产能过剩指数（ECI）的缺陷。此外，动态产能过剩指数与产能利用率的绝对值所判定的产能过剩结果是一致的。可见，动态产能过剩指数可以有效地进行产能过剩程度的判定。

第三，不同方法测算的产能利用率之间具有可比性，各有优劣。以现实公认的中国产能过剩时间段为标准来评判不同方法测算结果的合理性。基于动态产能过剩指数，比较分析了成本函数法与数据包络分析法、生产函数法和协整法的测算结果。比较结果表明，各种方法的测算结果都在各自的区间内测算了产能过剩比较严重的时间段，各有千秋。相关性分析也表明，成本函数法与数据包络分析法的测算结果相似，而生产函数法与协整法的测算结果相近。

第四，产能利用率一般表现为顺周期特征，但在 2011~2013 年表现出显著的逆周期特征。可能的解释是：2008 年金融危机后政府的刺激政策的滞后效应所致。政府只依靠经济刺激政策化解产能过剩属于"治标不治本"，即在短期内可以维持较高的产能利用率，但长期来看，并不能从根本上解决产能过剩问题。2008 年的刺激政策达到了延缓产能过剩爆发的效果，但未能根本上解决产能过剩问题。因此，政府在利用政策的同时，应充分发挥市场资源配置的作用，引导资源向技术创新配置。长期政策和短期政策取长补短，合力解决产能过剩问题。

第四章 产能过剩的现状及形成机理分析

第一节 引言

产能过剩现象是市场化和工业化的"副产品",并不是我国所独有的。1825年英国爆发了第一次全球性的经济危机,拉开了产能过剩危机的序幕。随着工业化的不断推进,欧洲、美国、日本等主要工业化国家都发生过产能过剩问题。也就是说,产能过剩问题一直伴随着全球工业化的进程。产能过剩是工业化和市场经济下的一个普遍性问题。虽然在这个发展阶段表现尤为突出,产能过剩问题不是中国工业发展后期所特有的(黄群慧,2014)。但是,在国际政策层面和学术研究方面,产能过剩问题并未受到重视(钟春平、潘黎,2014)。其原因可能是:第一,欧美国家工业化已完成"服务化",生产和安装等环节都转移到国外,本国只保留了附加值高的研究开发、品牌及营销等环节;第二,像大多数人所认为的,欧美国家主要是由市场失灵引起的短期的产能过剩。通过市场的调节机制,欧美国家难以形成长期性的产能过剩,危害性不大。然而,与发达国家的产能过剩相比,我国的产能过剩却表现出不同的特点。第一,我国产能过剩具有长期性的特点。自20世纪90年代末以来,产能过剩这个"幽灵"一直伴随着我国工业的发展。第二,我国产能具有高端不足、低端过剩的结构性特征。

大量工业行业虽然产量已成为世界第一,但是仍然需要进口较多的高端产品。第三,我国的产能过剩具有危害大的特点。与发达国家不同,我国仍处于工业化的阶段,工业在全国 GDP 中的比重仍然较大。产能过剩对企业盈利、私人部门投资和家庭消费可能具有持久的负面影响,可能还会造成金融市场恶性循环(林毅夫,2012)。

产能过剩成为影响我国经济可持续发展的大问题,引起了我国政府的重视。国务院和工信部等相关部门针对产能过剩问题陆续颁布了一系列文件,旨在化解产能过剩。然而,我国产能过剩的治理却陷入一种"越治理,越过剩"的怪圈。[①] 也就是说,政府现在的产能治理措施并未抓住我国产能过剩的"病根",可能还停留在"头痛医头,脚痛医脚"的阶段。因此,我们有必要对产能过剩的形成机理进行更加深入的分析,从而找到我国产能过剩的"病根",采取更具有针对性的措施进行治理。目前最主要的化解产能过剩的措施可以归纳为两类:政府干预和市场自行解决。它们的理论基础是"市场失灵"和"政府失灵"。事实证明,这些措施都不能有效地化解产能过剩。因此,本章在现有研究文献的基础上,对产能过剩形成机理进行深入的分析,试图找出我国产能过剩的"病根",从而为政府提出针对性的措施提供理论基础。

第二节　我国制造业产能过剩和不确定性的典型事实分析

通过第二章的文献评述,我们认为不确定性是将"政府失灵"

[①] 对于这种"产能过剩"困境,程俊杰(2017)指出了可能的三点原因。第一,缺乏对各地区、各行业进行产能过剩评价及预警的科学体系;第二,对产能过剩的形成机制虽然讨论较多,但仍需深入;第三,产能过剩治理措施很难及时且有针对性,严重影响了治理效率。笔者基本认同此观点。

和"市场失灵"因素纳入一个统一研究框架的桥梁。本节对我国制造业的产能过剩和不确定性的现状进行分析，为产能过剩的形成机理分析提供现实基础。

一 产能过剩的典型事实分析

在复苏和繁荣阶段，西方工业化国家的企业会根据市场的情况不断调整自身的产能状况以适应市场。企业将产能的调整作为一种正常的市场竞争手段。只有当经济进入衰退和萧条时期，经济危机的出现才使国家政策和学术界重视产能过剩问题。因此，西方国家好像只存在所谓周期性的产能过剩，实则不然。我国的资源配置方式除了市场外，行政手段仍然起到了重要的作用。即使没有发生经济危机，国家也会不断出台政策提醒企业防止产能过剩，好像中国工业一直处在产能过剩当中。特别是2011年以后，中国制造业存在严重的产能过剩问题已经达成共识。据2013年《国务院关于化解产能严重过剩矛盾的指导意见》，传统制造业产能普遍过剩。2012年底，我国钢铁、水泥、电解铝、平板玻璃、船舶产能利用率分别仅为72%、73.7%、71.9%、73.1%和75%，明显低于国际通常水平，行业利润大幅下滑，企业普遍经营困难。由于我国正处于经济转型期和行业需求快速增长，我国制造业的产能过剩也表现出"中国特色"，即所谓"中国式"产能过剩（周密、刘秉镰，2017）。

（一）中国制造业的产能过剩问题不能一概而论，需要分阶段对待

当前，学术界普遍认可的是：中国经历了三次大规模的产能过剩，分别是1998~2001年、2003~2006年和2009年至今（卢锋，2009）。这个阶段的划分可以从我国的经济增长速度看出规律（见图4-1）。在第一个阶段（1998~2001年），发生亚洲金融危机，经济处于低速增长。类似地，在第三个阶段（2009年后），发生的是全球金融危机，经济也处于低速增长阶段。两者的相同之处在于，我国的

经济都受到了外需下降的影响，使我国的制造业出现产能过剩。不同的是，在第一阶段，中国政府推出的旨在扩大内需的财政政策有力地拉动了中国经济需求侧的"三驾马车"（方福前，2018），化解了中国的相对产能过剩，使中国走出了产能过剩的困境。而在第三阶段，中国政府推出了"四万亿"财政扩张计划。与此同时，也推出了扩大内需的十条规划和十大产业振兴计划，由此可见力度之大。然而中国并没有从产能过剩的困境中走出来，反而"越陷越深"。中国两次产能过剩的危机具有相同的触发点，实施的宏观政策也相同，结果却不同。第二阶段与另外两个阶段最大的不同在于，产能过剩与经济快速增长并存。因此，我们可以将第一阶段和第三阶段的产能过剩界定为"即期产能过剩"，即产能过剩已经造成了宏观经济的危害。而将第二阶段界定为"预期产能过剩"，即产能过剩的宏观危害还未显现。因此，中国的产能过剩不是短期内形成的，原因也不是单一的（方福前，2018），需要分几阶段讨论。

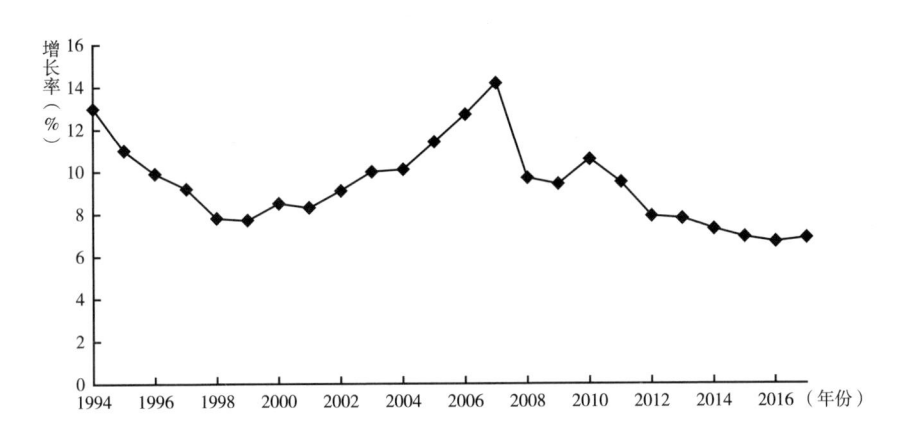

图 4-1　中国 1994~2017 年的经济增速

资料来源：中经网，由笔者绘制。

（二）中国制造业的产能过剩由传统工业向新兴工业蔓延的特征

武在平、祝剑锋（2006）基于投资率和产能利用率指标指出中国的十三大传统产业存在产能过剩问题,包括钢铁、电解铝、铁合金、焦炭、电石、汽车、铜冶炼、水泥、纺织、电力等行业。国务院在2006年发布的《国务院关于加快推进产能过剩行业结构调整的通知》中也强调了钢铁、电解铝、电石、铁合金、焦炭、汽车等行业已经明显产能过剩(即期产能过剩),而水泥、煤炭、电力、纺织等行业存在潜在产能过剩(预期产能过剩)问题。2013年的《国务院关于化解产能严重过剩矛盾的指导意见》也明确指出传统制造业产能普遍过剩。在2009年,《国务院批转发展改革委等部门关于抑制部分行业产能过剩和重复建设引导产业健康发展若干意见的通知》指出不仅钢铁、水泥等产能过剩的传统产业存在产能过剩,风电设备、多晶硅等新兴产业也出现了产能过剩问题。光伏产业产能过剩尤其值得关注(王凤飞,2013)。2011年我国光伏产能35~40GW,世界其他国家则只有28GW,2012年国内市场消纳量仅为全部光伏产能的1/10。风力发电也同样存在产能过剩问题,其中风电整机产能过剩50%以上,铸件与齿轮箱过剩100%以上,叶片过剩30%以上(吴春雅、吴照云,2015)。

(三)政府干预是中国制造业产能过剩成为"痼疾"的重要推动力

与西方工业化国家不同,我国的政府干预在资源配置中起到了重要作用。在赶超战略下,中国一直采取了选择性产业政策扶植重点产业的发展。不管是传统的制造业还是战略性新兴产业,都曾经是或现在正是政府重点扶植的主导产业或战略产业。在一定的发展阶段,政府的干预会推动工业的快速发展。但是,当政府干预是出于官员政绩、寻租、父爱主义等动机而违背市场规律,追求短期利益,试图替代市场机制来配置资源时,就往往导致资源配置低效率(余东华、吕逸楠,2015)。如图4-2所示,在1998年亚洲金融危机之后,政府直接投资占社会固定资产投资的比重一直增加,到2002年达到7.0%。随后几年略有降低,但都高于1994年的3.0%。另外,从图

4-2中的趋势线可以看出，政府直接投资具有递增的趋势。从中国国民收入初次分配可以看出，2008年后政府部门和非政府部门的收入分配占比此消彼长——政府部门收入在国民收入中的占比呈现上升趋势，居民和企业部门呈现下降趋势（见图4-3）。可见，政府控制的资源越来越多，且直接参与投资的力度呈上升趋势。

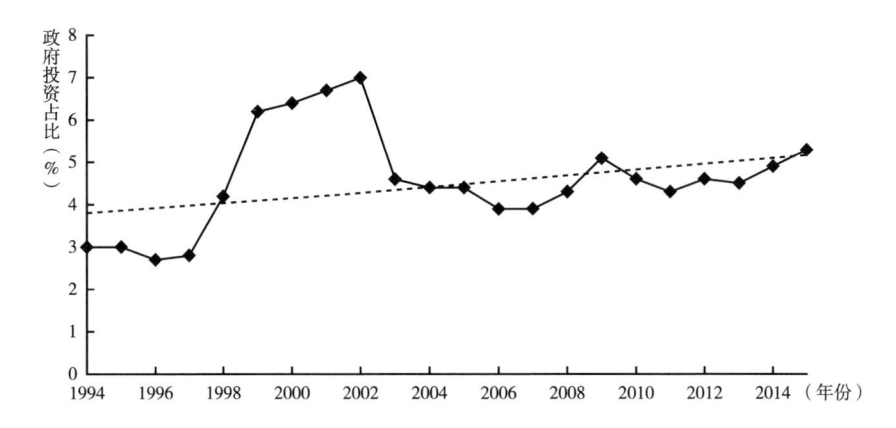

图4-2　1994~2015年政府直接投资占全社会固定资产投资比重

资料来源：方福前（2018）第231~232页，由笔者绘制。

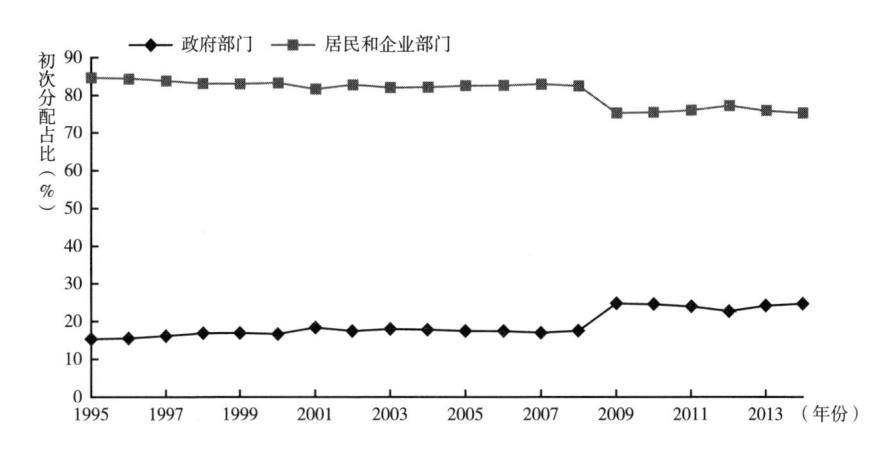

图4-3　1995~2014年中国国民收入初次分配格局

资料来源：方福前（2018）第231~232页，由笔者绘制。

（四）中国制造业的产能过剩表现出结构性——低端过剩，高端不足

周劲、付保宗（2011）认为结构性产能过剩是在产业发展过程中，部分落后产能由于无法满足现实需求而形成的富余产能，并且往往出现落后产能的过剩和先进产能不足并存。这里的结构性产能过剩实质是低端产能过剩。我国企业长期依赖技术进口而陷入"技术引进—技术落后—再引进—再落后"的恶性循环，进而导致结构性产能过剩（王立国、高越青，2012）。一些文献将20世纪90年代末的产能过剩认定为结构性产能过剩或者低水平过剩（王伟光，2001）。孙天琦（2001）指出了同样的现实，在80%以上的主要工业产品产能过剩的同时，每年需要花大量的外汇进口高附加值、高技术的产品。到现在，这种产能过剩的特征仍然没有改变。在锂电池行业、通用零部件行业、新能源行业、机械制造行业、机器人行业等都存在"高端不足，低端过剩"的现象。据陈祎淼（2016）报道，科技部高技术发展中心副主任卞曙光表示，中国是全球锂电池的主要生产国，中国的锂电池动力电池供货量达到16.7亿瓦时，占据了国际市场将近50%的市场份额。然而，在锂电池材料方面存在低端材料过剩、高端材料不足的问题。中国铸造协会（2010）指出，国内大型铸件始终是高端紧缺，低端过剩。常规铸件需求量下降，而高端大型铸件依然全球范围紧缺，比如核电大型铸件、超超临界火电转子、大型支承辊、大型船用曲轴等尚需要进口。李晓辉（2011）指出机械主机制造行业在零部件生产方面很多还依赖进口，其中高端产品的原材料供应问题更为突出，表现为"中低端过剩，高端不足"。2010年我国粗钢产量达到6.27亿吨，其中优质钢产量为3373.4万吨，特殊钢产量2456.6万吨，最能体现特殊钢本质的钢种只占特钢总量的1/4。

（五）中国制造业产能过剩问题与"僵尸企业"现象联系在一起，且存在行业差异①

我国官方的"僵尸企业"的定义是：如果一家企业连续三年亏损，则这家企业为僵尸企业。"僵尸企业"其实是一个媒体术语，指的是一个需要紧急救助才能经营的企业，或者只能够偿还利息，而无力偿还本金的企业。僵尸企业现象反映了市场的优胜劣汰机制出现了问题，导致本该退出的企业不能退出，加剧产能过剩，这是形成长期性的产能过剩的一个必要条件。江小涓（2014）明确指出市场竞争不能对低效益企业产生淘汰作用而导致产能过剩，即竞争不足导致产能过剩。

直到近几年，"僵尸企业"这个术语才在中国的官方文件或会议中出现。《金融风险总体可控，部分领域重点防范》②中明确指出，下一阶段要加大不良贷款核销力度。严格控制对高耗能、高排放企业和产能过剩行业的贷款。对经营难以为继且产品缺乏竞争力的"僵尸企业"和项目，要实施破产或兼并重组。这可能是官方第一次将"僵尸企业"和产能过剩联系在一起。中央财经领导小组办公室副主任杨伟明解读去产能的关键就是解决僵尸企业问题。在产能过剩的第一阶段，我国的僵尸企业问题非常严重。1999年会计年报数据显示，全部国有企业20.7万户中，亏损企业达11.18万户，亏损面达53.9%，亏损国有企业户数仍高达半数以上。特别是国有小型企业户数达87935户，占其总数的56.6%。在全部亏损企业中，亏损总额高达2144.9亿元，和1999年初同口径的亏损额1956亿元比较，增长了8.8%，亏损企业的亏损趋势仍在扩大（"国有企业经营效益"

---

① 该部分的数据主要来自聂辉华等（2016）的研究报告。
② 《金融风险总体可控，部分领域重点防范》，中央人民政府网站，2014年6月24日。

课题组，2000）。僵尸企业数量在 2000 年达到高峰，数量达到 4 万家规模以上企业，占全年规模以上企业的比例高达 27%。在产能过剩的第二阶段，虽然僵尸企业占比呈现下降趋势，但绝对数量仍然很高。到了产能过剩的第三阶段，特别是 2012 年以后，僵尸企业数量大幅增加，数量占比也开始上升（见图 4-4）。

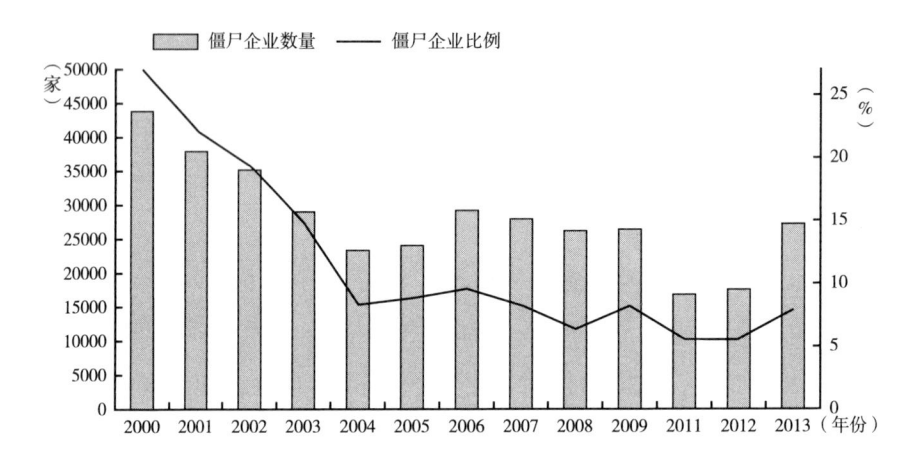

图 4-4　2000~2013 年分年份僵尸企业统计

资料来源：聂辉华等（2016）。

重工业领域的僵尸企业数量占比比轻工业多，存在行业差异，这与产能过剩的行业差异相吻合。2013 年规模以上工业企业的分行业僵尸企业统计情况如图 4-5 所示。僵尸企业比例最高的五个行业是：水的生产和供应业（25.99%），电力、热力的生产和供应业（19.14%），化学纤维制造业（19.10%），黑色金属冶炼及压延加工业（15.00%）和石油加工、炼焦及核燃料加工业（14.46%）。僵尸企业比例最低的五个行业是：其他采矿业（0.00），木材加工及木、竹、藤、棕、草制品业（3.37%），非金属矿采选业（3.66%），烟草制造业（4.10%）和农副食品加工业（4.92%）（聂辉华等，2016）。从图 4-5 可以看出，重工业的僵尸企业占比明显比轻工业大。

图 4-5 分行业僵尸企业占比

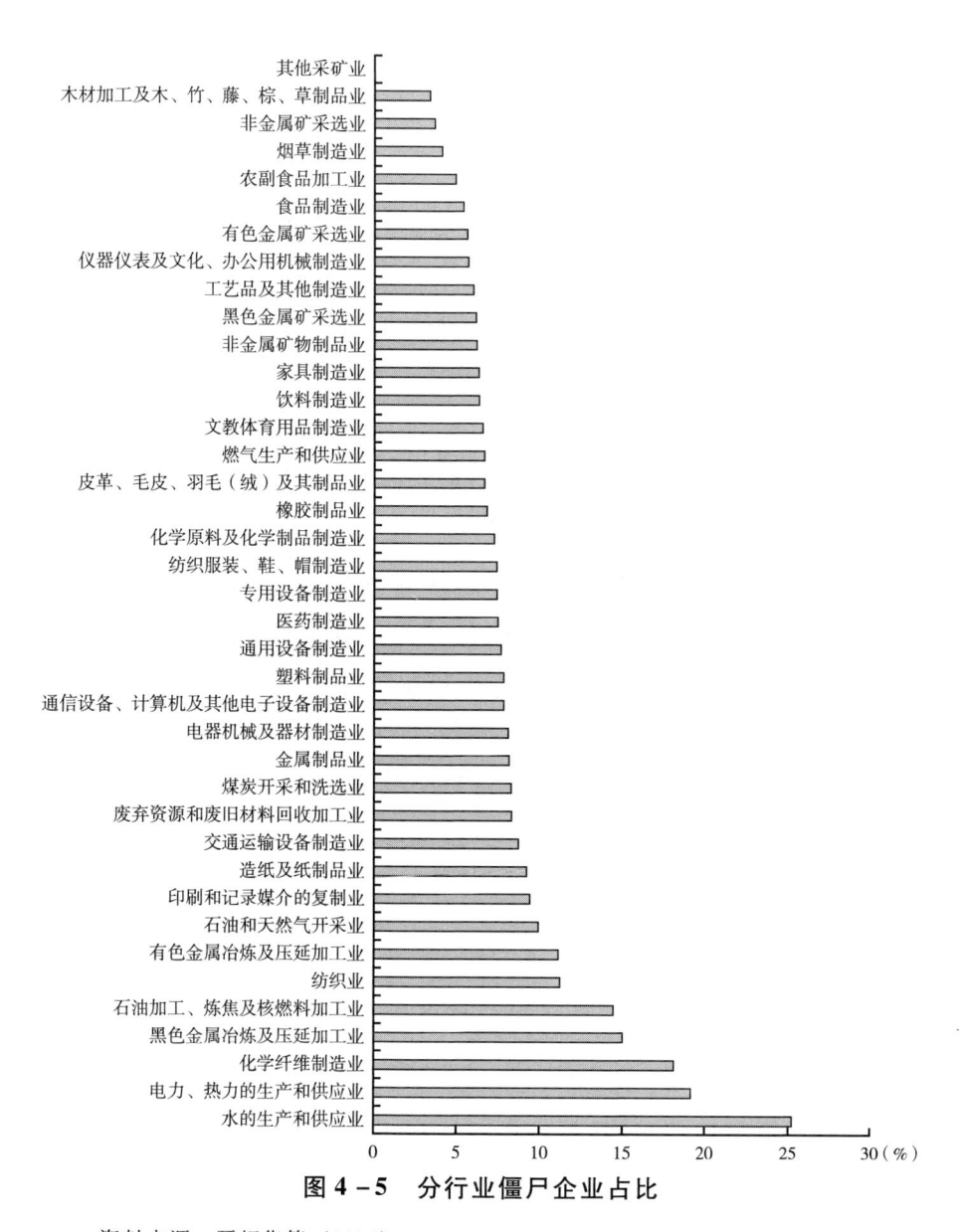

资料来源：聂辉华等（2016）。

二 不确定性的典型事实分析

不确定性无处不在且无法消除，企业在做决策的过程中，面临不同的不确定性，包括需求的不确定性、供给的不确定性以及政策的不确定性等。本章参照 Baker 等（2016）按照不确定性的来源将其分为实体经济不确定性和经济政策不确定性。与不确定性相关联的是风险，奈特（2006）对此做了严格的区分，即风险是可度量的不确定性，不确定性是不可度量的风险。然而，本章将不确定性与风险的概念暂时混合起来，以便对不确定性做一个定量分析。

（一）实体经济不确定性[①]在经济萧条时会显著增加，且波动更大

我们利用制造业 25 个行业的行业利润率数据测度了各个行业的实体经济的不确定性。图 4-6 表示的是分时期的实体经济的不确定性水平的核密度函数图。2002～2007 年是我国经济繁荣的阶段，2008 年之后是我国经济的萧条阶段。如图 4-6 所示，我国经济的萧条阶段的不确定性平均水平高于经济繁荣阶段的不确定性平均水平。这与 Bloom（2014）指出的经济不确定性在经济萧条阶段增加的结论相符。

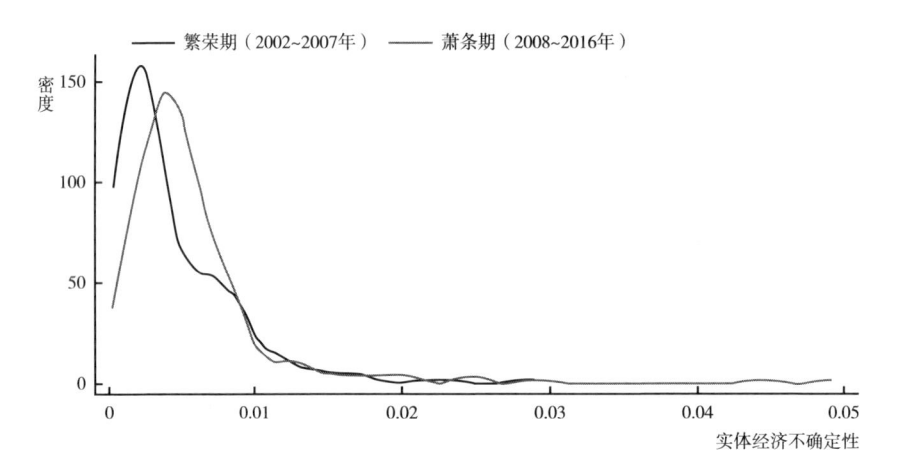

图 4-6　分时期的实体经济的不确定性核密度函数图

[①] 实体经济不确定性的测度在第五章详细说明。

正如 Baker 等（2016）所言，经济不确定性包括实体经济不确定性和政策不确定性。图 4-7 给出了 2002~2016 年的实体经济不确定性和经济政策不确定性的走势。① 从图中可以看出，在 2008 年金融危机之前，实体经济不确定性和政策不确定性水平都比较低，而在 2008 年之后，二者的水平都变得更高，且波动变得更大。比如在 2010 年实体经济不确定性较高时，政策不确定性较低，但整体的经济不确定性依然很高。总之，在经济萧条时期，经济不确定性会明显提高，且波动性更大。

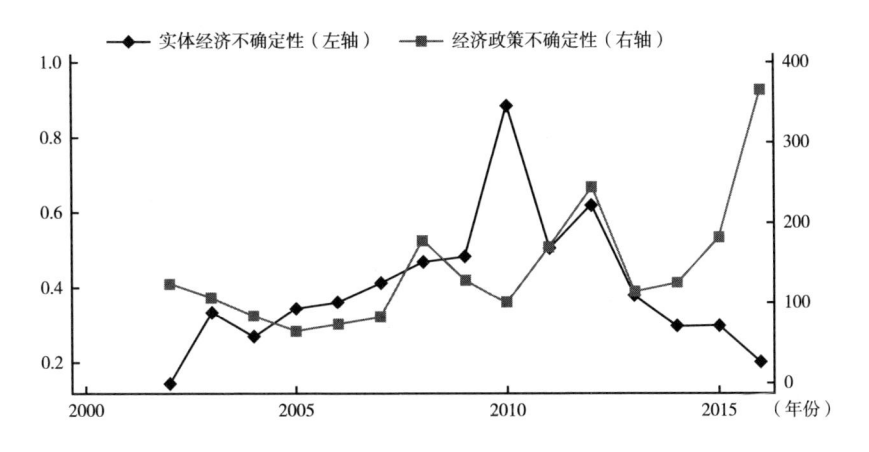

图 4-7 实体经济不确定性和政策不确定性的趋势

（二）经济不确定性在国家外债债务率上升时会显著提高

以经济政策不确定性为例，图 4-8 给出了 2002~2016 年的经济政策不确定性和国家外债债务率的走势。中国的外债债务率在 2008 年之前一直是下降趋势，此时经济政策的不确定性水平较低。而在 2008 年之后，国家外债债务率的水平不断上升，经济政策不确定性的水平变得更高，波动也变得更大。受"奥运"经济的终结和国外

---

① 实体经济不确定性的对象是 25 个制造业整体，经济政策不确定性的数据来自 http://www.policyuncertainty.com/china_monthly.html。

金融危机的影响，我国为了稳定经济的增长态势，推出各种经济刺激政策，比如"四万亿"投资计划等。财政刺激政策的运用一方面增加了政府的负债，提高了政府的债务水平；另一方面，经济政策的频繁推出加剧了经济政策的不确定性。

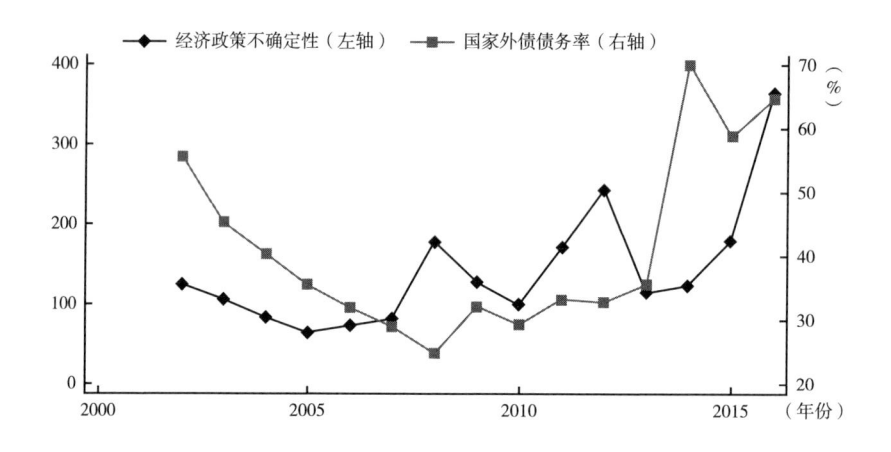

图4-8 经济政策不确定性和国家外债债务率的趋势

（三）重工业行业的经济不确定性高于轻工业的不确定性

以实体经济不确定性为例，图4-9给出了分行业的实体经济不确定性的核密度函数图。从图中可以看出，相对于轻工业，重工业的不确定性水平偏高，不确定性较分散，且拖着长尾。这可能是由于相对于轻工业，重工业的投资更高，生产环节更多，更加迂回。正是由于重工业的生产更加迂回，一方面导致重工业供给的不确定性增加，另一方面由于重工业离最终需求端更远，匹配需求的难度上升，重工业面对的需求不确定性也更高。总之，从行业的特征来看，重工业的不确定性水平高于轻工业的不确定性水平。

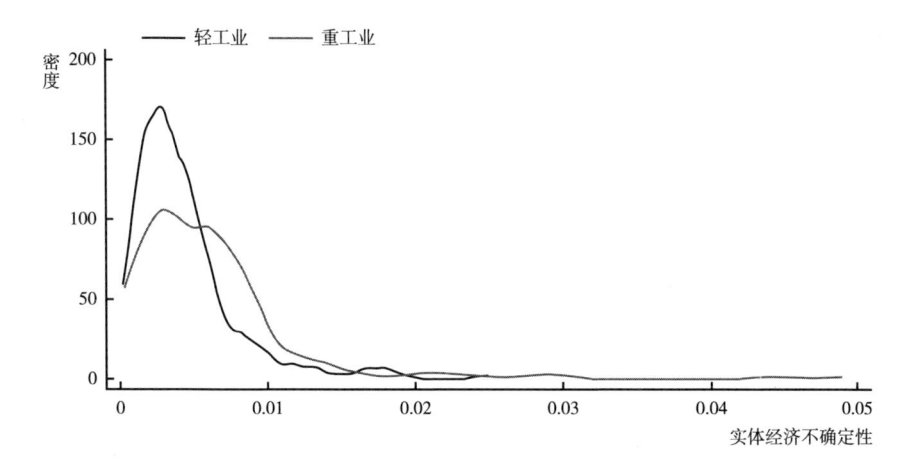

图 4-9 轻工业和重工业的实体经济不确定性核密度函数图

第三节 不确定性和产能过剩的形成机理分析

产能过剩是一个复杂的现象，是多因素共同作用下形成的结果。大多数文献将其归结为政府和市场两类，笔者也同意这个观点。但是，目前的理论文献存在两类主要缺陷。第一，片面地强调政府因素或市场因素，甚至形成了"市场失灵"和"政府失灵"之争（付保宗，2011）。目前的研究大多数是只强调一方面因素的作用，而忽视了另一方面因素的作用，或者只把另一方面的因素作为控制变量，并没有把它们纳入一个统一的理论分析框架。第二，大多数文献将产能过剩当成静态的现象，而不是一个动态过程（程俊杰，2014）。从本质上讲，产能过剩是由企业行为导致的一种"不好"的市场绩效。对产能过剩具有直接影响的是企业行为，包括企业的进入行为、退出行为和创新行为，分别对不同阶段的产能过剩起着重要影响。大量的文献只针对企业的某一种行为对产能过剩形成的影响进行理论分析，这样就只能形成片面化的理论。比如大量的文献都认为企业的过度投资是产能过剩问题的主要原因,如韩国高等(2011),徐滇庆、刘颖(2018)等。如果是这样的话,那么降低产能投资应该可以缓解产能过剩。遗憾的是,中国近几年的投资增速不断下滑,而产能过剩更加严重。这类文献只是从企业的投资行为角度对产能过剩进行分析,其结论往往具有片面性。依据此片面化的理论得到的政策建议对化解产能过剩往往难以奏效。

针对现有文献的以上两类主要缺陷,本节将①分别对企业进入、退出和创新与产能过剩的关系进行分析;②引入不确定性因素,对其与企业决策行为的关系进行分析;③在前部分论述的基础上,建立"不确定性、企业决策、产能过剩"的分析框架,将市场因素和政府因素共同纳入一个分析框架,进一步完善产能过剩的理论分析。

一 企业决策与产能过剩

实际上,有少量研究看到了不同阶段产能过剩存在不同的影响机制。比如程俊杰(2014),张倩肖、董瀛飞(2014)和韩文龙等(2016)。程俊杰(2014)将中国的产能过剩问题描述成"产能过剩形成—过剩产能化解困难—产能过剩加剧"的动态过程。张倩肖、董瀛飞(2014)构建涵盖技术创新,产能建设周期,企业兼并、进入和退出的"新熊彼特"模型来研究产能过剩。与笔者最相似的是韩文龙等(2016),他们从企业决策——"投资—竞争—退出"的角度探讨了产能过剩的形成机制。他们认为地方政府通过补贴和优惠政策及降低要素成本等方式诱导企业进行过度投资,进而企业为了生存被迫进入恶性竞争阶段,再加上资产专用性阻碍了企业的退出行为。在"诱导性企业投资—被迫式企业竞争—企业退出困难"的共同作用下,形成了中国的产能过剩"痼疾"。韩文龙等(2016)实质上认为企业的投资和退出行为导致产能过剩的形成。与韩文龙等(2016)不同的是,笔者认为除了企业的进入行为和退出行为外,企业的创新行为也在产能过剩的形成过程中起到了重要的作用。下文将分别从企业的进入行为、退出行为和创新行为三方面对产能过剩的形成进行分析。

(一)"企业过度进入"是产能过剩形成的先决条件

所谓"进入"是厂商开始提供某一特定市场上原有商品或服务的充分替代(杨蕙馨,2000),进一步,杨蕙馨还指出过度进入是导致产能过剩的一个重要原因。曹建海、江飞涛(2010)直接表明产能过剩是指企业提供的生产能力和服务能力超过了均衡价格下的市场需求,与过度投资指的是同一现象。这个直觉来源于早期的经济周期理论。经济周期理论中的过度投资派认为过度投资先引起了经济的繁荣,进而引起经济的生产结构失衡,导致经济衰退,即产能过剩。实际上,投资既具有供给的特性,也具有需求的特性。马尔萨斯在《政治经济学原理》中指明,资源从消费转移到投资,将不可避免地使供给增加。由宏观经济理论可知,消费、投资和出口三者共同构成宏观需求,是一国经济发展的主要驱动力。这里,投资被视为需求。可见,企业投资同时具有需求和供给的两面性:投资支出在当期体现为其他企业的需求,而在下一期项目完成之后会为消费者增加供给,表现为产能的扩张。产业的过度投资必然导致产能过剩。

过度投资导致投资的效率不断下降(白重恩、张琼,2014),进而导致企业的利润空间受到压缩。企业为了维持经营必然会降低劳动者的报酬,进而降低的消费需求。可见,过度投资一方面会扩大供给,另一方面会减少需求,这必然导致企业的供给能力大于市场的需求能力,导致产能过剩。这也是为什么大量文献从企业进入视角研究产能过剩。现有文献不论属于"市场失灵派"还是"政府失灵派",都认为过度投资是产能过剩形成的重要原因。王立国、鞠蕾(2012)通过理论和实证分析认为地方政府不当干预可以引发企业过度投资,进而造成产能过剩问题,并且企业过度投资的中介作用得到了验证。

徐滇庆、刘颖（2018）明确指出"过度投资导致产能过剩已经形成了共识"。他们认为过度投资是因，产能过剩是果，若要治理产能过剩，必须从过度投资入手。王文甫等（2014）也明确表明企业过度投资是产能过剩的原因。

（二）"企业的退出困难"是产能过剩形成的必要条件

所谓"退出"是企业放弃生产或提供某一特定市场上的产品或服务（杨蕙馨，2000）。新古典主义理想市场之所以出清，不存在产能过剩，其中一个重要的假设是企业可以自由地从低利润或亏损行业退出（Crotty，2002）。然而，现实中由于各种不同的原因，企业并不能自由退出某个行业，即企业退出存在障碍。现实市场中存在"淘而不汰"的现象。企业由于退出不畅，被迫进行残酷的"价格竞争"。Crotty将这种"向底的"价格竞争称为"破坏性竞争"。这种竞争的破坏性表现在企业的价格最多只能弥补可变成本，而不能弥补大量的固定投资成本。这样，企业虽然亏损，但仍然继续经营。如图4-10所示，价格在 P_0 时，企业收支平衡，当价格下降为 P_1 时，企业仍然会提供产品。实际上，当产品价格在 P_2 和 P_0 之间，企业仍然会继续经营。这就是理论上必然存在的退出障碍。

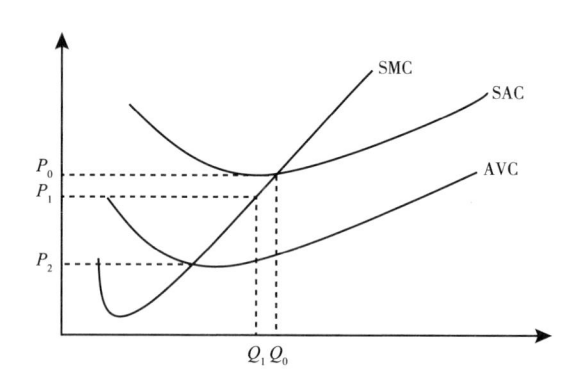

图 4-10 企业的退出障碍示意

一方面，由于存在高的沉没成本，企业的退出会给企业带来巨大的损失，因此大多数企业不愿退出。退出壁垒形成的主要原因是资产专用性，包括设备的专用性和人力资本的专用性（安同良、杨羽云，2002），这导致企业高的沉没成本。众多文献认为高退出壁垒是形成产能过剩的重要原因。韩国高（2013）认为市场准入门槛低（低进入壁垒）和大量落后产能难以顺利淘汰（高退出壁垒）等导致我国钢铁企业产能过剩问题严重。韩文龙等（2016）指出高的沉没成本和资产专用性给企业带来了退出困境。由于企业退出会带来很多不良影响，比如失业、经济增长下行和银行坏账等，所以企业职工、地方政府以及银行均想方设法阻止亏损企业退出市场，这进一步加剧了企业的退出障碍。另一方面，企业可以在其他企业退出的情况下获利，使产能调整比社会最优调整速率小（Chemawat 和 Nalebuff，1990），为了能提高存活的概率，企业甚至会实行进一步的产能扩张策略，这将进一步加剧产能过剩（Crotty，2002）。小宫隆太郎等（1988）用博弈论方法论证了在这种情况下，如果事先不能预料到最后的竞争结果，没有任何一家企业有退出的主动性，形成了典型的"囚徒困境"。此外，我国僵尸企业的大量存在也佐证了企业面临严重的退出困难。

综上所述，退出障碍的存在，将导致资源不能重新分配，无法从低效率的行业转移至高效率的行业，导致资源配置效率的损失。当企业退出遇到障碍，当越来越多的本该淘汰的低效率企业不能顺利退出时，就不断加剧了这种"向底的价格竞争"。企业价格下降，使投资需求下降，进一步降低消费者的收入，这是一个自我强化的过程。由此进入一个恶性的经济循环，即所谓的"过度竞争"。假如市场中的企业可以无成本地自由退出行业并进入另一个行业的话，市场中的产能过剩不可能是难以化解的"痼疾"。可见，企业的退出障碍是产能过剩形成的必要条件。

（三）"企业的创新不足"是产能过剩形成的催化剂

严格地讲，企业创新也是一种进入，是一种提供差异化产品的企业进入。这里将创新和进入区分开来。创新是经济发展的根本动力。熊彼特在1912年出版的《经济发展理论》中系统提出了创新的定义和内涵，认为创新能构建新的生产函数，将生产要素和生产条件重新组合，并纳入生产体系。2005年由OECD和Eurostat联合出版的奥斯陆手册第三版将创新归纳为四种标准的模式：产品创新、工艺创新、组织创新和营销创新。①产品创新：企业推出全新的或有重大改进的产品。这个"新"主要体现在产品的功能或特征上，包括用户友好性、组件、材料与技术规范等方面的改进。需要注意的是，产品的"新"指对企业而言是新的，但对于企业所在的行业或市场而言不要求必须是新的。②工艺创新：企业采用了全新的或有重大改进的生产方法、工艺设备或辅助性活动。这个"新"体现在技术、软件、设备或流程上。采用的工艺对于企业而言必须是新的，但不要求本企业领先于其他企业采用的工艺，也不论该工艺是企业自主研发还是其他企业研发的。③组织创新：企业采用了此前没有使用过的全新的组织管理方式，主要涉及企业的经营模式、组织结构及外部关系等方面，不包括单纯的合并或收购。④营销创新：企业采用了全新的营销概念或营销策略，主要涉及产品的销售渠道、产品的定价、产品设计或包装、产品推广等方面。

如图4-11所示，横坐标表示企业的产量Q，纵坐标表示产品的价格P。假定市场环境为垄断竞争，D_1为企业的需求曲线，AC_1为企业的平均成本。企业在Q_1处进行生产，产品价格为P_4。那么企业单位产品的利润为P_4-P_2。当企业进行工艺创新时，企业的平均成本由AC_1转变为AC_2。企业能以更低的成本生产更大量的产品。此时，企业单位产品的利润变化为$(P_1-P_2)-(P_3-P_4)$。当且仅当$P_1-P_2>P_3-P_4$时，利润增加。当企业进行产品创新时，企业的需求由D_1变为D_2，产品价格由P_4增加为P_5。此时，企业单位产品的利润增加为$P_4-P_5>0$。当企业进行组织创新和营销创新时，改变的是需

求 D_1 的斜率。当需求的 D_1 的斜率越小时，企业销售更多的产品而价格不会下降太大，即 P_3-P_4 越小，这更有利于企业扩大市场份额。

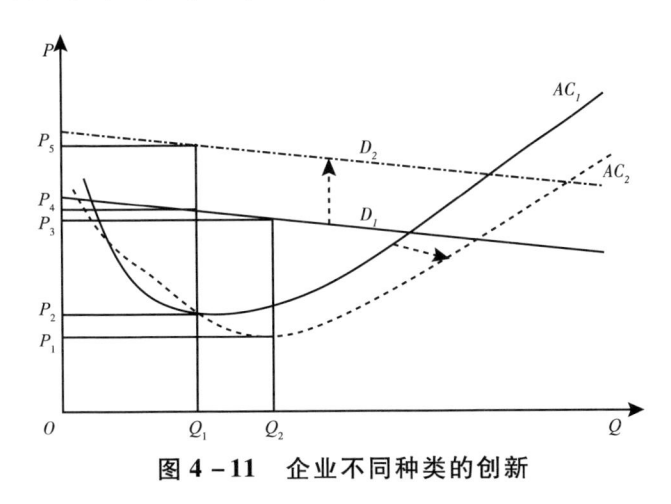

图 4-11　企业不同种类的创新

由上可知，在通常情况下，创新可以增加企业的利润。当所有企业都不进行创新时，企业之间只有价格竞争。价格竞争具有"寻底"的特性，企业就会感到存在产能过剩。产品创新提高企业的市场垄断力量，提高企业盈利能力，减少企业产能过剩。工艺创新提高生产效率，变相地提高了整个行业的生产效率，降低了产品成本，使在产品价格下降的情况下仍然有利可图。价格下降扩大了产品的需求，从而减少企业产能过剩。组织创新有利于企业内部有效运转，将产能过剩控制在合理水平。从简单的价格竞争到差异化的竞争策略，有利于企业捕捉瞬息万变的市场需求。企业组织结构的变化，如建立现代的企业治理机制，构建和谐的企业文化，将有利于凝聚企业智慧，从而有效调整产能。企业积极调整外部关系，包括与政府、上下游企业、消费者、高校院所之间的关系，丰富企业的社会资本，提高企业与外部主体的互动性和适应性，从而减少产能过剩。营销创新有利于企业对消费者进行需求管理，进而减少产能过剩。总之，企业创新有利于企业减少产能过剩（夏晓华等，2016；张倩肖、董瀛飞，2014）。

那么，与之相对的，当企业创新不足时，企业的投资结构就会偏向同质化的产能扩张。当一家企业产能扩张时，其他企业为了保持原有的市场份额也必须进行扩张，这就使企业陷入了一个"囚徒困境"：被迫进行产能扩张。在这样的市场中，激烈的价格竞争将是常态。价格不断下降将压缩企业的利润空间，那么首先被淘汰的并不是效率低的企业，而是没有充足资金来源的企业。可见，价格竞争的结果并不是"优胜劣汰"，而是"大而不倒"。可见，企业创新不足将加剧产能过剩的形成（温湖炜，2017）。

二 不确定性与企业决策

由前述可知，与产能过剩密切相关的企业行为包括企业进入、退出和创新。在经济学中，广义的投资定义是为获取未来预期的回报而当前需要的支付。从这个意义上讲，企业的进入可以看成是一项投资（产能投资）；企业的退出也可以看成是一项投资（初始支出是让企业退出行业所必须做出的支付，而预期受益是未来损失的减少）；企业的创新也是一项投资（创新投资）。大多数投资决策具有三个基本特征。①不确定性。投资的未来回报是不确定的，只能评估较高或较低收益（损失）的不同结果的概率。②不可逆性。投资是部分或完全不可逆的，换句话说，投资的初始成本至少部分是沉没的。③延迟性。在投资时机上有一定的回旋余地，为获得有关未来更多的投资信息可以推迟投资。而传统的投资理论[①]往往忽视或不能很好地处理这

---

① 传统的投资理论的基本原理是计算出 NPV（Net Present Value，净现值）与 0 比较，大于 0 则投资。大体上可以归纳为两类。第一类是 Jorgenson（1963）的理论，将增加的单位资本的边际产出与从购买价格、利率与折旧率及适用的税率中算出的"使用成本"比较。令边际产出 = 使用成本，计算最优资本存量。第二类是托宾（Tobin，1969）的理论，比较边际投资的市场价值与其购买成本。q = 市场价值（未来价值）/单位购买价格（现在价值）。$q > 1$，追加投资；$q < 1$，投资不应当进行，现有资本也应该削减；$q = 1$，不投资，维持现有资本。

三个特征,隐含地假定:第一,投资是可逆的,如果市场结果比预期差,可撤销投资;第二,投资是静态的,只是将不确定性简单地作为一个外部参数,而不是决策变量,因而只能间接地考察不确定性对企业投资的静态影响(陈少凌等,2014);第三,投资是不能延迟的,如果现在不投资,将来也不可能投资。这种对投资不可逆性、不确定性和延迟性的忽视大大削弱了传统投资理论的解释力。比如与大多数早期的模型预测相比,现实中的投资对利率的变化及税收政策的变化不敏感,而对经济环境中的不确定性更加敏感——投资的预期回报率是资本成本的3~4倍(迪克西特、平迪克,2013)。

直到20世纪70年代后,实物期权理论(Real Option Theory)的提出对传统的投资理论进行了修正——将不确定性作为一个重要变量,对投资决策产生了重要影响。实物期权理论认为不确定性赋予的投资机会类似于金融的期权价值。利用投资的期权价值对传统的投资理论进行修正,解决了不确定性在模型中的内生性问题,体现了投资的三个特征之间的相互联系。期权是一种在未来采取某项行动的权利,而不是义务。当存在不确定性时,期权是有价值的。投资机会可以看成是一系列现金流加上一个期权的组合(阿姆拉姆、库拉蒂拉卡,2001)。基于此,下文将基于实物期权理论分别赋予企业的进入、退出以及创新行为三个实物期权——延迟期权、退出期权与增长期权,找出不确定性和这三类企业行为的关系。

(一)不确定性与企业进入和退出行为

连续时间的投资实物期权模型比较复杂,至少需要用到的数学知识包括随机过程和动态规划等。实物期权模型表明不确定性越高,未来等待的期权价值更大。为了简便,这里借鉴迪克西特、平迪克(2013),假定企业只在两个离散的时点进行投资决策,即只在第一阶段和第二阶段进行投资决策。不确定性在第二阶段得到彻底解决,产品的价格变化具体如图4-12所示。

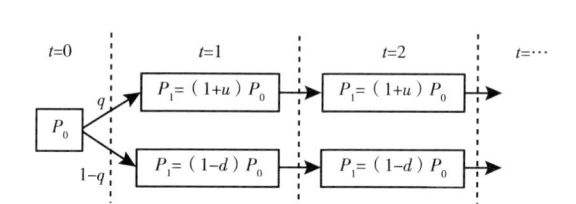

图 4-12 产品不同阶段的价格变化

1. 模型的基本设定

第一，企业投资完全是不可逆的，即企业不能停止投资并收回其成本；第二，企业只能生产一种产品，每年均生产 1 单位的产品，企业的运营成本为 0；第三，企业以 I 的成本立即建成，即不存在企业建设周期；第四，企业可以利用无风险利率 r 来贴现未来的现金流，$r > 0$；第五，产品在第一阶段（$t = 0$）价格为 P_0，在第二阶段（$t = 1$）的价格为 P_1，二者的关系满足：

$$P_1 = \begin{cases} (1+u)P_0, \text{上升的概率为} q \in [0,1], u > 0 \text{ 表示价格上升的幅度}; \\ (1-d)P_0, \text{下降的概率为} 1-q, d > 0 \text{ 表示价格下降的幅度}; \end{cases}$$

后续阶段 $t = 2, 3, \cdots$ 的产品价格为 P_1。对于产品的价格，一般会与长期的边际成本相联系，即长期而言，价格将等于产品的长期边际成本。因此假定价格的波动服从均值回归，那么令 $q = \dfrac{d}{u+d}$，则 $E(P_1) = P_0$。价格的不确定性 σ^2 可用 $Var(P_1)$ 来衡量。通过计算得到 $Var(P_1) = udP_0^2$。可见 $\dfrac{\partial \sigma^2}{\partial u} = dP_0^2 > 0$，$\dfrac{\partial \sigma^2}{\partial d} = uP_0^2 > 0$。令上升幅度 u 和下降幅度 d 的变动比例相同，则可以保持上升的概率 q 不变，令 $q = \dfrac{d}{u+d} = \bar{q}$，不确定性 $\sigma^2 = Var(P_1) = udP_0^2$ 会随着上升幅度 u 和下降幅度 d 同比例地变动。

2. 企业的进入

求解企业进入问题的关键是找到在 $t=0$ 阶段企业投资的临界价格 $\overline{P_0^*}$，当 $P_0 \geq \overline{P_0^*}$，那么企业立即进入，反之则反。$\overline{P_0^*}$ 越大，则企业在 $t=0$ 阶段进入的概率就越小，即企业越不愿意进入。投资的临界点 $\overline{P_0^*}$ 为第一阶段的项目净值与第二阶段的项目净值相等处的 P_0，即在第一阶段投资和第二阶段投资无差异。当 $t=0$ 时，项目净值为：

$$NPV_0 = -I + P_0 + \bar{q}\sum_{t=1}^{\infty}\frac{(1+u)P_0}{(1+r)^t} + (1-\bar{q})\sum_{t=1}^{\infty}\frac{(1-d)P_0}{(1+r)^t} \quad (4-1)$$

化简（4-1）式得：

$$NPV_0 = -I + \frac{1}{r}[1 + r + \bar{q}(u+d) - d]P_0 \quad (4-2)$$

如果可以等到 $t=1$ 时投资，那么项目的净值为：

$$NPV_1 = \frac{1}{1+r}\left\{\begin{array}{l}\bar{q}\max[0, -I + \frac{(1+r)(1+u)P_0}{r}] + \\ (1-\bar{q})\max[0, -I + \frac{(1+r)(1-d)P_0}{r}]\end{array}\right\} \quad (4-3)$$

在直觉上非常清楚，投资的临界点肯定出现在价格 P_0 上升时，企业投资，而价格 P_0 下降时，企业不投资。[①] 那么（4-3）式可以化简为：

$$NPV_1 = \frac{\bar{q}}{1+r}[-I + \frac{(1+r)(1+u)P_0}{r}] \quad (4-4)$$

---

① 因为如果在第二阶段价格不论上升还是下降都投资的话，在第一阶段肯定投资；如果价格在第二阶段不论上升还是下降都不投资的话，在第一阶段肯定不投资。

现在令在第一阶段 $t=0$ 时的净现值方程（4-2）与第二阶段 $t=1$ 的净现值方程（4-4）相等，求出临界值 $\overline{P_0^*}$，那么：

$$\overline{P_0^*} = I\left(\frac{r}{1+r}\right)\left[\frac{r+(1-\bar{q})}{r+(1-\bar{q})(1-d)}\right] \quad (4-5)$$

由（4-5）式我们发现，在第一阶段投资进入的临界价格 $\overline{P_0^*}$ 不依赖上升幅度 u，只依赖下降幅度 d。具体关系为：

$$\frac{\partial \overline{P_0^*}}{\partial d} = I\left(\frac{r}{1+r}\right)\frac{[r+(1-\bar{q})](1-\bar{q})}{[r+(1-\bar{q})(1-d)]^2} > 0 \quad (4-6)$$

由（4-6）式可知，下降幅度 d 越大，投资的临界价格 $\overline{P_0^*}$ 越大，这正是 Bernanke（1983）首先提出的"坏消息原则"。临界价格 $\overline{P_0^*}$ 与不确定性 σ^2 的关系为：

$$\frac{\partial \overline{P_0^*}}{\partial \sigma^2} = \frac{\frac{\partial \overline{P_0^*}}{\partial d}}{\frac{\partial \sigma^2}{\partial d}} = I\left(\frac{r}{1+r}\right)\frac{[r+(1-\bar{q})](1-\bar{q})}{[r+(1-\bar{q})(1-d)]^2}uP_0^2 > 0 \quad (4-7)$$

（4-7）式表明，不确定性 σ^2 越高，临界价格 $\overline{P_0^*}$ 越高，企业越不愿意投资，而选择等待。可见，实物期权理论表明，更高的不确定性会减少投资的水平，也就是 Bloom（2007）指出的投资的"延迟效应"。可见，企业面对的不确定性程度越高，企业越不愿意进入。

3. 企业退出

当企业已经在行业内，但市场条件变差，导致利润流为负，那么企业将会考虑是否退出该行业。由于企业的投资完全不可逆，因此初期投资 I 不能收回。假定企业退出也需要支付一次性的成本 E，可能包括法律上要求的解雇工人支付的费用，或者将矿山场地恢复到其自然条件的成本。其他设定与上述保持不变。

求解企业退出问题关键是找到在 $t=0$ 阶段企业退出的临界价格

$\underline{P_0^*}$，当 $P_0 \leqslant \underline{P_0^*}$，那么企业立即退出，反之则反。当 $\underline{P_0^*}$ 越大，则企业在 $t=0$ 阶段退出的概率就越小，即企业越不愿意退出。企业退出的临界点 $\underline{P_0^*}$ 为第一阶段的项目净值与第二阶段的项目净值相等处的 P_0，即在第一阶段投资和第二阶段退出无差异。当 $t=0$ 时，项目净值为：

$$NPV_0 = -E + P_0 + \bar{q}\sum_{t=1}^{\infty}\frac{(1+u)P_0}{(1+r)^t}$$
$$+ (1-\bar{q})\sum_{t=1}^{\infty}\frac{(1-d)P_0}{(1+r)^t} \qquad (4-8)$$

化简得（4-8）式得：

$$NPV_0 = -E + \frac{1}{r}[1 + r + \bar{q}(u+d) - d]P_0 \qquad (4-9)$$

如果可以等到 $t=1$ 时退出，那么项目的净值为：

$$NPV_1 = \frac{1}{1+r}\left\{\begin{array}{l}\bar{q}\min[0, -E + \frac{(1+r)(1+u)P_0}{r}] + \\ (1-\bar{q})\min[0, -E + \frac{(1+r)(1-d)P_0}{r}]\end{array}\right\} (4-10)$$

在直觉上非常清楚，投资的临界点肯定出现在价格 P_0 下降时，企业退出，而价格 P_0 上升时，企业不退出。[①] 那么（4-10）式可以化简为：

$$NPV_1 = \frac{1-\bar{q}}{1+r}[-E + \frac{(1+r)(1-d)P_0}{r}] \qquad (4-11)$$

现在令第一阶段 $t=0$ 时的净现值方程（4-9）与第二阶段 $t=1$

---

① 因为如果在第二阶段价格不管上升还是下降都退出的话，企业在第一阶段肯定退出；如果价格在第二阶段不管上升还是下降都不退出的话，企业在第一阶段肯定不退出。

时的净现值方程（4-11）相等，求出临界值 $\underline{P_0^*}$，那么：

$$\underline{P_0^*} = E\left(\frac{r}{1+r}\right)\left[\frac{r+\bar{q}}{r+\bar{q}u+\bar{q}}\right] \quad (4-12)$$

由（4-12）式我们发现，在第一阶段投资进入的临界价格 $\underline{P_0^*}$ 不依赖下降幅度 d，只依赖上升幅度 u。具体关系为：

$$\frac{\partial \underline{P_0^*}}{\partial d} = -E\left(\frac{r}{1+r}\right)\frac{(r+\bar{q})\bar{q}}{(r+\bar{q}u+\bar{q})^2} < 0 \quad (4-13)$$

由（4-6）式可知，上升幅度 u 越大，企业退出的临界价格 $\underline{P_0^*}$ 越小，进入时的"坏消息原则"变为"好消息原则"了。临界价格 $\underline{P_0^*}$ 与不确定性 σ^2 的关系为：

$$\frac{\partial \underline{P_0^*}}{\partial \sigma^2} = \frac{\frac{\partial \underline{P_0^*}}{\partial u}}{\frac{\partial \sigma^2}{\partial u}} = -E\left(\frac{r}{1+r}\right)\frac{(r+\bar{q})\bar{q}}{(r+\bar{q}u+\bar{q})^2}dP_0^2 < 0 \quad (4-14)$$

（4-7）式表明，不确定性 σ^2 越高，企业退出的临界价格 $\underline{P_0^*}$ 越低，即企业越不愿意退出，而选择等待。可见，实物期权理论表明，更高的不确定性会让企业越不愿意退出，也就是 Bloom（2007）指出的投资的"谨慎效应"。可见，企业面对的不确定性程度越高，企业越不愿意退出。

（二）不确定性与企业的创新行为

企业的创新行为也可以看成投资行为，但与普通的物质资本投资不同。创新投资具有较高的不确定性，但可能实现预期较高的利润，使企业获得未来新的投资机会。从实物期权视角来看，创新投资具有"增长期权"的特性，即创新投资可以使企业获得下一阶段进行投资或者进入市场的权利。Bloom（2014）指出这是不确定性对投资的一种长期效应，不确定性通过增长期权增加潜在的投资回报从而促进了投资。Bar-Ilan 和 Strange（1996）也指出由于创新投资具有长期性（time-to-develop），不确定性的提高会增加创新投资。Bloom（2007）指出，物质资本存量 K 是存量调整成本，为 $C_K(I_t) \approx C_K(\Delta K_t)$，而知识存量 G 是无形的且不能直接被交易，所以它的调整成本是流量调整成本，为 $C_G(\Delta R_t) \approx C_G(\Delta \Delta G_t)$。正是因为物质资本存量 K 和知识存量 G 调整成本存在区别，所以不确定性对企业的创新投资行为与物质资本投资行为不同（Bloom，2007）。下文将借鉴顾夏铭等（2018），利用创新投资不同于普通资本投资的调整成本（Bloom，2007）进行建模，来刻画不确定性和创新之间的关系。①

假设 t 时期企业的生产函数为扩展的 C-D（Cobb-Douglas）生产函数形式：

$$F_t = Z_t K_t^\alpha L_t^\beta G_t^{1-\alpha-\beta} \qquad (4-15)$$

其中 Z_t 一般认为是企业的全要素生产率，实际上是一个黑箱，可以包括除资本、劳动及知识存量以外的任何因素，比如政策、企业的生产性条件等，K_t 为企业的资本存量，L_t 为企业投入的劳动力，G_t 为企业的知识存量，用来衡量创新。假定企业的需求函数为：

$$Q_t = B_t P^{-\frac{1}{\varepsilon}} \qquad (4-16)$$

其中 B_t 表示企业面临的需求冲击，$\frac{1}{\varepsilon}$ 为价格需求弹性。

令 t 期需求等于供给，得到企业的收益函数为：

$$M(Z_t, B_t, K_t, L_t, G_t) = Z_t^{1-\varepsilon} B_t^\varepsilon K_t^{\alpha(1-\varepsilon)} L_t^{\beta(1-\varepsilon)} G_t^{(1-\alpha-\beta)(1-\varepsilon)} \qquad (4-17)$$

令 $X_t^\eta = Z_t^{1-\varepsilon} B_t^\varepsilon$，则企业的收益函数变为：

---

① 标准的实物期权模型假定不确定性不随时间变化，而该模型假定不确定性随时间变化。

$$M(X_t, K_t, L_t, G_t) = X_t^{\eta} K_t^{\alpha(1-\varepsilon)} L_t^{\beta(1-\varepsilon)} G_t^{(1-\alpha-\beta)(1-\varepsilon)} \quad (4-18)$$

那么，企业的不确定性来自 X_t，假定 X_t 为一个服从平均位移为 μ、波动方差为 σ_t^2 的几何随机游走过程：

$$X_{t+1} = X_t(1 + \mu + \sigma_t dW_t), W_t \sim N(0,1) \quad (4-19)$$

其中不确定性 σ_t 服从 AR（1）过程：$\sigma_t = \sigma_{t-1} + \rho_{\sigma}(\sigma^* - \sigma_{t-1}) + \sigma_U U_t, U_t \sim N(0,1)$。其中 ρ_{σ} 是 σ_t 的长期均值 σ^* 的收敛率，σ_U 是相应的标准差。

为了得到创新投资与不确定性的关系，我们对模型进行简化。假定模型中资本 K 和劳动力 L 的变动完全灵活，且 K 和 L 的调整成本和投入成本为 0。进一步地，令 $\tilde{M}(\tilde{X}_t, G_t) = A\tilde{X}_t^{1-\theta} G_t^{\theta}$，其中 $\tilde{X}_t$ 是除知识存量外因素的组合，A 是常量，函数满足一次齐次性。同时，假定创新投资的单位成本是 w，知识存量的调整成本为 $C(\Delta R_t) \approx \kappa|\Delta R_t|$，$\kappa$ 为单位调整成本。那么，企业最大化问题对应的贝尔曼方程为：

$$\begin{aligned} V(\tilde{X}_t, G_t, R_t, \sigma_t) &= \max_{R_t} \tilde{M}(\tilde{X}_t, G_t) - C(R_t, R_{t-1}) \\ &- wR_t + \frac{1}{1+\beta} E[V(\tilde{X}_{t+1}, G_{t+1}, R_{t+1}, \sigma_{t+1})] \end{aligned} \quad (4-20)$$

其中 $C(R_t, R_{t-1})$ 是知识存量的调整成本，wR_t 是创新投资，σ_t 影响 $\tilde{X}_t$ 随机游走过程。令 $\tilde{x}_t = \tilde{X}_t/G_t$，$r_t = R_t/G_t$

$$\begin{aligned} V(\tilde{x}_t, r_t, \sigma_t) &= \max_{r_t} \tilde{M}(\tilde{x}_t) - C(r_t, r_{t-1}) \\ &- wr_t + \frac{1}{1+\beta} E[V(\tilde{x}_{t+1}, r_{t+1}, \sigma_{t+1})] \end{aligned} \quad (4-21)$$

对上述动态模型进行量化模拟，可以得到最优路径上变量之间的关系。

图 4-13 刻画了贝尔曼方程量化模拟的结果。纵轴是 t 期的创新

投资 r_t，X 轴代表 t 期的不确定性，三条曲线分别是不同程度的不确定性冲击 σ_t 下创新投资与不确定性的关系。由图 4-13 可知 $\frac{\partial r_t}{\partial \sigma_t} > 0$，进而 $\frac{\partial R_t}{\partial \sigma_t} > 0$，即企业面临的不确定性越高，企业的创新投资越高。当经济不确定性升高时，企业会利用技术创新来提升长期收益，从而激励企业增加创新投资，以增加市场势力获得更高利润。这也称为不确定性的"激励效应"（incentive effect）（顾夏铭等，2018）。

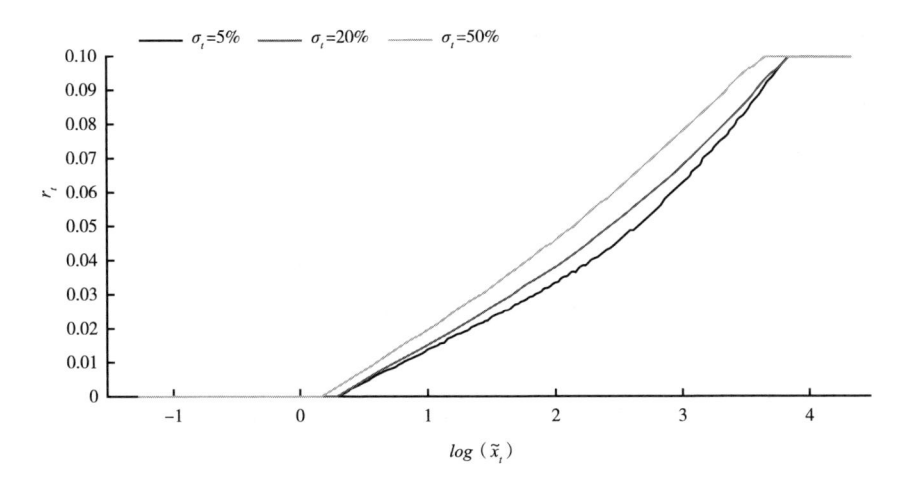

图 4-13　不确定性和 R&D 的关系

资料来源：顾夏铭等（2018）。

三　"不确定性—企业决策—产能过剩"的分析框架

（一）基准分析框架

基于上述分别对企业决策与产能过剩的关系和不确定性与企业决策的关系的分析可知，企业面临的不确定性可能最终导致产能过剩。不确定性导致产能过剩的作用机制可能分别为"不确定性—企业过度进入—产能过剩"、"不确定性—企业退出困难—产能过剩"和

"不确定性—企业创新不足—产能过剩"（见图4-14）。Bloom（2014）指出了不确定性影响经济增长的四种效应——实物期权效应、预防效应、增长期权效应和Oi-Hartman-Abel效应，前两种为短期效应，后两种为长期效应。前文指出了不确定性导致产能过剩的三条渠道分别为企业的进入、退出和创新。企业的进入和退出渠道对产能过剩具有立竿见影的影响。在前述的推导中我们也知道，过度进入和退出困难是不确定性的"实物期权效应"。因此，我们将企业的进入和退出对产能过剩的影响视为不确定性的"短期效应"。在前述的不确定性和创新的关系中可知，创新不足是不确定性的"增长期权效应"。我们将企业的创新对产能过剩的影响视为不确定性的"长期效应"。产能过剩是不同影响渠道共同作用和长期效应、短期效应相互作用的结果。

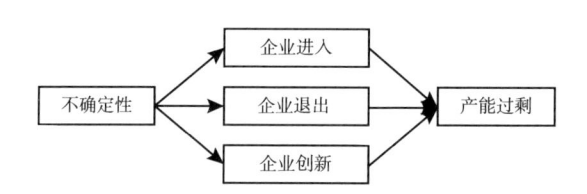

图4-14 不确定性和产能过剩的形成机理

（二）政府政策干预条件下扩展的分析框架

中国选择了一条政府主导的市场化改革的道路（侯方宇、杨瑞龙，2018）。改革开放以前制定的重工业优先发展的赶超战略，在改革开放后，并没有放弃，并结合分权改革的背景，造成了地方保护和市场分割问题（林毅夫、刘培林，2004）。江飞涛等（2012）从地方政府干预的动机（地方经济增长、就业率等经济目标和官场升迁政治目标）和干预的手段（低价供地、纵容环境污染和干预融资）说明了地方政府干预的理论事实。在现实中，中国层出不穷的产业政策以及各种化解产能过剩的政策也说明了政府在积极地干预。大量文献直接将政府的不当干预作为产能过剩形成的根本原因，比如余东华、吕逸楠（2015），王立国、鞠蕾（2012）等。

政府的干预从两方面影响着企业面临的不确定性。第一，政府干预会直接改变企业承受不确定性的能力。Heath 和 Tversky（1991）的研究表明人们的主观能力会影响不确定性的效果，这被称为能力效应（Competence Effect）。比如在投资方面，有信心的投资者会更加愿意进行不确定性更大的投资（吴卫星、付晓敏，2011）。政府干预可以改变企业面对不确定性的信心和态度。在中国实行的赶超战略下，我国的产业政策会提出优先发展的产业。张小筠、刘戒骄（2018）归纳了我国结构性产业政策的发展历程——1978~1991 年的产业政策优先扶持轻纺工业发展，1992~2001 年的产业政策优先扶持机械电子、石油化工、汽车制造和建筑业等，2002~2011 年优先发展信息产业等，2012 年至今优先发展战略新兴产业等。进一步，他们指出了只要是产业政策扶持的产业都得到了迅速的发展。一直以来，我国的发展模式是政府规划方向—国有企业率先投资—民营企业继续跟进。结果是明显的，跟着政策走的企业获得了发展。在这个过程中强化了一个信念——政府做的决策是对的，企业的最优策略是跟着走。这造成了企业的过度自信，提高了企业承受不确定性的能力。就像财政部原部长楼继伟在中国经济 50 人论坛 2018 年年会的讲话中表示，全社会缺乏风险意识，面对一些投资机会，外国人不愿进入，看到了风险，而中国人看到的都是机会。第二，政府干预政策本身具有不确定性。政策会改变行为主体的预期从而创造不确定性。比如在美国，一项新的税法被提交到国会后，至少要经历数月甚至数年的辩论和修正才能确定。Gulen 和 Ion（2016）指出经济主体无法确切预知政府是否、何时以及如何改变现行经济政策。虽然我国在政策推出方面的不确定性较少，但是政策之间缺乏协调性的问题比较严重，甚至存在互不相容的情况，从而导致政策不确定性大大提高。比如在 2006 年发布的《国务院关于加快推进产能过剩行业结构调整的通知》，确定了钢铁等产能过剩行业需要严格控制项目上马。而2009年推出的"十大产业振兴规划"却将钢铁等产能过剩行业作为需要振兴的行业。政策的前后不一致性加剧了政策的不确定性。正如柳传志表示，在2016年，中国企业家面临的不确定性源自中国不断调整的政商环境。一些国内学者也开始研究政策不确定性对中国经济的影响，比如韩国高（2013），郝威亚等（2016），罗美娟、郭平（2016）和顾夏铭等（2018）。综上所述，将政府政策干预下的产能过剩分析框架扩展为如图4-15所示。

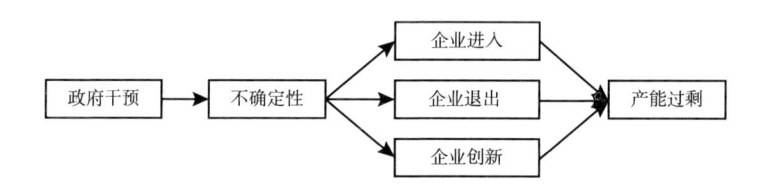

图4-15 政府干预下产能过剩的形成机理

第四节 本章小结

本章首先对中国制造业产能过剩和不确定性的典型事实进行分析，为后续构建不确定性和产能过剩的形成机理提供现实基础。其次通过分别分析企业的进入、退出和创新与产能过剩之间的关系以及不确定性与企业的进入、退出和创新之间的关系，构建了"不确定性—企业决策—产能过剩"的产能过剩分析框架。最后结合中国政府政策干预是造成我国产能过剩的重要原因的典型事实，将政府干预纳入"不确定性—企业决策—产能过剩"的基准分析框架。利用不确定性作为桥梁，将政府和市场因素融入统一分析框架，理论的解释力得到了进一步的提升。根据以上的研究，可以归纳为以下结论。

第四章 产能过剩的现状及形成机理分析

第一，中国制造业的产能过剩具有复杂性。具体表现在：其一，在不同的发展阶段，造成制造业产能过剩的原因不同；其二，中国制造业的产能过剩由传统工业向新兴工业蔓延；其三，政府干预是中国制造业产能过剩成为"痼疾"的重要推动力；其四，中国制造业的产能过剩表现出结构性——低端过剩，高端不足；其五，中国制造业产能过剩问题与"僵尸企业"现象联系在一起，且存在行业差异。

第二，企业的进入、退出和创新可能是不确定性影响产能过剩的三个主要渠道。企业的决策是产能过剩的微观基础。在企业的经营决策中，最主要的三个决策为企业的进入、退出和创新。由于政府或市场的影响，企业过度进入，即形成"投资潮涌"，容易造成产能过剩，这也是形成产能过剩的第一步。在出现产能过剩的情况下，企业的退出却出现困难，这会进一步加剧产能过剩的严重程度。而技术创新是实现经济增长的根本动力，也是化解产能过剩的根本出路。因此可以说，"企业过度进入"是产能过剩形成的先决条件，"企业的退出困难"是产能过剩形成的必要条件，"企业的创新不足"是产能过剩形成的催化剂。

第三，不确定性作为"桥梁"，将政府和市场因素纳入了统一的分析框架。由于信息不对称和有限理性，经济主体通常无法及时、正确地获得政策或市场环境变动的时间、方向及后果，以至于企业通常在不确定性的经济环境中进行决策。不确定性对企业的进入、退出和创新具有重要的影响。与此同时，不确定性是市场失灵的重要原因，同时也会造成政府干预的失效。因此，不确定性作为政府和市场因素的桥梁，可以将政府和市场因素纳入统一的分析框架。基于不确定性视角构建的产能过剩理论可以化解当前产能过剩成因的"市场与政府"之争。

后续的第五章中将基于"不确定性—企业决策—产能过剩"的产能过剩扩展分析框架提出研究假设，并利用中国制造业2001~2015年的面板数据对其进行实证检验。

第五章　政府干预、不确定性与产能过剩：来自中国制造业的实证研究

第一节　引言

不论是在2008年金融危机之前还是之后，制造业一直是中国产能过剩的重点行业。中国制造业产能过剩的特征从一般性、局部性和周期性转变为复杂性、全局性和长期性。在第四章中，基于不确定性视角构建了同时纳入政府和市场因素的产能过剩形成理论。本章的主要任务是在第四章的基础上，提出政府干预、不确定性和产能过剩的研究假设。并基于中国制造业2001~2015年25个行业的面板数据对所提出的研究假设进行实证检验，并对其影响机制进行检验。本章的实证结果将为第四章中提出的产能过剩形成理论提供较为可靠的证据，同时为政府化解产能过剩的思路提供经验证据。

本章剩下部分安排如下：第二节提出了本章研究的理论假设；第三节构建了实证模型，并进行相关的统计分析；第四节是主要的实证结果及分析；第五节是主要结论。

第五章 政府干预、不确定性与产能过剩：来自中国制造业的实证研究

第二节 研究假设

一 不确定性与产能过剩关系的研究假设

（一）不确定性一定是"坏的"吗？

奈特（2006）明确指出，如果市场没有不确定性就不存在利润，不确定性是市场利润的来源。实际上，市场是处理不确定性最有效的方法。也就是说，没有不确定性，也就不需要市场，计划经济是有效的。周其仁也指出，为什么"要让市场在资源配置中起决定性作用"？追根到底，就是未来是不确定的。那么，不确定性和市场之间到底是什么关系呢？通过回答这个问题，我们可以从理论上回答市场中多大程度的产能过剩是合理的。根据市场中不确定性的大小，可以将市场分为三类："理想市场"、"有效市场"和"无效市场"。①

第一，新古典主义的"理想市场"，也称为"完全竞争市场"，不确定性近似为0。任何一本微观经济学的教材中都能找到，"理想市场"必须满足四个条件。①市场上存在大量的买者和卖者。每一个行为者只占极小的市场份额，以至于没有谁能够影响市场价格。市场上的所有人都只是根据自己的利益独自决定如何行动，这些行动集合起来共同决定了市场价格。但对于单个的参与者来说，他只是价格的接受者。②市场上的商品是同质的。在同一个市场上所有的生产者都提供完全一样的商品。因而，消费者对购买哪一个生产者的商品不存在偏好，唯一影响消费者选择的因素是价格。③所有生产要素都自

---

① 需要说明的是，"有效市场"的不确定性程度的大小并没有确定的标准，但在理论上必然存在一个合适的不确定性大小的区域。当不确定性高到一定的程度，由于交易费用太高，则不存在市场。

由流动。每个厂商都可以依照自己的意愿自由进入或退出某个行业。④买卖双方都能得到有关现在和未来市场情况的全部信息。不存在供求以外的因素对价格和市场竞争产生影响。在这样一个市场，由于条件④的存在，那么"理想市场"不存在不确定性。

第二，现实的"有效市场"，存在一定的不确定性。显然，理想市场在现实中是不存在的。为了分析的方便，假定现实的"有效市场"为放松条件④的"理想市场"，即"有效市场"存在一定的不确定性。在这个市场中，不确定性对市场中所有的参与者都"机会均等"，这保证了市场的公正性。于是在这个市场中，出现了一部分愿意且有能力承担不确定性的人，即企业家。从而社会上产生了两种收入：契约收入和利润（奈特，2006）。在这个市场中，企业家获得利润。在这个意义上，奈特认为不确定性是利润的来源。而企业家作为创新的主体，在经济发展中起到重要的作用。企业家通过打断经济生活的"循环流程"，即在现有的技术和生产与组织方式下进行的现有产品和服务的生产，起着一种打破均衡的作用。这种作用通过创新来实现，即引入新产品、新市场、新技术、新原料和其他要素投入、新工业组织形式等来实现。这是以成本和质量优势为基础的竞争概念，这比传统的价格竞争更重要，并且是资本主义经济过程"创造性破坏"的基础。企业家的存在使市场存在一种内部增长效率，比市场的配置效率更重要。这样，市场的焦点就从如何有效地配置资源转向经济如何创造又破坏资源的问题上。这就是熊彼特的创新理论所指出的，创新是经济增长的根本动力。在这样的一个市场中，资源的有效配置分为两类：静态配置效率和动态创新效率。第一，在市场（价格）机制的作用下，将现有固定的生产要素以现有的技术生产满足需求的产品，并将这些产品以合适的价格分配给有需求的人。那么，这就实现了市场的静态配置效率。第二，现有资源在满足现有的需求的同时，还需要拨出一部分资源来增加这些资源本身的供给，还要开

第五章　政府干预、不确定性与产能过剩：来自中国制造业的实证研究

发出更好的生产方法，以改进这些资源的使用效果（奈特，2006），促进经济增长。那么，这就实现了市场的动态创新效率。同时实现这两类效率的市场才能称为"有效市场"。

第三，现实的"无效市场"。依据不确定性的大小，将无效市场分为两类："无效市场Ⅰ"和"无效市场Ⅱ"。这两类市场的共同点是：从个人角度来看是理性的，对整个市场来说却是非理性的。"无效市场Ⅰ"的市场不确定性偏低，市场信心较强，大部分人确信未来会经济繁荣，利润增加。这种过度乐观的自信进一步增强了市场的信心。吴卫星等（2006）指出只要有新投资者不断进入，就会有过度自信的投资者存在。这种过度自信的投资者面对市场的不确定性只看到了机遇，而忽视了市场的风险。产品价格上涨，新的盈利机会出现，吸引了更多的厂商与投资者进入市场。新的投资增加了收入，刺激了更多投资，这是一个自我强化的过程，造成了过度的投资。这样一个不确定性偏低的市场是不长久的。人们为了抓住这个短暂的机遇，投资集中在短期内可获得利润的项目，而往往忽视了获得长期利润的技术创新项目。该类市场过多地将资源配置到满足现有的需求上，而不能将资源配置到提高生产力的项目上，进而无法实现市场的动态创新效率。从宏观经济视角看，这类市场容易使经济产生"过热"现象。"无效市场Ⅱ"的市场不确定性偏高，抑制了企业的投资，从而导致收入的降低，进一步导致投资降低。这也是一个自我强化的过程。当市场悲观情绪产生并扩散后，投资会一落千丈。这类市场难以发挥市场的资源配置功能。按照凯恩斯的理论，在经济处于严重失衡的情况下，市场价格机制将失灵，利率的下降并不能刺激投资和消费。这时，需要政府的财政政策才能使国民经济恢复正常。这类市场既不能发挥静态的配置效率，也不能发挥动态的创新效率。

综上所述，一定程度的不确定性是市场存在的根本原因。然而，偏低或偏高的不确定性都将使市场无效，具体如图5-1所示。"有

效市场"既能分配现有的资源满足现有需求,又能将资源投入技术创新活动中去,以提高生产效率。正如一些文献中提到,市场经济实质是过剩经济,适当的产能过剩是市场经济运行的必要条件。适当的产能过剩的作用表现在:有助于调节和平滑需求波动、保证较高竞争程度、是实现市场经济优胜劣汰机制的必要条件(卢锋,2009)。可以说,这类产能过剩是有效的、必要的。笔者将有效市场的产能过剩界定为"有益的产能过剩"。而"无效市场Ⅰ"和"无效市场Ⅱ"在理论上并不能实现市场的静态资源配置效率和动态创新效率。与无效市场相对应,市场中的产能过剩也是无效的,是有害的。

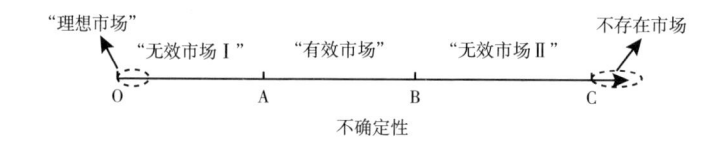

图 5-1 不确定性与市场

(二)不确定性与产能过剩的研究假设

我们很容易理解不确定性是导致产能过剩的关键因素之一,因为如果没有不确定性,企业在做供给决策的时候就能完美地与市场需求相匹配。大量文献都认为不确定性与产能过剩程度成正相关关系。Ishii(2011)指出了不确定条件下企业的预防和投机动机可能导致产能过剩。在理论研究方面,Gabszewicz 和 Poddar(1997)发现当市场存在不确定性时,寡头市场存在产能过剩。Alderighi(2010)通过理论和模拟分析表明市场需求不确定性与产能利用率存在负向关系。Sarkar(2009)认为企业的灵活经营具有价值,投资产能过剩项目相当于购买了一个"灵活经营期权",即当未来需求增加时可以提高产出以满足需求。Seta 等(2012)认为企业规模与学习效应正相关,投资产能过剩项目相当于购买了一个"增长期权",即为了获得未来

第五章　政府干预、不确定性与产能过剩：来自中国制造业的实证研究

学习效应的价值。大多数期权理论研究认为企业不仅选择投资时机，同时会选择投资规模。在同时考虑企业的两个选择后，企业可能会推迟投资但投资规模会更大（Huberts 等，2015）。在经验研究方面，Hubbard（2003）发现在卡车行业，需求不确定性的下降提高了产能利用率。Escobari 和 Lee（2014）以航空业为例，假定需求不确定性服从 GARCH 过程，得到需求不确定性提高 1 个单位，产能利用率下降 21% 的结论。罗美娟、郭平（2016）认为企业面对政策不确定性会理性地降低产出从而降低了产能利用率。

然而，基于不确定性的实物期权理论分析认为不确定性抑制产能过剩。Pindyck（1988）认为不确定性使不可逆投资的机会成本增加，从而抑制了产能投资。在这个思路下，李凤羽、杨墨竹（2015）认为政策不确定性抑制了我国企业的投资。郝威亚等（2016）基于实物期权理论甚至认为不确定性抑制了创新投资。顾夏铭等（2018）对郝威亚等（2016）的结论进行了反驳，认为创新投资的调整成本不同于普通的产能投资，不确定性可以促进企业的创新行为。此外，Bell 和 Campa（1997）通过对化学加工产业的研究发现需求不确定性对产能利用率没有影响。

可见，不确定性对产能过剩的影响并未形成一致的结论。与以往文献中的线性关系相比，不确定性与产能过剩可能存在非线性关系。由前述可知，市场中存在两类不确定性：偏低的不确定性和偏高不确定性。由产能过剩的形成机理分析可知，不确定性可以通过影响企业的进入、退出和创新最终影响产能过剩。由不确定性的特征可知，低不确定性伴随着高的经济增长，反之则反。当市场中不确定性偏低时，企业的主要决策是企业的进入和创新。第一，不确定性表现为"过度进入效应"。市场信心得到增强，大部分人确信未来会经济繁荣，利润增加。这种过度乐观的自信进一步增强了市场的信心。第二，不确定性表现为"创新不足效应"。当市场中不确定性偏低时，

125

不利于企业进行创新。这就会使长期有利可图的投资机会变得稀缺。顾夏铭等（2018）通过理论和实证模型指出政策不确定性通过激励效应促进企业创新，也就是说，不确定性越低，越不利于促进企业创新。不管是"过度进入效应"还是"创新不足效应"，不确定性偏低时都将加剧产能过剩。

当市场不确定性程度偏高时，企业面临的主要决策是企业的退出和创新。第一，不确定性表现出"退出不足"效应。Crotty（2002）指出，企业有充分的理由并不急于退出无利可图的行业。由于资产的专用性（固定资本和人力资本等），一旦企业退出将遭受重大的损失，而且是不可逆的。退出的损失是确定的，而未来的不确定性使企业在竞争中存活下来，进而保存其资产价值，并重新获得高利润的前景。因此，拒绝退出成为企业的理性选择。韩文龙等（2016）通过数理模型证明了不确定条件下企业所面临的退出困境。他们明确指出，市场需求波动率越大（即市场需求不确定性越高），企业的退出（价格）临界值越低，即企业越不愿意退出当前亏损的行业。第二，不确定性的"创新效应"。一方面，高不确定性意味着经济增长陷入困境。那么，存在更多的闲置资源，进而导致资源的成本相对较低。企业家可以以较低的成本将这些闲置的资源投入创新中。另一方面，创新可以增加市场势力（Aghion 等，2005）。在企业面临偏高的不确定性时，可能会进一步推动企业增加创新投入以保持或增加市场势力。不确定性的"退出不足"效应会加剧产能过剩，而"创新效应"将缓解产能过剩。但是，杨汝岱（2015）指出，我国整体的TFP（全要素生产率）水平很低，对过去经济增长的贡献也较小。Bloom（2014）也明确指出，不确定性的"增长期权"效应是长期效应，而"实物期权"效应为短期效应。那么，不确定性的"退出不足"效应占主导地位。基于此，本章提出以下理论假设。

假设一：经济不确定性与产能过剩程度之间存在"U"形关系。

也就是说，当不确定性程度偏低时，不确定性的增加会提高产能利用率，缓解产能过剩；而当不确定性程度偏高时，不确定性的提高会降低产能利用率，从而加剧产能过剩。

假设二：经济不确定性会通过企业的进入、企业的退出和企业的创新三个渠道导致我国产能过剩的发生。

二 政府干预—不确定性—产能过剩的研究假设

现有国内文献对产能过剩的解释由市场失灵转向政府失灵。它们大多数倾向于认为政府干预使内部成本外部化，使企业过度投资，进而引发产能过剩（王立国、鞠蕾，2012）。国外文献认为政府干预的工具主要是产业政策、贸易政策以及价格政策（程俊杰，2017）。而国内文献认为政府干预主要来源于中国经济体制的缺陷。例如中国金融四十人论坛课题组（2017）认为："这种从微观视角切入寻求产能过剩原因的研究，更多套用了西方经济学界的研究成果，忽视了我国正处于市场经济体制转轨这一特殊时期，体制因素应该是造成'中国式'产能过剩最主要的因素。"实际上，政府干预的逻辑起点是市场失灵。对于市场和政府在现代经济中所起的作用已基本形成共识：现代经济的发展既需要市场，也需要政府的作用。在这些文献中，都强调了政府的"不当"干预。对于不当干预的原因研究，国内文献主要强调了政府不当干预的动机。余东华、吕逸楠（2015）明确指出政府不当干预是由于其具有不当干预的动机。[①] 正是不当干预的动机，导致中国地方政府的干预成为不当干预。大量经验文献也证明了

---

① 这里需要指出的是，余东华、吕逸楠（2015）指出的政府不当干预的能力实际上指的是政府干预的能力。江飞涛等（2012）指出这种干预的能力来源于四个方面：①财政改革后地方政府有财力进行补贴或税收减免；②土地的模糊产权为地方政府提供了低价供地的权力；③预算软约束让地方政府具有帮助企业获取金融资源的能力；④环境产权模糊使地方政府可以纵容企业无视环保。

政府不当干预是中国产能过剩形成的重要原因（曹建海、江飞涛，2010；余东华、吕逸楠，2015；程俊杰，2015）。

现有文献虽然提到了政府不当干预的动机，为中国的产能过剩的形成提供了有力的理论依据，然而它们忽视了政府"恰当"干预的能力问题，即政府有能力进行"恰当的"干预吗？所谓恰当干预指的是政府在干预经济时遵循成本收益原则，采用适当的政策弥补市场的失灵，维持公平有效的市场竞争，保护市场机制有效运行（余东华、吕逸楠，2015）。也就是说，恰当的政府干预是完善市场机制，而不是替代市场机制。政府恰当干预经济要达到预期的效果需要两个必要条件：政策的恰当性和稳定性。第一，恰当干预政策的制定需要准确的市场信息，使干预政策与市场保持一致。一方面，市场自身的不确定性导致政府对市场信息的预测往往是错误的。卢锋（2009）汇总了产能过剩调控文件所提供的预测信息，由于需求的剧烈波动，可以检验的四个预测结果都是错误的。另一方面，用不当的政府干预政策直接替代市场机制。比如中国推行的"扶大限小"的产业组织政策替代了市场优胜劣汰的机制，选择了大企业而不是效率高的企业为胜出的企业。第二，制定的干预政策具有高不确定性。政府的政策具有相机抉择的特性，这导致政策自身具有很高的不确定性。中国经济政策也表现出相当的不确定性（在第四章有描述）。中国特殊的政治体制使经济政策的出台无须经历繁杂、漫长的谈判过程，经济政策变动相对频繁，经济政策具有高不确定性的特征（张慧等，2018）。比如联想控股董事长柳传志在接受专访时表示，中国企业家群体在2016年面临的最大挑战是政商环境不断调整带来的不确定性。著名经济学家向松祚在演讲中也表示中国企业家面临最大的不确定性来自政策。

可见，不确定性容易导致政府的干预变为不当干预。当市场本身的不确定性偏低时，在政府的强干预下，企业的最优策略是跟着走。这造成了企业的过度自信，提高了企业承受不确定性的能力，使企业

第五章 政府干预、不确定性与产能过剩：来自中国制造业的实证研究

过度进入。中国战略性新兴产业产能过剩是这方面的好例子。对于战略性新兴产业，由于技术并未成熟，市场的不确定性应该比较高，但在中国政府政策的支持下，中国的企业却趋之若鹜。比如在光伏行业，我国多晶硅的生产由2010年的4.5万吨增加到2015年的16.5万吨，占全球总产量的47.8%，而硅片方面的生产更是达到全球总产量的79.6%。可见，政府的干预政策降低了企业经营面对的不确定性而导致行业过度投资，进而导致产能过剩。在产品价格方面，晶体硅组件产品价格从2010年的12元/瓦，下降至2016年的3.2元/瓦，降幅达到73%。

当市场不确定性偏高时，政府的干预政策自身具有的政策不确定性会进一步加剧市场的风险，造成企业面对的不确定性进一步提高。政策不确定性增加了市场中信息的不对称，政策频繁多变使企业难以形成对未来投资收益的准确预期（罗美娟、郭平，2016）。不确定性的进一步提高一方面导致投资的剧烈下降，需求减少；另一方面，市场表现出"退出不足"效应。基于此，本章提出以下假设。

假设三：经济不确定性在政府干预与产能过剩之间具有调节效应。当经济不确定性偏低时，经济不确定性越低，政府干预导致的产能过剩越严重；当经济不确定性偏高时，经济不确定性越高，政府干预导致的产能过剩越严重。

第三节 实证模型与数据说明

为了验证前文所提出的假设，这里引入计量模型来分析不确定性和产能过剩之间的关系。

一 研究设计

为了验证假设一，本章设计以产能过剩程度为被解释变量、实体

经济不确定性为主要解释变量的回归模型。根据现有的研究产能过剩的相关文献，本章控制了其他可能产生影响的因素。本章的基准模型如下：

$$DECI_{it} = \alpha_0 + \alpha_1 UNC_{it} + \alpha_2 UNC_{it}^2 + \alpha_3 X_{it} + \varepsilon_{it} \quad (5-1)$$

其中：下标 i 和 t 分别表示产业和年份，$DECI_{it}$ 表示产能过剩程度，UNC_{it} 表示不确定性，X_{it} 为一组可能对产能过剩有影响的控制变量，ε_{it} 为随机扰动项。具体指标的说明在后面有详细解释。

为了验证假设二，构建如下计量模型：

$$entry_{it} = \beta_0 + \beta_1 UNC_{it} + \beta_2 X_{it} + \varepsilon_{it} \quad (5-2)$$

$$exit_{it} = \gamma_0 + \gamma_1 UNC_{it} + \gamma_2 X_{it} + \varepsilon_{it} \quad (5-3)$$

$$innovation_{it} = \gamma_0 + \gamma_1 UNC_{it} + \gamma_2 X_{it} + \varepsilon_{it} \quad (5-4)$$

其中，$entry_{it}$ 表示企业的进入，$exit_{it}$ 表示企业的退出。

相对于有效市场中企业面对的不确定性，前述假设理论上区分了企业面对偏低的不确定性和偏高的不确定性。在现实的经济中，Bloom（2014）发现经济不确定性在经济衰退时会显著提高。第四章中对不确定性的分析表明，不论是实体经济不确定性还是经济政策不确定性都与 Bloom（2014）的判断相一致。幸运的是，2008 年的金融危机为本章不确定性的区分提供了良好的机会，使本章的理论假设可以得到检验。根据不确定性的趋势，本章将以 2008 年金融危机为分界点，2007 年及之前的年份作为经济不确定性偏低的样本，2008 年及之后的年份作为经济不确定性偏高的样本。为了验证假设三，此处构建政府干预与不确定性的交互项，计量模型如下：

$$DECI_{it} = \varphi_0 + \varphi_1 GI_{it} + \varphi_2 GI_{it} \times UNC_{it} + \varphi_3 UNC_{it} + \varphi_4 X_{it} + \varepsilon_{it}$$

$$(5-5)$$

其中，GI_{it} 表示政府干预。

第五章 政府干预、不确定性与产能过剩：来自中国制造业的实证研究

二 变量说明、描述性分析及相关性分析

（一）被解释变量

1. 产能过剩程度（DECI）

现有文献中衡量产能过剩程度的方法包括直接利用产能利用率指标和利用产能利用率来构建产能过剩指数。具体的产能利用率的测算在第三章中有了详细的说明。本章利用第三章中提出的动态产能过剩指数（DECI）来衡量中国的产能过剩，具体的计算公式为 $DECI_{i,t} = \dfrac{CU_{i,t-1}}{CU_{i,t}}$，其中 CU 为产能利用率。由于不同的测算方法各有优劣，理论上可选取任何一种测算方法来衡量产能过剩。考虑到尽可能选择时间周期更长的数据，这里选取成本函数法和随机前沿生产函数法测算的产能利用率构建的动态产能过剩指数来衡量产能过剩程度，分别为 lowcr1 和 sfacr1。具体的产能利用率结果在第三章有详细说明。

2. 企业进入（entry）

由于缺乏微观企业进入的数据，本章参考程俊杰（2014），利用各行业规模以上非亏损工业企业数量的变化率指标表示企业的进入情况。具体计算公式为：

$$\text{非亏损工业企业数变化率} = \dfrac{\text{当期非亏损工业企业数} - \text{上一期非亏损工业企业数}}{\text{上一期非亏损工业企业数}}$$

其中非亏损工业企业数为工业企业单位总数减去亏损企业总数。

3. 企业退出（exit）

基于同样的理由，本章参考程俊杰（2014），利用亏损工业企业的变化率表示企业退出情况，具体计算公式为：

$$\text{亏损工业企业数变化率} = \dfrac{\text{当期亏损工业企业数} - \text{上一期亏损工业企业数}}{\text{上一期亏损工业企业数}}$$

4. 企业创新（innovation）

郝威亚等（2016）指出可以衡量企业创新的指标包括研发费用、专利数和新产品数目。顾夏铭等（2018）利用研发费用和专利数来衡量企业创新。本章基于数据的可得性，借鉴这些文献的思路，利用行业研发费用来衡量产业创新，具体的计算公式为：

$$企业创新 = \frac{行业科技活动内部支出}{行业工业总产值}$$

（二）解释变量

1. 不确定性（UNC），包括实体经济不确定性（uc）和经济政策不确定性（PU）

实体经济不确定性（uc）。经济不确定性是一个无法直接观测的变量，严格意义上来说，已有指标并非真实的变量，而只是代理变量（陈乐一、张喜艳，2018）。迄今为止，对经济不确定性的测度远未达成共识。已有实体经济不确定性的测度文献可分为两类：一类是基于代理变量的波动，具体包括基于金融代理变量、基于预测值的歧见、基于新闻关键词和基于实际调查；另一类是剔除变量可预测部分考察不可预测部分的波动（王维国、王蕊，2018）。由于数据的可获得性，本章选择了相对简便的代理变量法来测度经济不确定性。臧旭恒、裴春霞（2004）用趋势值和实际值差额的绝对值来衡量不确定性。Kehrig（2011）用 HP 滤波分析后的波动成分的标准差来衡量不确定性。本章利用利润率的波动指标来衡量实体经济的不确定性。其中，利润率 $= \frac{行业利润总额}{行业销售产值}$。HP 滤波分析法获得了广泛的引用和认可，成为时间序列消除趋势方法的一个基准。HP 滤波分析方法的一个重要问题就是平滑参数 λ 的取值，不同的 λ 值表示不同的滤波器，决定了不同的周期方式和平滑度。但是在处理年度数据时，经济学家对 λ 的取值则有较大分歧。目前主要的取值有 $\lambda = 100$（Backus 等，

1992)、λ = 400（Cooley 和 Ohanian，1991）、λ = 10（Baxter 和 King，1999）和 λ = 6.25（Ravn 和 Uhlig，2002）。本章将选取 λ = 400 对两个经济指标进行 HP 滤波分析，参考 Kehrig（2011），利用利润率的波动成分的标准差来衡量不确定性（利用滞后两期和当期的利润波动成分求标准差）。

经济政策不确定性（PU）。经济政策不确定性利用 Baker 等（2016）构建的经济政策不确定性指数来衡量。该指数以《南华早报》为分析对象，将识别出的有关中国经济政策不确定性的文章除以当月刊发的文章总量来构建经济政策不确定性指数。[①] 这一指数由斯坦福大学和芝加哥大学联合发布，为月度数据。参考顾夏铭等（2018），本章采用算数平均的方式（为了使回归系数不过于小，在此基础上再除以 100），将月度经济政策不确定性指数转化为年度经济政策不确定性指数。

2. 政府干预（GI），可以用产业政策（$policy$）、财政支出（FE）和国内贷款（DL）来衡量

产业政策（$policy$）。政府对企业行为一般是通过产业政策来实现的，被世界各国广泛采用。特别是在中国，各地都积极推出指向性很强的产业规划等来指导企业的进入和退出行为。程俊杰（2014）总结了引入产业政策变量的三种方式，包括比较不同产业政策实施阶段的效果、引入产业政策虚拟变量和区分不同的产业政策工具。这里借鉴程俊杰（2014）采用引入产业政策虚拟变量的方式来刻画产业政策。各个产业规划及政策中涉及的产业赋值为 1，未涉及的产业赋值为 0。

财政支出（FE）和国内贷款（DL）。这两个指标的选取参考了王立国和鞠蕾（2012），他们在文中提出了政府干预能力，指的是政府拥有干

[①] http：//www.policyuncertainty.com/china_monthly.html.

预的资源和权力,包括土地的审批权、环境保护的监督权等,并用财政支出（FE）和国内贷款（DL）来衡量政府干预的能力。具体的计算公式分别为:

$$财政支出(FE) = \frac{行业固定资产投资中国家预算内资金}{国家财政支出总额}$$

$$国内贷款(DL) = \frac{行业固定资产投资中国内贷款}{金融机构贷款总额}$$

（三）控制变量

1. 市场结构——市场集中度（PCM）

自张伯伦在1933年提出垄断竞争的产业结构导致产能过剩开始,国外一些学者研究了市场结构与产能过剩的关系。比较有代表性的是Espositos（1974）通过实证研究得出了市场集中度40%~69%的行业产能过剩最严重。Mann等（1979）则不同意Espositos的观点,认为Espositos混淆了长期产能过剩和产能过剩的产生之间的区别,并通过跨行业的数据得出集中度越高,产业调整产能的速度越快,产能过剩越低的观点。我国学者一般认同Mann等人的观点,认为市场集中度越低,产能过剩越严重。而齐鹰飞、张瑞（2015）认为市场集中度与产能过剩存在非线性的倒"U"形关系。这表明,市场结构与产能过剩一定有关系,但并没有一致的结论。由产业组织理论可知,市场集中度是衡量市场结果最重要的指标,具体包括赫芬达尔指数、Kalecki指数和PCM指数等。参考齐鹰飞、张瑞（2015）,定义PCM（Price-Cost-Margin）为:

$$PCM_{it} = \frac{VA_{it} - W_{it}}{V_{it}}$$

其中VA_{it}为行业工业增加值,W_{it}为行业劳动力成本,V_{it}为行业工业总产值。

2. 外资（FDI）

外资对中国产能过剩的影响可以分为两类。一类认为外资会加剧中国的产能过剩。外资的进入会增加中国的投资总量和产品的供给，进而会增加产能过剩的压力。张少华、蒋伟杰（2017）通过测算不同性质企业的产能利用率认为外资企业的产能利用率最低。他们认为可能的原因是：第一，外资进入中国主要是为了利用中国廉价的劳动力、土地资源和优惠政策等，并不掌握核心技术，在全球价值链中处于低端；第二，地方政府在吸引外资过程中的"向底竞争"引入了低效的外资，而只有高效的外资引入才会缓解中国的产能过剩（莫莎、周婷，2017）。另一类主张外资有利于缓解中国的产能过剩。他们认为外资的引入不仅提高了中国产品的供给能力，而且带来了先进的企业管理制度，从而降低了销售费用。孙焱林、温湖炜（2017）认为外资企业更加重视企业的经济效益，而且可以充分利用国际市场，从而抑制产能过剩。可见，外资对产能过剩的影响也未形成一致的结论。本章借鉴杨振兵（2016）利用外资销售产值来衡量外资比重，具体计算公式为：

$$外资比重 = \frac{外资销售产值}{行业工业销售产值}$$

3. 产业对外开放度（open）

大量的研究表明，对外贸易会对产能过剩产生重要影响（Steel，1972；Blonigen 和 Wilson，2010）。刘航等（2016）把出口波动影响产能过剩归结为"销售效应"和"竞争效应"。"销售效应"指的是在出口为企业的供给提供需求，即出口越多，产能过剩程度越低。"竞争效应"指的是在出口下行的情况下将引发企业优胜劣汰，即出口越低，越能引发企业提高产能利用率来应对竞争，从而使产能过剩程度降低。进一步，他们通过实证分析得到了出口波动存在这两种效应。本章借鉴程俊杰（2014），利用出口交货值来衡量产业对外开放度，具体计算公式：

$$产业对外开放度 = \frac{产业出口交货值}{产业销售产值}$$

4. 产业特征（ip）

大量文献研究表明，重工业行业的产能过剩问题比轻工业行业要严重（韩国高等，2011；董敏杰等，2015）。一般认为，相比于轻工业，重工业的产能形成时间长、资产专用性强，更易形成产能过剩。本章在模型中引入产业特征的虚拟变量，重工业赋值为1，轻工业赋值为0。

（四）数据来源和描述性统计分析

所有变量的说明和数据来源如表5-1所示。

表5-1 变量说明和数据来源

变量	变量说明	数据来源
$DECI$	动态产能过剩指数	中经网和《中国工业统计年鉴》
uc	实体经济不确定性	中国国家统计局网站
PU	经济政策不确定性	http://www.policyuncertainty.com/china_monthly.html
$policy$	产业政策	产业规划，详见程俊杰（2014）
FE	财政支出	中国国家统计局网站
DL	国内贷款	中国国家统计局网站
$entry$	企业进入	中国国家统计局网站
$exit$	企业退出	中国国家统计局网站
$innovation$	企业创新	《中国科技统计年鉴》、中经网、《中国工业统计年鉴》和中国国家统计局网站
PCM	市场集中度	中经网和《中国工业统计年鉴》
FDI	外资比重	中国国家统计局网站、中经网和《中国工业统计年鉴》
$open$	产业对外开放度	中国国家统计局网站
ip	产业特征	轻工业为：农副食品加工业，食品制造业，饮料制造业，烟草制品业，纺织业，纺织服装、鞋、帽制造业，皮革、毛皮、羽毛（绒）及其制品业，木材加工及木、竹、藤、棕、草、家具制造业，造纸及纸制品业，印刷业和记录媒介的复制，文教体育用品制造业，化学纤维制造业

第五章　政府干预、不确定性与产能过剩：来自中国制造业的实证研究

主要变量的描述性统计分析如表5-2所示。产能过剩程度（lowcr1）的最大值为3.72，最小值为0.46，说明不同行业的产能过剩程度不同。实体经济不确定性（uc）的标准差相对于均值较大，说明实体经济不确定性波动较大，且都为正。

表5-2　主要变量的基本统计量

变量	均值	标准差	最小值	最大值
lowcr1	0.990	0.240	0.460	3.720
PU	1.270	0.470	0.650	2.440
uc	0.530	0.510	0.0200	4.930
policy	0.600	0.490	0	1
entry	7.800	16.14	-43.49	136.0
exit	4.860	30.70	-54.16	165.0
Innovation	0.0200	0.0400	0	0.280
PCM	0.240	0.100	0.0500	0.750
open	17.48	17.49	0.400	69.65
ip	0.480	0.500	0	1

（五）相关性分析

主要变量的相关性分析如表5-3所示。不确定性的二次方（uc^2）与产能过剩程度（lowcr1）正相关，虽然不显著，但初步可认为不确定性与产能过剩存在"U"形关系。政府干预（policy）与产能过剩程度（lowcr1）正相关但不显著，其作用机制有待进一步检验。在控制变量中，外资（FDI）与产业对外开放程度（open）的相关系数为0.87，且在1%的水平上显著，表明如果外资与产业对外开放程度一起放入回归模型中可能存在严重的共线性问题。在后续的回归分析中，只将产业对外开放程度纳入回归模型中。

表 5-3 主要变量的相关性分析结果

变量	lowcr1	L.lowcr1	uc	uc^2	PCM	FDI	open	ip	policy
lowcr1	1								
L.lowcr1	-0.21***	1							
uc	0.0200	0	1						
uc^2	0.0300	0.0100	0.88***	1					
PCM	0.0200	0.0300	-0.0200	-0.0800	1				
FDI	-0.0300	-0.0200	-0.31***	-0.18***	-0.29***	1			
open	-0.0200	-0.0200	-0.33***	-0.18***	-0.21***	0.87***	1		
ip	0.0400	0.0400	0.17***	0.12**	-0.21***	-0.0600	-0.0600	1	
policy	0.0300	0.0400	0.22***	0.14***	-0.24***	-0.10**	-0.20***	0.62***	1

注：***、**和*分别表示在1%、5%和10%水平上显著。

第四节　实证结果与分析

在理论分析的基础上，第一，本部分利用行业面板数据对不确定性与产能过剩之间的关系，即假设一进行计量检验；第二，为了分析不确定性的影响机制，本部分进一步区分了进入、退出和创新三种渠道，即对假设二进行计量检验；第三，进一步，本部分考虑到不确定性对政府干预的调节作用，即对假设三进行计量检验。具体方法如下：①由于解释变量中包含虚拟变量，固定效应模型不适用，故首先使用混合 OLS 和随机效应模型两种方法进行回归；②由于产能过剩情况往往存在"惯性"（杨振兵、张诚，2015）、内生性等问题，采用动态面板 GMM 估计方法进行回归。

一　不确定性对产能过剩的影响回归分析

（一）基本回归结果分析

基本回归结果如表 5-4 所示。由于混合 OLS 和随机效应模型的估

第五章 政府干预、不确定性与产能过剩：来自中国制造业的实证研究

计结果并不稳健，且解释变量未通过稳健性检验，与理论分析不相符。考虑到被解释变量的滞后项可能带来的内生性问题，此处采用系统 GMM 方法进行估计。系统 GMM 估计的要求：第一，Sargan 检验不能拒绝工具变量有效的原假设；第二，AR（2）检验 5% 的水平上不能拒绝一阶差分方程的随机干扰项不存在二阶序列相关的原假设。本章的实证分析将以系统 GMM 估计结果为主。引入被解释变量的一阶滞后项并不能通过 Sargan 和序列自相关检验，因此引入被解释变量的二阶滞后项。幸运的是，在引入被解释变量的二阶滞后项后，通过了系统 GMM 的有效性检验。回归 3~6 均采用系统 GMM 进行估计，并采用逐步加入控制变量的方法进行初步的稳健性检验，发现变量符号均保持一致，说明估计结果初步判定为可靠。这里以回归 6 作为解释依据。uc^2（实体经济不确定性的平方项）的系数为正，且通过了 1% 的显著性水平检验，表明不确定性与产能过剩之间存在着"U"形关系，与假设一的预期保持一致。那么，这初步支持了假设一。

表 5-4 基本回归结果

项目	回归1 OLS	回归2 RE	回归3 sysGMM	回归4 sysGMM	回归5 sysGMM	回归6 sysGMM
uc	-0.02 (-0.44)	-0.02 (-0.44)	-0.04** (-2.53)	-0.04* (-1.81)	-0.07*** (-2.62)	-0.07** (-2.21)
uc^2	0.01 (0.65)	0.01 (0.65)	0.01*** (3.11)	0.01*** (2.77)	0.02*** (3.31)	0.02*** (3.64)
PCM	0.08 (0.58)	0.08 (0.58)		-0.11 (-0.66)	0.22 (1.20)	0.39*** (2.65)
$open$	-0.00 (-0.25)	-0.00 (-0.25)			-0.00*** (-7.15)	-0.00*** (-3.54)
ip	0.02 (0.79)	0.02 (0.79)				-0.16** (-2.37)

续表

项目	回归1 OLS	回归2 RE	回归3 sysGMM	回归4 sysGMM	回归5 sysGMM	回归6 sysGMM
L. lowcr1			-0.10*** (-5.81)	-0.09*** (-4.78)	-0.07*** (-3.44)	-0.08*** (-2.74)
L2. lowcr1			-0.16*** (-12.74)	-0.16*** (-12.37)	-0.15*** (-12.29)	-0.14*** (-12.86)
常数项	0.98*** (19.49)	0.98*** (19.49)	1.26*** (50.26)	1.27*** (33.15)	1.25*** (26.57)	1.28*** (17.25)
AR(2)P			0.94	0.92	0.99	0.81
Sargan			23.70	23.69	22.66	22.91
Sargan P			0.93	0.93	0.95	0.93
工具变量			40.00	41.00	42.00	42.00
样本数	375	375	325	325	325	325

注：①***、**和*分别表示在1%、5%和10%水平上显著；②所有参数估计值均为两阶段GMM估计量，括号中为z值；③AR（2）P值为对一阶差分后的残差进行二阶序列相关检验得到的P值；④Sargan表示对工具变量的合理性进行过度识别检验得到的Sargan统计量，Sargan P值为对应的P值。

（二）稳健性检验及分析

1. 控制不确定性的异质性

由前述可知，企业面临的不确定性以2008年全球金融危机为界，2008年后企业面临的不确定性显著高于2008年之前的不确定性。现加入虚拟变量，令2009年及之后的年份 $yr = 1$，2009年之前为 $yr = 0$，并通过逐步增加控制变量进行回归，回归结果如表5-5所示。这里以回归10作为解释依据。各回归结果通过了sargan检验和序列自相关检验，说明采用系统GMM估计是合理的。uc^2（实体经济不确定性的平方项）的系数为正，且通过了5%的显著性水平检验，与回归6的结果保持一致。

表 5-5 假设一的稳健性检验 1

项目	回归 7	回归 8	回归 9	回归 10
uc	-0.05**	-0.04*	-0.05***	-0.03
	(-2.19)	(-1.76)	(-2.69)	(-0.93)
uc^2	0.01***	0.01**	0.02***	0.01**
	(2.71)	(2.50)	(3.43)	(2.29)
PCM		-0.16	0.12	0.15
		(-0.76)	(0.67)	(1.15)
open			-0.01***	-0.01***
			(-4.57)	(-6.19)
ip				-0.14***
				(-3.43)
L.lowcr1	-0.09***	-0.08***	-0.07**	-0.05
	(-4.73)	(-4.22)	(-2.22)	(-1.51)
L2.lowcr1	-0.16***	-0.16***	-0.16***	-0.15***
	(-12.39)	(-11.42)	(-12.14)	(-13.71)
yr	0.01	0.00	-0.05***	-0.05***
	(0.71)	(0.09)	(-4.39)	(-3.55)
常数项	1.25***	1.27***	1.34***	1.36***
	(38.36)	(20.43)	(25.00)	(22.83)
AR(2)P	0.95	0.96	0.87	0.94
Sargan	23.52	23.45	22.40	22.42
Sargan P	0.93	0.93	0.95	0.94
工具变量	41.00	42.00	43.00	43.00
样本数	325	325	325	325

注：①***、**和*分别表示在1%、5%和10%水平上显著；②所有参数估计值均为两阶段GMM估计量，括号中为z值；③AR(2)P值为对一阶差分后的残差进行二阶序列相关检验得到的P值；④Sargan表示对工具变量的合理性进行过度识别检验得到的Sargan统计量，Sargan P值为对应的P值。

2. 替换被解释变量指标

前文是采用成本函数法测算的产能利用率构建的动态产能过剩指数（$lowcr1$）来衡量产能过剩的程度。这里利用随机前沿生产函数法测算的产能利用率构建的动态产能过剩指数（$sfacr1$）作为替换指标来进行稳健性检验。回归 11～14 采用逐步增加控制变量进行回归，回归 15～18 在回归 11～14 的基础上，进一步控制了不确定性的异质性进行回归。各回归结果通过了 sargan 检验和序列自相关检验，说明采用系统 GMM 估计是合理的。uc^2（实体经济不确定性的平方项）的系数为正，且通过了 1% 的显著性水平检验，与回归 6 的结果保持一致，回归结果如表 5-6 所示。

3. 替换解释变量指标

在稳健性检验 2 的基础上，利用中国的经济政策不确定性替换了实体经济不确定性进行稳健性检验。各回归结果通过了 sargan 检验和序列自相关检验，说明采用系统 GMM 估计是合理的。uc^2（实体经济不确定性的平方项）的系数为正，且通过了 5% 的显著性水平检验，与回归 6 的结果保持一致，回归结果如表 5-7 所示。

综合基本回归结果和稳健性分析结果表明，回归 6 的结果是有效且稳健的，我们用回归 6 的估计结果进行统计推断，得到以下结论。

（1）uc^2（实体经济不确定性的平方项）的系数为正，且通过了 1% 的显著性水平检验，这表明不确定性与产能过剩之间存在着"U"形关系，即在不确定性偏低时，不确定性越低，越加剧产能过剩，而在不确定性较高时，不确定性越高，越加剧产能过剩，这与假设一的预期一致。原因在于：一方面，在不确定性偏低时，宏观经济一般处于繁荣时期，企业倾向于扩大生产。当不确定性进一步降低时，企业的"过度进入"效应起着主导作用，这将造成"投资潮涌"，造成产能过剩。另一方面，当不确定性偏高时，投资作为需求剧烈下降，而企业面对高不确定性表现出"退出不足"效应。在需求下降和退出

第五章 政府干预、不确定性与产能过剩：来自中国制造业的实证研究

表5-6 假设一的稳健性检验2

项目	回归11	回归12	回归13	回归14	回归15	回归16	回归17	回归18
L.sfacr1	-0.38***	-0.38***	-0.37***	-0.33***	-0.38***	-0.35***	-0.34***	-0.34***
	(-94.99)	(-34.26)	(-25.97)	(-29.54)	(-38.83)	(-21.42)	(-21.80)	(-16.51)
L2.sfacr1	-0.24***	-0.24***	-0.22***	-0.21***	-0.24***	-0.20***	-0.21***	-0.20***
	(-52.45)	(-43.65)	(-38.29)	(-25.06)	(-28.04)	(-13.36)	(-11.96)	(-15.58)
uc	-0.03***	-0.04***	-0.03***	-0.03***	-0.03***	-0.02***	-0.02***	-0.02**
	(-5.43)	(-6.56)	(-6.00)	(-3.29)	(-3.79)	(-2.98)	(-3.03)	(-2.46)
uc^2	0.01***	0.01***	0.01***	0.01***	0.01***	0.01***	0.01***	0.01***
	(10.62)	(11.63)	(14.59)	(8.41)	(7.96)	(10.44)	(10.52)	(6.25)
PCM		-0.28***	-0.35***	-0.44***		-0.73***	-0.67***	-0.56***
		(-8.94)	(-6.61)	(-4.40)		(-7.65)	(-7.30)	(-4.12)
open			0.00***	0.00***			0.00	-0.00
			(6.08)	(3.64)			(0.05)	(-0.06)
ip				-0.09***				-0.04
				(-2.94)				(-1.36)
yr					-0.01***	-0.04***	-0.04***	-0.03***
					(-3.82)	(-8.59)	(-6.65)	(-7.04)

143

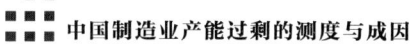

续表

项目	回归11	回归12	回归13	回归14	回归15	回归16	回归17	回归18
常数项	1.64***	1.71***	1.67***	1.67***	1.64***	1.76***	1.76***	1.74***
	(287.55)	(148.18)	(126.42)	(136.65)	(85.03)	(89.34)	(77.88)	(68.82)
AR(2)P	0.86	0.77	0.98	0.84	0.89	0.96	0.97	0.95
Sargan	23.45	22.78	22.21	21.56	23.55	19.97	18.79	18.92
Sargan P	0.86	0.89	0.90	0.90	0.86	0.95	0.97	0.96
工具变量	37.00	38.00	39.00	39.00	38.00	39.00	40.00	40.00
样本数	300	300	300	300	300	300	300	300

注：①***、**和*分别表示在1%、5%和10%水平上显著；②所有参数估计值均为两阶段GMM估计量，括号中为z值；③AR(2) P值为对一阶差分后的残差进行二阶序列相关检验得到的P值；④Sargan表示对工具变量的合理性进行过度识别检验得到的Sargan统计量，Sargan P值为对应的P值。

第五章 政府干预、不确定性与产能过剩：来自中国制造业的实证研究

表 5-7 假设一的稳健性检验 3

项目	回归 19	回归 20	回归 21	回归 22
L.sfacr1	-0.36***	-0.36***	-0.35***	-0.31***
	(-32.63)	(-16.49)	(-71.30)	(-14.06)
L2.sfacr1	-0.24***	-0.25***	-0.23***	-0.21***
	(-46.96)	(-17.96)	(-24.55)	(-16.52)
PU	-0.02*	-0.05*	-0.03	-0.05*
	(-1.89)	(-1.94)	(-1.59)	(-1.66)
PU2	0.01***	0.02**	0.01**	0.02**
	(2.92)	(2.23)	(2.14)	(2.08)
PCM		-0.23***	-0.36***	-0.39***
		(-7.61)	(-7.48)	(-4.14)
open			0.00***	0.00***
			(5.90)	(6.28)
ip				-0.09***
				(-2.62)
常数项	1.61***	1.71***	1.65***	1.64***
	(246.49)	(88.24)	(67.50)	(59.07)
AR(2)P	0.77	0.64	0.77	0.72
Sargan	24.02	22.45	21.26	20.38
Sargan P	0.84	0.89	0.93	0.93
工具变量	37.00	38.00	39.00	39.00
样本数	300	300	300	300

注：①***、**和*分别表示在1%、5%和10%水平上显著；②所有参数估计值均为两阶段GMM估计量，括号中为z值；③AR（2）P值为对一阶差分后的残差进行二阶序列相关检验得到的P值；④Sargan表示对工具变量的合理性进行过度识别检验得到的Sargan统计量，Sargan P值为对应的P值。

不足的作用下，产能过剩进一步加剧。

（2）对其他控制变量的分析。市场集中度（PCM）在回归6中为0.39，且通过了1%的显著性水平检验。然而在稳健性检验2中和

稳健性检验3中显著为负。由此我们认为，市场集中度与产能过剩的关系并不确定。这与一般文献中认为市场集中度低的产业容易发生产能过剩的结论不同。但与齐鹰飞、张瑞（2015）的结论相呼应，他们认为市场集中度与产能利用率之间存在着非线性的倒"U"形关系。程俊杰（2014）也得到了类似的结论。这表明政策制定者不能只通过鼓励企业兼并重组等措施提高集中度来治理产能过剩，而应该结合行业集中度的具体情况制定相应的措施。产业对外开放度（open）显著为负，表明产业越开放，产能过剩程度越低。这支持了刘航等（2016）提出的"销售效应"，指的是出口为企业的供给提供需求，即出口越多，产能过剩程度越低。令人困惑的是，产业特征显著为负，表明重工业的产能过剩程度更低，这与大多数文献的结论和事实不相符。可能的解释有：第一，本书的产能过剩衡量指标有缺陷，并不能完全衡量产能过剩；第二，重工业的产能过剩主要由其他解释变量和控制变量解释，而不是由产业特征来决定（程俊杰，2014）。

二 不确定性对产能过剩的影响机制的回归分析

在明确了不确定性通过企业进入、企业退出和企业创新三个渠道影响产能过剩的情况下，利用计量做机制分析的常用方法是分别拿企业进入、企业退出和企业创新三个变量对不确定性进行回归。如果回归系数显著，则认为影响机制得到检验。下文均采用这种方法进行机制检验。

（一）不确定性与企业进入

表5-8的估计结果显示了不确定性对我国产能过剩的影响机制之一——企业进入的影响。为了检验回归结果的稳健性，与上一部分相同，采用了逐步增加控制变量和替换解释变量指标的方法比较符号的一致性。在表5-6中，核心解释变量在回归结果1~8的符号均保

第五章 政府干预、不确定性与产能过剩：来自中国制造业的实证研究

表 5-8 计量模型 (5-2) 的回归结果

项目	回归 1	回归 2	回归 3	回归 4	回归 5	回归 6	回归 7	回归 8
L.entry	-0.09***	-0.10***	-0.16***	-0.16***	-0.22***	-0.21***	-0.22***	-0.22***
	(-21.96)	(-18.28)	(-27.53)	(-27.89)	(-86.71)	(-46.20)	(-57.79)	(-30.94)
uc	-8.84***	-9.39***	-7.37***	-7.74***				
	(-17.36)	(-21.98)	(-9.76)	(-7.29)				
PCM		41.15***	27.75***	32.23***		15.95***	15.01***	13.44***
		(7.35)	(6.46)	(5.34)		(3.84)	(3.58)	(2.68)
open			0.77***	0.75***			0.65***	0.66***
			(31.39)	(15.47)			(22.98)	(20.82)
ip				7.71**				-1.64
				(2.14)				(-0.64)
PU				(-84.26)	-8.54***	-8.13***	-5.11***	-5.15***
					(-36.86)	(-17.18)	(-15.78)	

147

续表

项目		回归1	回归2	回归3	回归4	回归5	回归6	回归7	回归8
常数项		13.55***	3.98***	-6.56***	-10.95***	20.61***	16.21***	1.55	2.57*
		(46.03)	(3.26)	(-7.32)	(-6.25)	(102.44)	(14.43)	(1.45)	(1.69)
AR(2)P		0.01	0.01	0.78	0.75	0.89	1.00	0.26	0.28
Sargan		24.91	24.86	24.53	24.28	24.91	24.90	24.68	24.53
Sargan P		0.94	0.94	0.94	0.93	0.94	0.94	0.94	0.93
工具变量		40.00	41.00	42.00	42.00	40.00	41.00	42.00	42.00
样本数		350	350	350	350	350	350	350	350

注：①***、**和*分别表示在1%、5%和10%水平上显著；②所有参数估计值均为两阶段GMM估计量，括号中为z值；③AR(2) P值为对一阶差分后的残差进行二阶序列相关检验得到的P值；④Sargan表示对工具变量的合理性进行过度识别检验得到的Sargan统计量，Sargan P值为对应的P值。

第五章 政府干预、不确定性与产能过剩：来自中国制造业的实证研究

持一致，在1%的显著水平上为负，说明了回归结果的稳健、可靠性。以回归结果4作为最终的估计结果进行统计推断。

表5-8显示，各回归结果通过了sargan检验和序列自相关检验，说明采用系统GMM估计是合理的。不确定性（uc）与企业进入（entry）之间存在负相关关系，即不确定性越高，企业越不愿意进入。这与理论分析相符。不确定性的系数在1%的水平上显著。那么，不确定性通过企业进入影响产能过剩的机制得到验证。

（二）不确定性与企业退出

表5-9的估计结果显示了不确定性对我国产能过剩的影响机制之一——企业退出的影响。为了检验回归结果的稳健性，与上一部分相同，采用了逐步增加控制变量和替换解释变量指标的方法比较符号的一致性。各回归结果通过了sargan检验和序列自相关检验，说明采用系统GMM估计是合理的。在表5-9中，实体经济不确定性（uc）在回归结果5~8的符号均保持一致，在1%的显著水平上为正。二者符号相反，且都在1%的水平上显著。为此，我们通过观察企业退出（exit）的滞后项发现，在回归1~4中，系数显著为负，而在回归5~8中，系数显著为正。一般而言，在上一期企业退出多的话，对整个产业而言，经营状况会好转，即生存下来的企业会占有退出企业的市场，从而获利。这也是企业退出的"囚徒困境"。因此，理论上讲，企业退出的滞后项应该为负号。由相关性分析可得，企业退出与其滞后一期的相关系数为-0.146，且在1%的水平上显著。基于此，回归1~4的结果相对可靠。我们以回归结果4作为最终的估计结果进行统计推断。

从回归4的结果可得不确定性（uc）与企业退出（exit）之间存在负相关关系，即不确定性越高，企业越不愿意退出。这与理论分析相符。不确定性的系数在1%的水平上显著。那么，不确定性通过企业退出影响产能过剩的机制得到验证。

表 5-9 计量模型 (5-3) 的回归结果

项目	回归 1	回归 2	回归 3	回归 4	回归 5	回归 6	回归 7	回归 8
L_exit	-0.10***	-0.10***	-0.11***	-0.10***	0.00**	0.01***	0.02***	0.04***
	(-27.43)	(-19.39)	(-17.15)	(-20.51)	(2.09)	(2.76)	(5.80)	(3.93)
uc	-19.29***	-20.02***	-21.96***	-19.70***				
	(-19.47)	(-20.13)	(-15.20)	(-11.50)				
PCM	-22.85***	-50.68***	-41.33***	-94.85***	(-32.72)	-64.06***	-55.80***	-118.23***
	(-22.85)	(-18.84)	(-9.10)			(-11.08)	(-23.39)	
$open$			0.03	0.01			1.62***	1.60***
			(0.57)	(0.06)			(30.97)	(9.40)
ip				-42.31***				-51.44***
				(-8.37)				(-8.59)
PU					28.12***	28.90***	33.08***	32.56***
					(77.55)	(63.55)	(56.15)	(39.05)

第五章 政府干预、不确定性与产能过剩：来自中国制造业的实证研究

续表

项目	回归 1	回归 2	回归 3	回归 4	回归 5	回归 6	回归 7	回归 8
常数项	15.57***	28.06***	26.50***	59.76***	-31.02***	-16.69***	-51.62***	-10.75*
	(25.85)	(35.70)	(23.51)	(9.33)	(-86.69)	(-27.17)	(-34.02)	(-1.82)
AR(2) P	0.20	0.18	0.19	0.18	0.94	0.94	0.68	0.90
Sargan	24.78	24.89	24.46	24.34	24.91	24.87	24.69	24.03
Sargan P	0.94	0.94	0.94	0.93	0.94	0.94	0.94	0.94
工具变量	40.00	41.00	42.00	42.00	40.00	41.00	42.00	42.00
样本数	350	350	350	350	350	350	350	350

注：①***、**和*分别表示在1%、5%和10%水平上显著；②所有参数估计值均为两阶段GMM估计量，括号中为z值；③AR(2) P值为对一阶差分后的残差进行二阶序列相关检验得到的P值；④Sargan表示对工具变量的合理性进行过度识别检验得到的Sargan统计量，Sargan P值为对应的P值。

151

（三）不确定性与企业创新

表5-10的估计结果显示了不确定性对我国产能过剩的影响机制之一——企业创新的影响。为了检验回归结果的稳健性，与上一部分相同，采用了逐步增加控制变量和替换解释变量指标的方法比较符号的一致性。各回归结果通过了sargan检验和序列自相关检验，说明采用系统GMM估计是合理的。然而，采用实体经济不确定性（uc）的系数除了回归1显著为负之外，回归2~4都不显著。而替换不确定性指标，采用经济政策不确定性指标时，回归5~8表明，经济政策不确定性（PU）的系数为正，且在1%的水平上显著。这与顾夏铭等（2018）相一致，他们认为经济政策不确定性会对企业创新产生激励效应。基于此，我们以回归结果8作为最终的估计结果进行统计推断。

从回归8的结果可得，不确定性的系数在1%的水平上显著。实体经济不确定性（uc）与企业创新（innovation）之间的关系是正的，即不确定性的增加会激励企业进行创新。这与理论分析相符。那么，不确定性通过企业创新影响产能过剩的机制得到验证。

三 不确定性对政府干预的调节作用分析

（一）基本回归结果分析

当政府进行干预时，企业面临的不确定性主要来自经济政策的不确定性。中国特殊的政治体制使经济政策的出台无须经历繁杂、漫长的谈判过程，经济政策变动相对频繁，经济政策具有高不确定性的特征（张慧等，2018）。因此，此处采用中国经济政策不确定性（PU）作为衡量经济不确定性的主要指标进行分析。

为检验不确定性对政府干预导致产能过剩的调节作用，在模型（5-5）中引入了政府干预（policy）与不确定性（PU）的交互项。那么，对于模型（5-5），政府干预对产能过剩的边际效果为

第五章　政府干预、不确定性与产能过剩：来自中国制造业的实证研究

表 5-10　计量模型（5-4）的回归结果

项目	回归 1	回归 2	回归 3	回归 4	回归 5	回归 6	回归 7	回归 8
L.innovation	0.823*** (1556.46)	0.843*** (1760.40)	0.840*** (739.88)	0.838*** (866.04)	0.827*** (1588.03)	0.843*** (1887.88)	0.841*** (910.94)	0.836*** (1063.87)
uc	-0.001*** (-13.13)	-0.000 (-0.44)	-0.001 (-1.37)	-0.000 (-0.75)				
PCM		-0.073*** (-59.63)	-0.064*** (-63.16)	-0.063*** (-38.53)		-0.066*** (-41.56)	-0.060*** (-44.51)	-0.058*** (-25.25)
open			-0.000 (-0.24)	0.000*** (2.83)			0.000*** (4.97)	0.000*** (13.48)
ip				0.004*** (16.04)				0.006*** (9.13)
PU					0.002*** (117.83)	0.001*** (48.47)	0.001*** (45.57)	0.001*** (48.59)

153

续表

项目		回归 1	回归 2	回归 3	回归 4	回归 5	回归 6	回归 7	回归 8
常数项		0.004***	0.020***	0.019***	0.016***	0.000***	0.017***	0.015***	0.011***
		(62.28)	(82.42)	(25.78)	(25.00)	(4.96)	(50.26)	(33.13)	(14.44)
AR(2) P		0.114	0.116	0.115	0.115	0.128	0.123	0.121	0.123
Sargan		24.702	24.041	23.796	22.008	24.998	24.605	24.638	23.972
Sargan P		0.939	0.951	0.954	0.968	0.934	0.941	0.940	0.938
工具变量		40.000	41.000	42.000	42.000	40.000	41.000	42.000	42.000
样本数		350	350	350	350	350	350	350	350

注：①***、**和*分别表示在1%、5%和10%水平上显著；②所有参数估计值均为两阶段GMM估计量，括号中为z值；③AR(2) P值为对一阶差分后的残差进行二阶序列相关检验得到的P值，Sargan P值为对应的P值。Sargan表示对工具变量的合理性进行过度识别检验得到的Sargan统计量。

第五章　政府干预、不确定性与产能过剩：来自中国制造业的实证研究

$\dfrac{\Delta DECI_{it}}{\Delta GI_{it}} = \varphi_1 + \varphi_2 \times UNC_{it}$。也就是说，政府干预对产能过剩的影响受到不确定性的影响，且与系数 φ_2 有关。由表5-2知，不确定性始终为正。当 φ_2 小于0时，不确定性越低，政府干预导致的产能过剩程度越严重；当 φ_2 大于0时，不确定性越高，政府干预导致的产能过剩程度越严重。

基本回归结果如表5-11所示。同上，为了避免内生性问题，此处采用系统GMM对模型（5-5）进行估计。回归1~3都通过了Sargan检验，表明了GMM估计方法的有效性。从表5-11中可以发现，政府干预（policy）与不确定性（PU）的交互项在回归1~3中都在5%的水平上显著，表明了不确定性对政府干预可能存在调节作用。考虑到不确定性与产能过剩的"U"形关系，本部分将样本以2008年为界分为不确定性偏低和偏高两组[①]。在回归2中，政府干预（policy）与不确定性（PU）的交互项的符号为负，且在5%的水平上显著，那么表明：当不确定性程度偏低时，不确定性越低，产能过剩越严，政府干预导致的产能过剩程度越严重。在回归3中，政府干预（policy）与不确定性（PU）的交互项的符号为正，且在1%的水平上显著，那么表明：当不确定性程度偏高时，不确定性越高，产能过剩越严，政府干预导致的产能过剩程度越严重。假设三初步得到支持。

（二）稳健性检验

替换政府干预的指标。前文是采用产业政策（policy）来衡量政府干预，这里采用财政支出（FE）和国内贷款（DL）来衡量政府干预。

---

① 将不确定性分为偏低和偏高两组在第四章中有详细说明，在此不做重复。在实际的回归中，不确定性偏低的年份在回归2和回归5中只利用了2001~2005年的数据。2001~2005年的不确定性与2008年之后的不确定性的差异更明显，得到的回归结果更可靠。

表 5-11　计量模型 (5-5) 的基本回归结果

项目	回归 1 全样本	回归 2 偏低 (2001~2005)	回归 3 偏高 (2008~2015)
L.lowcr1	0.070*** (2.61)	-0.072* (-1.69)	0.095*** (4.05)
PU	-0.034** (-1.97)	0.132 (1.06)	-0.036*** (-2.58)
policy	-0.278 (-1.18)	5.139 (1.19)	-0.017 (-0.29)
policy×PU	0.106*** (5.69)	-0.294** (-2.05)	0.091*** (5.50)
PCM	0.345*** (3.38)	1.403 (0.54)	0.804*** (3.55)
open	-0.005*** (-2.98)	-0.028*** (-2.76)	-0.003* (-1.75)
ip	-0.182 (-1.13)	-2.920 (-1.31)	-0.552*** (-5.85)
常数项	1.133*** (6.66)	-0.439 (-0.22)	0.985*** (16.26)
AR(2)P	0.051	0.017	0.208
Sargan	24.452	7.987	23.159
Sargan P	0.909	0.157	0.336
工具变量	43.000	13.000	29.000
样本数	350	100	200

注：①***、**和*分别表示在1%、5%和10%水平上显著；②所有参数估计值均为两阶段GMM估计量，括号中为z值；③AR (2) P值为对一阶差分后的残差进行二阶序列相关检验得到的P值；④Sargan表示对工具变量的合理性进行过度识别检验得到的Sargan统计量，Sargan P值为对应的P值。

如表 5-12 所示，将回归 4 和回归 7 与回归 1 相比可以发现，在全样本的情况下，政府干预和不确定性交互项系数变得不显著。这反映了不确定性对政府干预导致产能过剩的调节作用并不是线性的，有必要

第五章 政府干预、不确定性与产能过剩：来自中国制造业的实证研究

将不确定性分为偏低和偏高两组。将回归5和回归8与回归2相比发现，三个回归结果的符号都为负，且回归5在1%的水平上显著，这表明了在不确定性偏低时，政府干预与不确定性的交互项的系数为负是稳健的。将回归6和回归9与回归3相比发现，三个回归结果的符号都为正，且回归6在5%的水平上显著，回归9在1%的水平上显著。这表明了在不确定性偏高时，政府干预与不确定性的交互项的系数为正是稳健的。这进一步支持了假设三。

表5-12 计量模型（5-5）的稳健性检验结果

项目	回归4 全样本	回归5 偏低 （2001~2005）	回归6 偏高 （2008~2015）	回归7 全样本	回归8 偏低 （2001~2007）	回归9 偏高 （2008~2015）
$L.lowcr1$	0.047* (1.75)	-0.033 (-0.66)	0.093*** (3.78)	0.057*** (2.90)	0.023 (1.23)	0.095*** (3.64)
PU	0.029 (0.78)	0.074 (0.50)	-0.018 (-0.87)	0.061 (0.87)	0.166 (1.28)	-0.008 (-1.00)
PCM	0.379 (1.36)	-1.009 (-0.52)	0.873*** (5.31)	0.025 (0.07)	-0.062 (-0.08)	0.870*** (4.57)
$open$	-0.004** (-2.25)	-0.019** (-2.17)	-0.003*** (-2.75)	-0.004* (-1.67)	-0.007*** (-3.81)	-0.004** (-2.29)
ip	-0.254*** (-4.38)	-0.471 (-0.84)	-0.454*** (-7.54)	-0.149 (-1.53)	0.080 (0.98)	-0.433*** (-7.08)
FE	1.099 (0.28)	16.773** (2.53)	-4.120* (-1.73)			
$FE \times PU$	-0.517 (-0.16)	-13.481*** (-2.68)	3.133** (2.06)			
DL				-0.274 (-0.19)	1.160 (0.56)	-0.772 (-1.30)
$DL \times PU$				-0.624 (-0.53)	-1.553 (-0.66)	0.442*** (2.95)

续表

项目	回归4 全样本	回归5 偏低 (2001~2005)	回归6 偏高 (2008~2015)	回归7 全样本	回归8 偏低 (2001~2007)	回归9 偏高 (2008~2015)
_cons	0.997*** (22.62)	1.716*** (3.51)	0.968*** (19.68)	1.042*** (10.48)	0.978*** (3.34)	0.965*** (13.45)
AR(2)P	0.037	0.044	0.228	0.038	0.164	0.147
Sargan	23.800	7.040	23.691	23.228	17.607	23.573
Sargan P	0.941	0.317	0.364	0.951	0.128	0.370
工具变量	44.000	14.000	30.000	44.000	20.000	30.000
样本数	350	100	200	350	150	200

注：①***、**和*分别表示在1%、5%和10%水平上显著；②所有参数估计值均为两阶段GMM估计量，括号中为z值；③AR（2）P值为对一阶差分后的残差进行二阶序列相关检验得到的P值；④Sargan表示对工具变量的合理性进行过度识别检验得到的Sargan统计量，Sargan P值为对应的P值。

第五节 本章小结

产能过剩成因存在着"政府"和"市场"之争。虽然现在大多数的文献同意政府和市场因素共同作用导致产能过剩，但这两种因素仍然是割裂的。本章从企业决策面临的不确定性入手，验证了产能过剩的形成机理。利用2001~2015年的25个制造业面板数据研究表明，企业过度进入和退出不足导致不同时期的产能过剩，而企业创新未能起到化解产能过剩的作用。主要结论归纳如下。

第一，不确定性与产能过剩存在非线性的"U"形关系。当不确定性偏低时，不确定性与产能过剩表现出负向关系；而当不确定性偏高时，不确定性与产能过剩表现出正向关系（见图5-2）。这是因为当不确定性偏低时，企业进入效应占主导地位，表现为"过度进

第五章 政府干预、不确定性与产能过剩：来自中国制造业的实证研究

入"，进而造成产能过剩。而当不确定性偏高时，企业退出效应占主导地位，表现为"退出不足"，进而加剧了产能过剩。

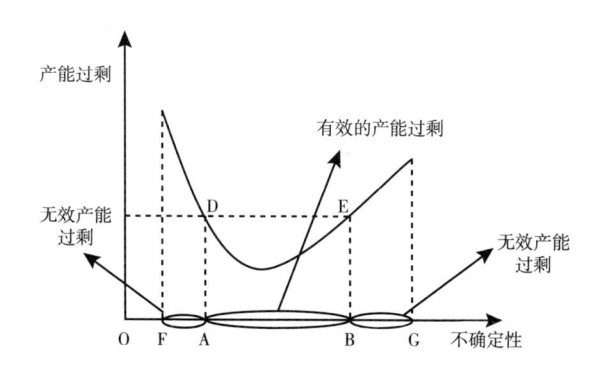

图 5-2 不确定性的产能过剩的"U"形关系

第二，不确定性通过企业进入、退出和创新三个渠道影响产能过剩，且对政府干预造成产能过剩具有调节作用。在有效市场中，存在着"有效的"产能过剩，其微观基础是企业的进入、退出和创新。而现实中的市场由于不确定性的偏高或偏低等原因，会导致企业过度进入、退出不足和创新不足，进而造成了"无效的"产能过剩。由于中国仍然处于向市场经济转型的阶段，政府干预"失灵"也是造成产能过剩的主要原因。而使政府干预变为不当干预的重要原因是经

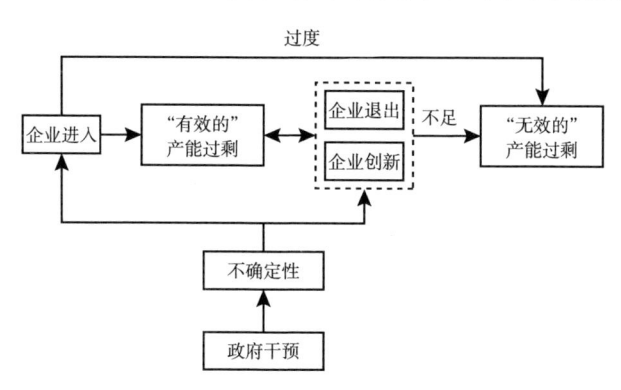

图 5-3 中国产能过剩的形成机理

济中的不确定性。正是政府干预忽视了经济中的不确定性，导致政府干预失灵，加剧经济中的产能过剩。图 5-3 将政府和市场因素纳入同一个分析框架，刻画了中国产能过剩的形成机理。这有利于化解当前产能过剩成因的政府与市场之争，并为政府出台治理产能过剩的措施提供理论依据。

第六章　政商关系、技术创新与结构性产能过剩

第一节　引言与文献综述

产能过剩是全球性的，是工业化和市场经济下的一个普遍性问题（黄群慧，2014），是工业化过程中难以避免的"副产品"。从"三期叠加"到"经济新常态"，困扰中国经济发展的"幽灵"始终包括工业的产能过剩问题。产能过剩关系到我国能否实现产业转型升级，能否成功跨越中等收入陷阱等重大问题。然而与国外产能过剩不同的是，我国的产能过剩问题具有显著的结构性特征，即"低端产品过剩，高端产品不足"（周劲、付保宗，2011）。实际上从2006年开始，结构性产能过剩就引起了主管部门的关注，国务院、国家发改委和工信部陆续出台了多个抑制产能过剩和优化产业结构的文件。2015年底，国家更是将供给侧结构性改革作为国家经济战略，其核心在于"调结构"。以典型的结构性产能过剩产业——钢铁产业为例，虽然我国钢铁的总量一直居于首位，但一些高端的产品依然需要大量进口。冷轧薄板、镀层板和电工钢材三种高端钢材的进口占比分别是国内产量占比的2倍、2.9倍和3.7倍，进口依赖度一直维持在50%左右（相晨曦，2014）。

从产业组织理论来看，以往研究产能过剩成因的文献[①]中，将产能过剩视为一种"坏"的市场绩效。而对产能过剩直接影响的是企业行为，可以归纳为企业投资、企业退出和企业创新。这三类企业的行为基本囊括了产能过剩的形成机理（见图6-1）。大量文献通过企业的行为建立影响因素与产能过剩之间的联系。就目前而言，以政府不当干预来解释产能过剩在学术界占据主流地位，其逻辑链条是：政府不当干预—企业过度投资—产能过剩（中国金融四十人论坛课题组，2017）。

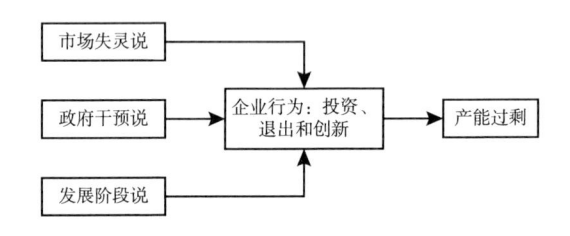

图6-1 产能过剩的形成机理

综上所述，人们在研究产能过剩形成机理时往往忽视了结构性特征。这或许是一方面我国政府出台了大量化解产能过剩的措施（见图6-2），另一方面，产能过剩却陷入一种"久调不决"甚至"越调越乱"的怪圈（徐朝阳、周念利，2015）的原因之一。[②] 例如2008年出台的"四万亿"刺激政策不仅没有起到化解作用，反而加剧了产能过剩。鉴于此，笔者试图基于政企合谋[③]视角，从理论上研

---

① 以往研究产能过剩成因的文献较多，具体可参见张林（2016）、夏飞龙（2018）等。
② 程俊杰（2017）指出了中国陷入这种困境的三点原因：第一，缺乏对各地区、各行业进行产能过剩评价及预警的科学体系；第二，对产能过剩的形成机制虽然讨论较多，但仍需深入；第三，由此导致的产能过剩治理措施很难及时且有针对性。笔者认为第二条是根本性的原因。
③ 政企合谋与腐败、官商勾结交织在一起，但又有所不同，它强调的是政府和企业之间的关系，而不是政府官员和企业之间的交易（聂辉华、张雨潇，2015）。

究结构性产能过剩的形成机理,为政府出台更有效的化解措施提供理论参考。之所以选择政企合谋作为研究的切入点,主要是基于以下几点考虑。第一,中国具有政企合谋的显著性事实。过去40年,在中国分权改革的过程中,地方政府在经济发展中的作用有目共睹。在以GDP为主要指标的官员绩效考核制度和财政分权制度下,信息不对称和利益不一致导致中国的政企合谋(聂辉华、李金波,2006)。2013年工信部认为,地方为追求GDP、税收等政绩导致项目违规上马,进而导致产能过剩。第二,政企合谋与产能过剩密切相关,但影响机制研究不足。政企关系对经济发展的重要作用不仅得到了后发国家的历史经验验证,还与产能过剩问题有重要的影响关系(侯方宇、杨瑞龙,2018)。虽然聂辉华认为中国产能过剩问题背后存在着政企合谋因素,但目前聚焦于政企合谋研究产能过剩的文献仍然较少,比如侯方宇、杨瑞龙(2018)。第三,政企合谋为解释中国问题提供了有效的视角。聂辉华、李金波(2006)认为与中国经济增长并存的各种"事故"——生产安全、环保问题、能源消耗和经济泡沫可以用政企合谋来解释。比如矿难(聂辉华、蒋敏杰,2011)、环境污染(郭峰、石庆玲,2017)、土地违法(张莉等,2011)、高房价(聂辉华、李翘楚,2013)等。

与本书相关的研究有两类:一类是关于企业过度进入的文献;另一类是关于低端技术锁定的文献。最早研究企业过度进入的文献可归纳为"过度进入定理",指寡头市场结构下自由进入的企业数量会大于社会福利最优的企业数量(曹建海、江飞涛,2010),他们也指出了"过度进入定理"成立依赖于两个条件:商业盗窃效应和成本次可加性。虽然他们认为这两个条件在中国的产能过剩行业并不成立,但笔者不同意这种看法。一方面,Crotty(2002)指出全球产能过剩严重的核心产业具有显著的成本次可加性。另一方面,"商业盗窃效应"应该是一个相对的概念,一个企业扩大规模会导致另一个企业

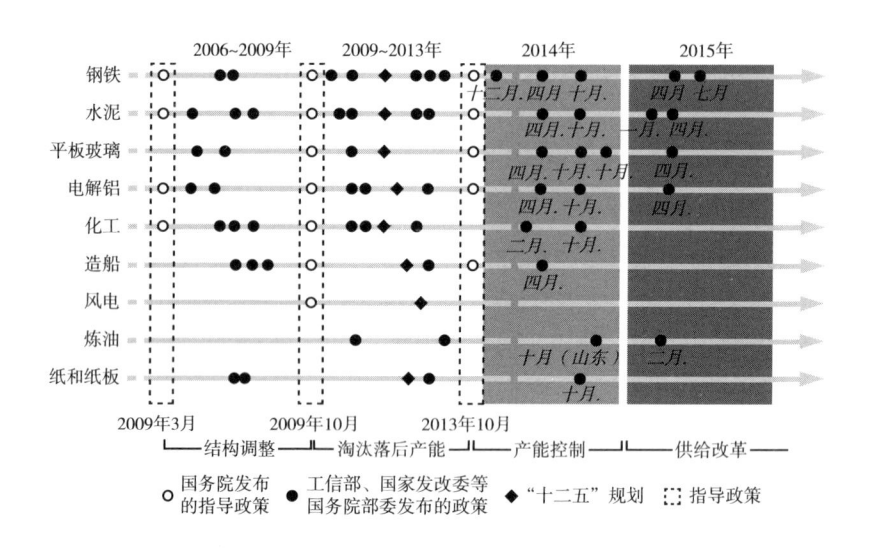

图 6-2 中央政府为化解产能过剩所采取的措施

资料来源：中国欧盟商会，《中国的产能过剩如何阻碍党的改革进程》，2016。

的市场份额下降，即使绝对产量保持不变，这种相对的剥夺感仍然为企业难以容忍。另一类重要文献是关于林毅夫提出的"潮涌理论"。林毅夫（2007）提出潮涌现象，认为"后发优势"使发展中国家容易对新的、有前景的产业形成共识，形成"投资潮涌"，事后不可避免地发生产能过剩。随后，林毅夫等（2010）建立了"潮涌现象"的微观理论基础，提出的模型分为两期：在第一期，由于存在信息不完全，行业中企业数目不确知，企业在参与者数目期望意义上投资；在第二期，产能建成，如果行业中企业数目大于预期，则引发产能过剩。白让让（2016）以 2000～2013 年我国乘用车制造行业的微观数据为基础，实证结果印证了林毅夫提出的"潮涌现象"。另外，徐朝阳、周念利（2015）建立数理模型指出当市场存在较大不确定性时，高效率企业会谨慎投资，而大量低效率企业过度进入导致产能过剩。

相较于第一类文献集中于企业的投资行为，第二类文献则聚焦于在企业的创新行为方面。企业的"低端技术锁定"导致企业陷入同质化的"价格向底"竞争，进而加剧产能过剩。企业陷入低端技术陷阱的原因大致分为两类。①发达国家的技术封锁。我国在20世纪80年代末进行的"市场换技术"战略，实际是将我国的工业嵌入全球价值链。虽然在起步阶段会帮助嵌入国家进行低端技术的升级（比如工艺升级），但是，一旦后进国家试图进行高端技术的升级，主导国家就将利用全球价值链对其压榨和遏制。孙喜（2014）以中国车用柴油机工业发展为研究对象，指出我国加入全球价值链只能处于产业演进和国际分工体系的被动位置，国际专业咨询机构、关键零部件供应商和国际环境规制的三方压榨使中国企业形成了长期的技术依赖，形成低端技术锁定。一些实证文献也表明中国企业正处于被"低端技术锁定"的困境（张少军、刘志彪，2013；时磊、田艳芳，2011）。②技术创新不足。中国在技术创新能力、技术创新效率和技术研发投入方面与发达国家都存在较大差距（王立国、高越青，2012），核心技术一直受制于人，比如中兴事件。许多学者从不同的视角来解释企业技术创新不足的现象，包括知识产权保护视角（李静晶、庄子银，2017）、政府干预视角（江轩宇，2017）、产权视角（吴延兵，2012）和融资约束视角（王展祥等，2017）等。

笔者认为结构性产能过剩形成的两个条件是"低端技术锁定"和"过度投资"。一方面，政企合谋使企业选择低端技术进行生产。另一方面，在中国的资金越来越丰富的情况下，低端技术对应于低的行业投资门槛，易形成"投资潮涌"，进而导致"低端产能过剩，高端产能不足"的结构性产能过剩。与本书相似的研究有李静、杨海生（2011）、王立国、高越青（2012）、侯方宇、杨瑞龙（2018）和朱希伟等（2017），但本书与这些研究还是存在差异。李静、杨海生（2011）指出了低水平的重复建设是我国结构性产能过剩的根本原因，而导致低端技术水平的原因是技术创新不足——企业不能获得技术创新的全部收益，却必须承担全部成本。与他们不同的是，笔者从政企合谋视角解释企业选择低端技术进行生产。王立国、高越青（2012）认为我国技术水平低和"投资潮涌"导致结构性的产能过剩。与王立国、高越青（2012）相比，笔者认为导致我国企业低技术水平的原因是政企合谋。可以说，笔者找到了"低端技术锁定"更深层次的原因，为结构性产能过剩提供了不同的研究视角。侯方宇、杨瑞龙（2018）构建了一个包含企业资产专用性的委托代理模型来研究政企合谋与产能过剩的关系。一方面，政企合谋使事前的产业政策失效，进而产生"潮涌现象"；另一方面，政企合谋会阻碍事后去产能政策的有效性而加剧产能过剩。简单地说，他们的逻辑关系是政企合谋—产业政策—产能过剩。与侯方宇、杨瑞龙（2018）不同的是，笔者侧重于结构性产能过剩的形成，逻辑链条是政企合谋—低端技术—结构性产能过剩。朱希伟等（2017）以煤炭产业为例，构建异质性企业模型分析产能过剩的异质性形成机理，认为政企合谋是民营企业"淘而不汰"的重要原因，进而形成产能过剩，并利用数值模拟进行检验。他们的重点是研究产能过剩的企业异质性形成机理。而笔者是借鉴了聂辉华等学者提出的"政企合谋"框架，通过建立"中央政府—地方政府—企业"的博弈论模型来研究政企合谋与结构性产能过剩的关系，并利用2002~2011年的地区面板数据对理论预测进行检验，重点是研究结构性产能过剩的形成机理。此外，与这些研究不同的是，在影响政企合谋的因素方面，笔者做了更进一步的研究。

综上所述，与以往文献相比，本书可能的主要贡献如下。第一，本书为结构性产能过剩的形成提供了坚实的微观基础。将企业的过度投资和创新不足行为结合起来，本书认为政企合谋导致企业"低端技术锁定"（即技术创新不足），从而易形成"投资潮涌"，进而造成结构性的产能过剩。借鉴政企合谋的框架对企业的"低端技术锁定"进行理论分析，从而为结构性产能过剩的形成提供了新颖的理论研究视角。这既丰富了政企合谋的分析框架的研究领域，又丰富了产能过剩形成机理的文献。第二，本书通过理论和实证研究发现，政企合谋与政府对企业征收的宏观税负和人均可支配收入有关，丰富了政企合谋的理论分析框架。第三，可能为我国企业技术创新不足提供了政企合谋的研究视角。本章剩下部分安排如下：第二节讨论结构性产能过剩形成的现实基础；第三节借鉴政企合谋的分析框架，刻画了结构性产能过剩的形成机理；第四节构建计量模型进行实证检验；第五节为主要的回归结果及分析；第六节是主要结论。

第二节 政商关系和结构性产能过剩的典型事实分析

一 中国转型经济中的政商关系

政企合谋是指地方政府默许、纵容或鼓励企业选择"坏的"生产技术来发展本地经济的行为，更强调政府行为而不是官员个人行为（聂辉华，2016）。从中国的经济发展来看，政企合谋除了能使经济高速增长外，也带来了一些"副产品"——结构性产能过剩就是其中之一。聂辉华（2016）指出了政企合谋的四个关键假设：①企业作为唯一的生产主体，可以采用两类技术——好技术和坏技术；②由于信息不对称，中央政府不能观测到企业技术的选择，而地方政府可以；③地方政府官员任期短，只追求短期利益；④中央政府官员任期长，追求经济可持续增长和社会稳定。这些抽象的假设抓住了中国分权体制改革下经济增长的关键性制度特征，是中国经济转型过程中的普遍现象（聂辉华、张雨潇，2015）。林毅夫等（2010）指出中国产能过剩伴随着大量违法违规项目建设。在中国项目审批制度下，地方政府不可能不知道项目的存在，合理的解释是地方政府默许了。2013年工信部明确指出地方为追求GDP、税收等政绩使项目违规上马，进而导致产能过剩。据工信部2010年统计，中国7.18亿吨钢铁产能中，有3亿吨左右未获中央政府批准。这些"违规产能"不仅源自民营企业，还包括一些国有企业。对这些所谓"黑户"的产生原因，有些人认为是政府对钢铁需求的低估和钢铁项目审批手续复杂。但是，在中国的体制下，没有地方政府的默许甚至鼓励是不可能的。2004年轰动全国的"铁本"事件更是一个政企合谋的典型例子。由国家发改委、监察部牵头，国土资源部、中国人民银行、审计署、税务总局等9部门组成国务院专项检查小组，在江苏省委、省政府的配合下，对铁本钢铁项目进行专项检查。《国务院办公厅关于江苏铁本钢铁有限公司违法违规建设钢铁项目调查处理情况的通报》中指出，铁本公司和当地政府即有关行政部门在工商注册、项目审批、批准用地和环境保护等方面存在一系列的违法违规问题，包括涉嫌虚假注册合资（独资）公司、违规项目审批、地方政府违规审批、非法批准征用和占用土地、违反环境保护有关规定、偷税漏税问题及违规贷款。铁本事件在中国具有相当的典型性，各级地方政府在政治利益和经济利益的驱使下，与地方企业进行合谋，违规推动钢铁项目的审批和建设。

二　中国的结构性产能过剩

中国经济发展受阻的"病根"在结构上，突出表现为结构性产能过剩。楼继伟（2016）特别强调了长期积累的结构性问题制约着全要素生产率的提高和经济的稳定增长。实际上，"结构性"也是产能过剩应有之义。早在20世纪90年代末的产能过剩就被认为是结构性产能过剩或者低水平过剩（王伟光，2001）。孙天琦（2001）指出：在80%以上的主要工业产品产能过剩的同时，我国每年需要花大量的外汇进口高附加值、高技术的产品。经过30多年的高速增长，我国很多产业虽然在总量上位居世界第一，但是这种"低端产能过剩，高端产能不足"的现象仍然没有改变。比如，在锂电池行业、通用零部件行业、新能源行业、机械制造行业、机器人行业等大量行业都存在"低端产能过剩,高端产能不足"的现象。据陈祎淼、卞曙光(2016)报道,科技部高技术发展中心副主任卞曙光表示,中国是全球锂电池的主要生产国,中国的锂电池动力电池供货量达到16.7亿瓦时,占据了国际市场将近50%的市场份额。然而,在锂电池材料方面存在低端材料过剩、高端材料不足的问题。李晓辉(2011)指出机械主机制造行业在零部件生产方面很多还依赖进口,其中高端产品的原材料供应问题更为突出,表现为"高端不足,低端过剩"。2010年我国粗钢产量达到6.27亿吨,其中优质钢产量仅为3373.4万吨,特殊钢产量2456.6万吨,最能体现特殊钢本质的钢种只占特钢总量的1/4。

三 政商关系与结构性产能过剩

从政企合谋分析框架的假设可以知道,它适合分析的社会和经济问题往往存在某种"外部性",即该问题所产生的社会成本由中央政府承担,而地方政府不承担。比如现在已有利用政企合谋分析的问题——环境污染、矿难、高房价、土地违法、偷税漏税等。结构性产能过剩正好具有这种"外部性"。其社会成本包括经济结构失调、资源错配导致中国经济不能可持续发展,也包括由此引发的社会舆论和民众不满、舆论压力等政治成本(侯方宇、杨瑞龙,2018)。在中国分权体制下,产能过剩所带来的社会成本为中央政府所承担,而地方政府只关注自身的经济利益和政治利益。

图6-3描绘了以每百万人口中贪污、贿赂和渎职等案件立案数度量的政企合谋变量($lncpwr$)与结构性产能过剩指数($ECdea$)之间的关系图。简单的趋势分析显示,政企合谋对产能过剩有明显的正向推动作用。这为我们的理论分析结论提供了初步的经验支持,但政企合谋对产能过剩的影响机制是复杂的,后续还需要通过理论和计量模型来进行更严格的论证。

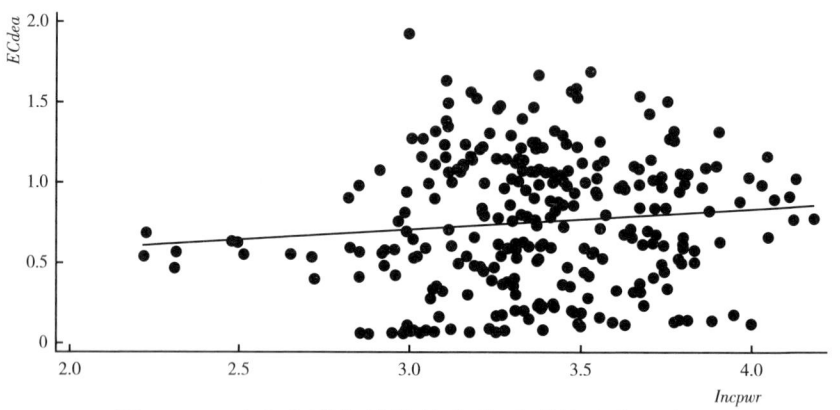

图 6-3　政企合谋与结构性产能过剩的散点拟合图

第三节　理论模型与假设

一　模型设定

中央政府（泛指中央机构）的目标是经济的可持续发展，包括经济增长和经济结构的优化（比如避免产能过剩）等。由于产能过剩的负外部性，其所带来的社会成本由中央政府承担，包括由经济结构失调、资源错配等引起的经济成本和民众不满、舆论压力等政治成本（侯方宇、杨瑞龙，2018）。因此，中央政府为了经济的可持续发展，希望企业采用高端技术生产，以避免产能过剩。笔者借鉴 Jia 和 Nie（2017），在财政分权的背景下，中央政府制定总契约，包括对企业征收的税率（t）、地方政府的财政分权比例（s）、决定对政企合谋进行惩罚的概率（m）和对地方政府与企业的惩罚（R, f）。税率 t 应该被理解为现实中的各种税收和合法收费占总产出的比例，$t \in (0, 1)$（聂辉华、李金波，2006）。地方政府的财政权成比例（s）是地方政府得到的税收占总税收的比例，相当于地方政府作为监督者的报酬。中央政府会依据防范政企合谋的成本对生产性活动进行周期性的干预（聂辉华、张雨潇，2015），决定了中央政府对政企合谋进

行惩罚的概率 m。如果中央政府决定惩罚，则地方政府和企业分别受到的惩罚为 R 和 f。为了简化分析，假定所有的政治和经济收益都可量化为货币收入。在现实中，R 可体现为撤职或降级，f 表现为整顿甚至关停。但是，惩罚不能使地方政府和企业收入为 0，即地方政府和企业都承担有限责任（聂辉华、张雨潇，2015）。假定这些参数对地方政府和企业都是外生给定的。本书的模型主要关注地方政府和企业的博弈行为，将模型的经济环境设定如下。

1. 参与人

在中国的政治环境中，地方政府一直作为一个经济主体在经济发展过程中发挥着重要的作用（方福前，2018）。中央政府作为委托人（Principal），委托地方政府作为监督者（Supervisor）管理作为代理人（Agent）的企业进行生产。假定地方政府和企业都是经济人，中央政府、地方政府和地方企业之间有一个总的契约：在政治集权和经济分权的中国特色制度环境下，中央政府委托地方政府监督企业的生产活动，发展本地经济（以 GDP 来衡量），中央政府从企业缴纳的税收中给予地方政府收入分成（聂辉华，2016）。地方政府作为中央政府委托的管理者，履行监督职责。在给定税率（t）、地方政府的财政分权比例（s）、中央政府决定对政企合谋进行惩罚的概率（m）和对地方政府与企业的惩罚（R，f）的条件下，为了使收益最大化决定是否与企业合谋。企业是唯一的生产主体，在给定税率（t）、地方政府的财政分权比例（s）、中央政府决定对政企合谋进行惩罚的概率（m）和对地方政府与企业的惩罚（R，f），并结合需要支付给地方政府贿赂[①]（b）的情况下，选择生产技术和产量，使利润最大化。企业如

[①] 在现实中，贿赂表现为多种形式，包括采取低端技术的企业给地方政府带来更多财政收入、本地就业、雇用政府官员亲属，有时也包括金钱或者其他形式的利益输送（聂辉华、张雨潇，2015）。

果想采用低端技术进行生产，必须向地方政府行贿以得到庇护。由于损害中央政府的利益通常是违规的，有时甚至伴随着违法行为，所以必然存在一定的交易费用（聂辉华、张雨潇，2015）。企业为了能贿赂地方政府需要负担交易成本，为了简化，假定为 $\varphi y(\underline{c})$，其中 $\varphi \in (0, 1)$。假定企业的贿赂金额为收入的比例 k，那么贿赂金额 $b = k(1-t)(1-\varphi)y(\underline{c})$，其中 k 的大小由企业和地方政府之间博弈决定，$k \in (0, 1)$。

2. 生产技术

企业是唯一的生产主体，面临高端技术（high technology）和低端技术（low technology）的选择。企业采用高端技术可生产的产品质量高，而且通常对资源和环境的消耗低，属于环境友好型，有利于经济可持续发展。相对而言，企业应用低端技术所生产的产品质量低，通常会造成一定的环境污染，给环境造成的压力大。企业采用高端技术进行生产要么采用技术引进策略，需要购买比低端技术生产更贵的生产设备，要么进行自主创新提高生产技术。不管通过哪一种方式获得高端技术，相对于低端技术而言，生产的单位产品的成本更高。假定生产 y 单位的产品，高端技术所需的成本为 $\frac{1}{2}\bar{c}y^2$，而低端技术所需的成本为 $\frac{1}{2}cy^2$，其中 $\bar{c} \gg c$。一方面，中国经济高速发展，人均可支配收入不断提高。根据世界银行公布的收入分组标准，2010年我国实现了由中等偏下收入水平到中等偏上水平的重大跨越，人均 GNI 相当于中等偏上收入国家平均水平，从 2012 年 84.5% 提高到 2014 年 93.7%。人们对高质量产品的需求越来越大。[①] 另一方面，使用低端技术的进入门槛相对较低，易造成企业大量进入，形成"投资潮

---

① 资料来源：国家统计局，http://www.stats.gov.cn/tjsj/sjjd/201603/t20160309_1328611.html。

涌",从而造成"低端产能过剩,高端产能不足"的结构性产能过剩。然而,由于我国是一个人口众多的大型经济体,各地区发展不平衡,收入分配差距大。根据国家统计局的统计,2017年我国基尼系数为0.4670,因此低端产品仍然具有一定的市场。假定企业选择低端技术生产发生产能过剩的概率为p,发生产能过剩的概率p由自然决定。金碚(2018)指出现代经济学要么将质量因素抽象掉,要么用价格来替代,即较高质量的产品价格更高——优质优价。我们假定高质量的产品比低质量的产品价格更高。为了简便,假定市场价格为外生给定的。低质量的产品价格标准化为1,高质量的产品价格为$1+\alpha$,$\alpha>0$,α表示高质量产品的价格加成。

3. 信息结构

企业的生产技术是私人信息。中央政府不能观测到企业选择的生产技术的类型,即生产参数$\bar{c}$和$\underline{c}$。这就使企业可以不按照中央政府的意图行事。为了简便,假设地方政府和企业之间是信息对称的。也就是说,地方政府和企业都能观察到参数$\bar{c}$和$\underline{c}$。理由是地方企业的投资需要经过地方政府的审批通过,而且,地理位置上的便利,使地方政府可方便地去企业了解情况。企业选择高端技术生产方式($\bar{c}$),那么就不会发生产能过剩。企业也可以选择与地方政府合谋,选择低端技术的生产方式($\underline{c}$),但这会使产能过剩以p的概率发生。中央政府在观测到产能过剩之后,会以m的概率对企业和地方政府进行惩罚,而以$1-m$的概率对地方政府和企业的合谋进行默认。将所有的四种情况总结如下。

(1)企业选择$\bar{c}$,不发生产能过剩。

(2)企业选择$\underline{c}$,以$1-p$的概率不发生产能过剩。

(3)企业选择$\underline{c}$,以p的概率发生产能过剩,中央政府以m的概率对企业和地方政府进行惩罚。

(4)企业选择$\underline{c}$,以p的概率发生产能过剩,中央政府以$1-m$

的概率不对企业和地方政府进行惩罚。

概率 p 和 $m \in (0, 1)$，都是公共知识。在（2）、（3）和（4）的情况下，企业和地方政府可能合谋。中央政府事后能观测到产能过剩，可以推断企业和地方政府进行合谋。

4. 博弈顺序

中央政府的决策是外生给定的，不在本模型的考虑范围。地方政府和企业的博弈顺序如下。

（1）在给定 (s, t, m, R, f) 的情况下，地方政府和企业通过谈判签订隐性合约（Side Contract）决定进行合谋，否则进行非合谋行为。

（2）企业在给定 (s, t, m, R, f) 和隐性合约的情况下，如果选择低端技术（c）生产方式，那么以 p 的概率发生结构性产能过剩。

（3）如果隐性合约存在，那么执行。

（4）如果发生产能过剩，中央政府可以推断企业未按照政策选择高端技术（$\bar{c}$）生产方式进行生产，地方政府和企业进行合谋，那么中央政府会以 m 的概率对地方政府和企业进行惩罚。这里只考虑静态模型，谈判签订隐性合约及惩罚的实现时间不予考虑。

二 模型求解

采用逆向归纳法对模型进行求解。

1. 企业

企业是在给定条件下选择生产方式以及产量，追求利润最大化。

（1）当企业选择高端技术时，企业符合中央政府的意愿，不需要与地方政府合谋，那么：

$$\max_{y} \pi = (1 + \alpha)(1 - t)y - \frac{1}{2}\bar{c}y^2 \qquad (6-1)$$

解得：$y(\bar{c}) = \dfrac{(1+\alpha)(1-t)}{\bar{c}}$，$\pi(\bar{c}) = \dfrac{(1+\alpha)^2(1-t)^2}{2\bar{c}}$

（2）当企业选择低端技术时，企业需要贿赂地方政府，与地方政府合谋，以规避中央政府的技术政策措施，那么：

$$\max_y \pi = (1-k)(1-\varphi)(1-t)y - \frac{1}{2}c y^2 - mpf \quad (6-2)$$

解得：

$$y(\underline{c}) = \dfrac{(1-k)(1-\varphi)(1-t)}{\underline{c}}, \quad \pi(\underline{c}) = \dfrac{(1-k)^2(1-\varphi)^2(1-t)^2}{2\underline{c}} - mpf$$

因此，要使企业选择与地方政府合谋，选择低端技术生产，那么必须满足激励相容约束条件（AIC）为 $\pi(\underline{c}) \geq \pi(\bar{c})$，即：

$$\dfrac{(1-k)^2(1-\varphi)^2(1-t)^2}{2\underline{c}} - \dfrac{(1+\alpha)^2(1-t)^2}{2\bar{c}} \geq mpf \quad (6-3)$$

2. 地方政府

（1）选择不与企业合谋，那么地方政府预期可获得的收益为：

$$R_1 = st(1+\alpha)y(\bar{c}) \quad (6-4)$$

（2）合谋，那么地方政府预期可获得的收益为：

$$R_2 = st(1-\varphi)y(\underline{c}) + k(1-t)(1-\varphi)y(\underline{c}) - mpR \quad (6-5)$$

因此，要使地方政府选择与企业合谋，那么必须满足的激励相容约束条件（SIC）为 $R_2 \geq R_1$，即：

$$st(1-\varphi)y(\underline{c}) + k(1-t)(1-\varphi)y(\underline{c}) - mpR \geq st(1+\alpha)y(\bar{c})$$
$$(6-6)$$

3. 隐性合约

由于地方政府作为本地区的行政管理机构，能够在各个方面制约企业,因此我们假定地方政府在和企业谈判时拥有全部谈判力(聂辉华和张雨潇,2015)。地方政府是自利的,并向企业提出隐性合约,企业选择接受或是拒绝。其中,最主要是确定地方政府从企业获得的贿赂 $b=k(1-t)(1-\varphi)y(\underline{c})$,也就是参数 k 的确定。

假定,地方政府与企业合谋,SIC 和 AIC 条件是松的,企业选择低端技术的生产方式,地方政府追求收益的最大化,那么:

$$\max_k R_2 = st(1-\varphi)y(\underline{c}) + k(1-t)(1-\varphi)y(\underline{c}) - mpR \quad (6-7)$$

s.t.

$$y(\underline{c}) = \frac{(1-k)(1-\varphi)(1-t)}{\underline{c}}$$

$$(\text{AIC}) \frac{(1-k)^2(1-\varphi)^2(1-t)^2}{2\underline{c}} - \frac{(1+\alpha)^2(1-t)^2}{2\bar{c}} \geq mpf$$

$$(\text{SIC}) st(1-\varphi)y(\underline{c}) + k(1-t)(1-\varphi)y(\underline{c}) - mpR \geq st(1+\alpha)y(\bar{c})$$

首先假定 AIC 和 SIC 条件满足,求解最大化问题(6-7)。然后再去检验 AIC 和 SIC 条件的满足情况。

命题 1 在满足 AIC 和 SIC 条件的情况下,

(1) $k^* = \dfrac{1-t-st}{2(1-t)} < \dfrac{1}{2}$。

(2) $\dfrac{\partial k^*}{\partial s} < 0$,$\dfrac{\partial k^*}{\partial t} < 0$。

证明:将约束条件 $y(\underline{c}) = \dfrac{(1-k)(1-\varphi)(1-t)}{\underline{c}}$ 代入式(6-7)得:

$$\max_k R_2 = \frac{st(1-\varphi)^2(1-k)(1-t)}{\underline{c}} + \frac{k(1-k)(1-t)^2(1-\varphi)^2}{\underline{c}} - mpR$$

解出一阶条件:

$$\frac{\partial R_2}{\partial k} = -\frac{st(1-t)(1-\varphi)^2}{c} + \frac{(1-2k)(1-t)^2(1-\varphi)^2}{c} = 0$$

$$\Rightarrow k^* = \frac{1-t-st}{2(1-t)} = \frac{1}{2} - \frac{st}{2(1-t)}$$

又因为 $t \in (0, 1)$，$s \in (0, 1)$

$$\Rightarrow k^* < \frac{1}{2}$$

$$\Rightarrow \frac{\partial k^*}{\partial s} = -\frac{t}{2(1-t)} < 0$$

$$\Rightarrow \frac{\partial k^*}{\partial t} = -\frac{s}{2(1-t)^2} < 0。证毕。$$

命题1具有直观的经济含义。在满足AIC和SIC条件的情况下，第一，在中国财政分权的体制下，地方政府的理性索贿比例不能超过企业收入的一半。否则，企业会选择不与地方政府共谋或者选择不进入行业生产。第二，中央政府决定的财政分权比例越高，地方政府向企业索取的贿赂就越少，那么地方政府与企业越容易合谋。这与Jia和Nie（2012）的结论一致。第三，同理，中央政府对企业所征收的税率越高，地方政府向企业索取的贿赂就越少，那么地方政府与企业越容易合谋。这表明，在地方政府和企业决定合谋的情况下，更高的财政分权比例（s）和对企业征收更高的税率（t），会使政企合谋更加稳固，那么结构性产能过剩会更严重。中央政府降低财政分权比例和给地方企业降低赋税可以使地方政府的索贿比例越接近1/2，从而降低地方企业的合谋意愿，使合谋基础变得不稳固。也就是说，中央政府可以通过打破地方政府和企业合谋对企业低端技术的锁定，缓解结构性产能过剩。

4. 合谋的条件的进一步分析

将 $k^* = \frac{1-t-st}{2(1-t)}$ 代入式（6-3）得：

$$(\text{AIC}) \frac{(1-t+st)^2(1-\varphi)^2}{8\underline{c}} - \frac{(1+\alpha)^2(1-t)^2}{2\bar{c}} - mpf \geq 0 \tag{6-8}$$

将 $k^* = \frac{1-t-st}{2(1-t)}$ 代入式 (6-6) 得：

$$(\text{SIC}) \frac{(1-t+st)^2(1-\varphi)^2}{4\underline{c}} - \frac{st(1+\alpha)^2(1-t)}{\bar{c}} - mpR \geq 0 \tag{6-9}$$

显然，当 m、p、R 和 f 足够大时，那么 AIC 条件和 SIC 条件一定不成立，一定不存在政企合谋。但在现实中更多的是中央政府的惩罚大多数情况下是不可置信的威胁，且防范合谋的成本太高（聂辉华、李金波，2006）。中国在 2001 年加入 WTO 后，市场迅速扩大，低质量的产品的市场也迅速扩大。在市场迅速扩大的情况下，产能过剩发生的概率较小。另外，中国政府也出台了一系列的政策措施来化解产能过剩，却陷入"越治理越过剩"的怪圈。这一定程度上反映了中央政府化解措施的力度不高。因此，笔者可以大胆地推测 m、p、R 和 f 还不足以阻止地方政府和企业合谋。那么，在 m、p、R 和 f 都较小的情况下，要使式 (6-8) 和 (6-9) 成立，必须满足：

$$\begin{cases} \dfrac{\bar{c}}{\underline{c}} \geq \dfrac{4(1+\alpha)^2(1-t)^2}{(1-\varphi)^2(1-t+st)^2 - 4\underline{c}mpf} \\ \dfrac{\bar{c}}{\underline{c}} \geq \dfrac{4(1+\alpha)^2(1-t)st}{(1-\varphi)^2(1-t+st)^2 - 4\underline{c}mpR} \end{cases} \tag{6-10}$$

显然，更大的 m、p、R 和 f 会使 $\dfrac{4(1+\alpha)^2(1-t)^2}{(1-\varphi)^2(1-t+st)^2 - 4\underline{c}mpf}$ 更大，从而使地方政府和企业更难合谋。为了简化计算，假设中央政府对地方政府和企业各打五十大板，对地方政府和企业的惩罚相同，令 $R = f = F$，那么式 (6-10) 变为：

$$\begin{cases} \dfrac{\bar{c}}{\underline{c}} \geq \dfrac{4(1+\alpha)^2(1-t)^2}{(1-\varphi)^2(1-t+st)^2 - 4\underline{c}mpF} \\ \dfrac{\bar{c}}{\underline{c}} \geq \dfrac{4(1+\alpha)^2(1-t)st}{(1-\varphi)^2(1-t+st)^2 - 4\underline{c}mpF} \end{cases} \quad (6-11)$$

命题 2 当 $\dfrac{\bar{c}}{\underline{c}} \geq \dfrac{4(1+\alpha)^2(1-t)^2}{(1-\varphi)^2(1-t+st)^2 - 4\underline{c}mpF}$ 成立时，地方政府和企业会选择合谋。

证明：$k^* = \dfrac{1-t-st}{2(1-t)} > 0$

$\Rightarrow 1-t > st$

$$\dfrac{4(1+\alpha)^2(1-t)^2}{(1-\varphi)^2(1-t+st)^2 - 4\underline{c}mpF} > \dfrac{4(1+\alpha)^2(1-t)st}{(1-\varphi)^2(1-t+st)^2 - 4\underline{c}mpF}$$

当 $\dfrac{\bar{c}}{\underline{c}} \geq \dfrac{4(1+\alpha)^2(1-t)^2}{(1-\varphi)^2(1-t+st)^2 - 4\underline{c}mpF}$ 成立时，式（6-11）成立。证毕。

命题2表明了地方政府和企业合谋的条件是当高端技术的生产成本和低端技术的生产成本之间的差距达到一定程度时，地方政府和企业合谋的经济基础才存在。也就是说，只有当高端技术的成本比低端技术的成本高到一定的程度，地方政府和企业才会选择合谋。可见，企业选择生产方式的成本差异越大，越容易促使地方政府与企业合谋，从而促使企业选择低端技术进行生产。那么，从化解产能过剩的角度出发，中央政府一方面可以降低企业采用高端技术的生产成本。在当前我国的技术水平条件下，一些高端核心技术靠化缘是要不来的，最可靠的方式是自主创新。因此中央政府应对企业自主技术创新进行补贴。另一方面，中央政府可以对采用低端技术生产的企业征收庇古税（因为产能过剩行业的一个特征是高污染），提高其生产成本，从而使 $\dfrac{\bar{c}}{\underline{c}}$ 降低，那么可以有效地降低企业选择与地方政府合谋的概率，从而降低结构性产能过剩。

为了方便，假定中央政府对地方政府和企业的惩罚不可置信，即 $mpF \to 0$。

命题 3 令 $RHS = \dfrac{4(1+\alpha)^2(1-t)^2}{(1-\varphi)^2(1-t+st)^2}$，那么：

（1）$\dfrac{\partial RHS}{\partial \alpha} > 0$，$\dfrac{\partial RHS}{\partial \varphi} > 0$，$\dfrac{\partial RHS}{\partial s} < 0$，$\dfrac{\partial RHS}{\partial t} < 0$；

（2）$\dfrac{\partial^2 RHS}{\partial \alpha^2} > 0$，$\dfrac{\partial^2 RHS}{\partial \varphi^2} > 0$，$\dfrac{\partial^2 RHS}{\partial s^2} < 0$。

证明：$\dfrac{\partial RHS}{\partial \alpha} = \dfrac{8(1+\alpha)(1-t)^2}{(1-\varphi)^2(1-t+st)^2} > 0$

$\dfrac{\partial RHS}{\partial \varphi} = \dfrac{8(1+\alpha)^2(1-t)^2}{(1-\varphi)^3(1-t+st)^2} > 0$

$\dfrac{\partial RHS}{\partial s} = -\dfrac{8t(1+\alpha)^2(1-t)^2}{(1-\varphi)^2(1-t+st)^3} < 0$

$\dfrac{\partial RHS}{\partial t} = -\dfrac{8s(1+\alpha)^2(1-t)}{(1-\varphi)^2(1-t+st)^3} < 0$

$\dfrac{\partial^2 RHS}{\partial \alpha^2} = \dfrac{8(1-t)^2}{(1-\varphi)^2(1-t+st)^2} > 0$

$\dfrac{\partial^2 RHS}{\partial \varphi^2} = \dfrac{24(1+\alpha)^2(1-t)^2}{(1-\varphi)^4(1-t+st)^2} > 0$

$\dfrac{\partial^2 RHS}{\partial s^2} = \dfrac{24t^2(1+\alpha)^2(1-t)^2}{(1-\varphi)^2(1-t+st)^4} > 0$。证毕。

命题3的经济学含义也很明确。在其他条件不变的情况下，第一，高质量产品的价格加成（α）越大，RHS 越大。也就是说，高质量产品的价格加成越高，命题2越难成立，则政企合谋的概率越小。第二，政企合谋的交易费用（φ）越高，RHS 越大，命题2越难成立，则政企合谋的概率越小。第三，财政分权的比例（s）越大，RHS 越小，命题2越容易成立，则政企合谋的概率越大。第四，中央政府对企业征收的税率（t）越高，RHS 越小，在其他条件不变的情况下，命题2越容易成立，则政企合谋的概率越大。

三 理论假设

由上可知，RHS 越小，命题 2 成立的概率就越大，也就代表地方政府和企业合谋的概率就越大，则结构性产能过剩的概率就越大。令 $overcapacity$ 表示结构性产能过剩的概率，则 $\frac{\partial overcapacity}{\partial RHS} < 0$，那么：$\frac{\partial overcapacity}{\partial \alpha} < 0$，$\frac{\partial overcapacity}{\partial \varphi} < 0$，$\frac{\partial overcapacity}{\partial s} > 0$，$\frac{\partial overcapacity}{\partial t} > 0$。由此我们可以提出以下假设。

假设一：高质量产品的价格加成越高，结构性产能过剩程度越低。

假设二：中央政府对企业征收的宏观税率越高，结构性产能过剩的程度越高。

假设三：地方财政分权比例越高，结构性产能过剩的程度越高。

假设四：地方政府和企业合谋的交易成本越高，结构性产能过剩的程度越低。

假设五：高端技术的生产成本与低端技术的生产成本相差越大，结构性产能过剩的程度越高。

由于数据的可得性，下面将利用中国的统计数据，建立计量模型对假设一、假设二和假设三进行进一步的验证。

第四节 数据和计量分析模型

一 检验模型的设定

为了验证假设一、假设二和假设三，本章设立了以结构性产能过剩程度为被解释变量、人均可支配收入和企业的宏观税负为主要解释变量的回归模型。根据现有的研究产能过剩的相关文献，比如董敏杰等（2015），我们控制了其他可能产生影响的因素。本章的基准模型如下：

$$ECdea_{it} = \alpha_0 + \alpha_1 ECdea_{it-1} + \beta Z_{it} + \gamma \cdot X_{it} + \varepsilon_{it} \qquad (6-12)$$

其中：下标 i 和 t 分别表示省份和年份，$ECdea_{it}$ 表示结构性产能过剩的指标，Z_{it} 为主要的解释变量，X_{it} 为一组可能对结构性产能过剩有影响的控制变量，ε_{it} 为扰动项。之所以将 $ECdea_{it}$ 的滞后一期作为解释变量，一方面是由于产能过剩情况往往存在"惯性"，即前期的生产过剩情况会对当期产生不可避免的重要影响（杨振兵、张诚，2015）。另一方面，从 $ECdea_{it}$ 与其滞后一期的散点拟合图（见图6-4）中也可以看出，二者之间表现出高度的正相关性且在 P=0.00 的显著水平下拒绝了零假设。

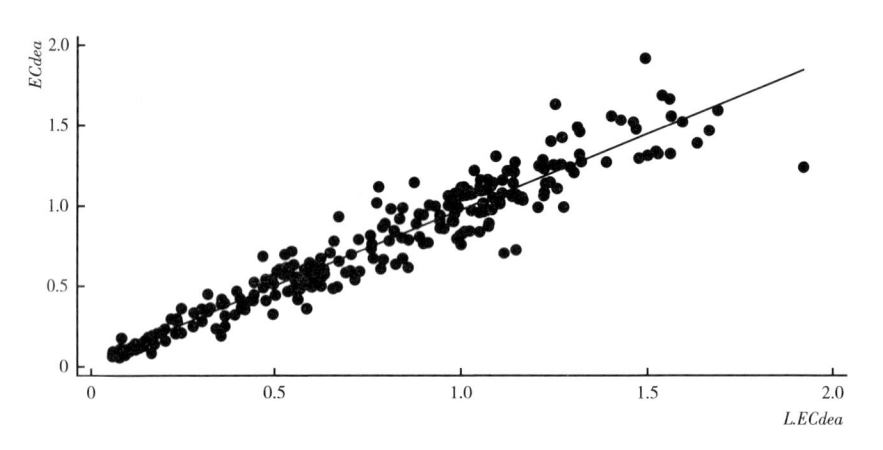

图6-4 结构性产能过剩与其滞后一期的散点拟合图

二 指标的选取

1. 被解释变量

结构性产能过剩的程度（$ECdea$）。当前对产能过剩的衡量存在争议，更何况对结构性产能过剩的衡量。但目前通常利用一个便于操作的指标——产能利用率来衡量产能过剩。① 产能利用率的衡量方法多样，大致可分为三类：工程意义、经济意义和技术意义的产能利用率（梁泳梅等，2014）。他们还指出，考虑到中国目前的"落后产能"普遍存在，而且非市场因素影响较大，采用技术意义上的产能利用率（利用数据包络分析法）可能更适合中国的现实情况。基于此，笔者认为采用数据包络分析法测算的产能利用率更能反映中国结构性产能过剩的特征。结合 Kirkley 等人在 2002 年的论文中定义的产能过剩指数来衡量结构性产能过剩，其计算公式为

$$ECdea = \frac{1}{产能利用率} - 1$$

2. 解释变量

（1）中央政府对企业征收的税率（tr）。这里的税收指的是现实中企业承担的各种税收和费用，包括消费税、营业税、企业所得税及其他费用。笔者采用中口径的宏观税负来衡量企业承受的负担，其计算公式为一般财政预算收入占地区 GDP 的比重（安体富，2002）。

（2）高质量产品的价格加成（$lndipc$）。在其他条件不变的情况下，人们对高质量产品的需求越多，高质量产品的价格就越高。人们对高质量产品需求的提升是消费结构升级的表现。一般地，高质量产品的价格加成与消费者的收入、偏好等有关。杨天宇、陈明玉（2018）用人均可支配收入来描述消费升级的程度。笔者也认为随着人均可支配收入的提高，消费者越倾向于消费高质量产品，即人均可支配收入越高，高质量产品的价格越高。借鉴龙硕、胡军（2014）寻找替代指标的思路，笔者用城镇居民人均可支配收入来表示高质量

---

① 利用产能利用率这个指标来衡量产能过剩存在缺陷，具体见夏飞龙（2018）。但由于它的简便性，目前大多数研究仍然利用这个指标来衡量。

产品的价格加成。

（3）财政分权指标（czfq）。财政分权表示地方政府的财政自主权，文献中通常用地方财政占中央财政的比例来衡量（张晏、龚六堂，2005）。当前文献关于财政分权的指标主要有三种，分别为财政支出分权、财政收入分权和财政自给率。笔者借鉴杨志安、邱国庆（2019），将财政支出分权作为衡量财政分权的代理指标。考虑到地区人口数量与支出财政可能存在正向关系（傅勇、张晏，2007），将地方人均财政支出占全国人均财政支出比重作为财政支出分权的衡量指标。

（4）扭曲的政商关系指标（lncpwr）。扭曲的政商关系的测度基本上采用间接推测的方法，基本思路是：当一些事件发生的时候，我们认为现实中形成扭曲的政商关系的概率更高，则这些定性或定量的事件可以作为扭曲的政商关系的代理指标（龙硕、胡军，2014）。比如聂辉华、蒋敏杰（2011）将政府主管部门领导的个人特征作为扭曲政商关系的代理指标，聂辉华、李翘楚（2013）将土地财政依赖程度和房地产行业的国家资本金作为扭曲政商关系的代理指标。笔者借鉴龙硕、胡军（2014），以每百万人口中贪污、贿赂和渎职等案件立案数的自然对数作为扭曲的政商关系的代理指标。

3. 控制变量

根据现有研究文献，笔者还控制了如下变量的影响。①经济周期性因素（RDP）用地区 GDP 增长率来表示。②国有产权比重（sor）由地区工业国有资产与工业总资产的比值计算。③重工业比重（hr）用现价重工业总产值与现价工业总产值的比值计算。④地区的技术创新水平用专利指标来表示，分别为发明专利受理量的对数（lnfmzlsl）、专利申请受理量的对数（lnzlsl）和专利申请授权量的对数（lnzlsq）。

三 数据的来源和描述性分析

用于测算结构性产能过剩指数的产能利用率数据来自董敏杰等(2015)，他们采用的是数据包络分析法测算产能利用率。贪污、贿赂和渎职等案件立案数（简称"贪腐案件立案数"）数据来自历年《中国检察年鉴》。其他数据主要来自中经网统计数据库、2001~2011 年各地区的《统计年鉴》。之所以未使用 2012 年以后的统计年鉴数据，是因为分地区的产能利用率数据（用来衡量结构性产能过剩）大部分都只测算到 2011 年。[①] 我们最终选取了 26 个省级行政单位 2001~2011 年的面板数据对本书的假设进行实证检验。[②] 表 6-1 给出了主要变量的描述性统计特征，并给出了具体的计算方法。本章主要利用 stata 15.0 对计量模型进行估计。

表 6-1 变量的基本统计量和计算方法

变量	均值	标准差	最小值	最大值	计算方法
$ECdea$	0.75	0.42	0.05	1.92	1/产能利用率 -1
tr	0.08	0.03	0.05	0.18	一般财政预算收入/地区 GDP
$\ln dipc$	9.42	0.41	8.69	10.50	城镇居民人均可支配收入取对数
RDP	0.13	0.02	0.05	0.24	地区生产总值指数（上年 =100）-100
sor	0.63	0.20	0.17	0.93	国有工业资产/工业总资产
hr	0.71	0.10	0.44	0.95	现价重工业总产值/现价工业总产值
$\ln fmzlsl$	7.86	1.29	4.70	11.35	发明专利申请受理量取对数
$\ln cpwr$	3.38	0.31	2.70	4.03	地区贪腐案件数取对数
$czfq$	0.94	0.58	0.21	3.65	地方人均财政支出/全国人均财政支出

---

① 据查阅的文献，除了黄秀路等（2018）将测算时期延长到 2015 年，其他学者的研究都只测算到 2011 年。笔者采用了董敏杰（2015）的测算结果，一方面考虑了文献的引用情况，另一方面考虑了数据的可获得性。

② 由于数据不全和离群值原因剔除了西藏、陕西、甘肃、青海和新疆地区。

图 6-5 描绘了结构性产能过剩和核心解释变量宏观税负与高质量产品的价格加成之间的关系。初步的结果显示宏观税负与结构性产能过剩的关系不明显（在显著水平为 10% 上不显著），财政分权与结构性产能过剩的关系不明显（在显著水平为 10% 上不显著），而高质量产品的价格加成与结构性产能过剩之间存在显著的负向关系（在显著水平为 1% 上显著）。这为我们的理论分析提供了部分经验支持，后续将利用更严格的计量模型来进行验证。

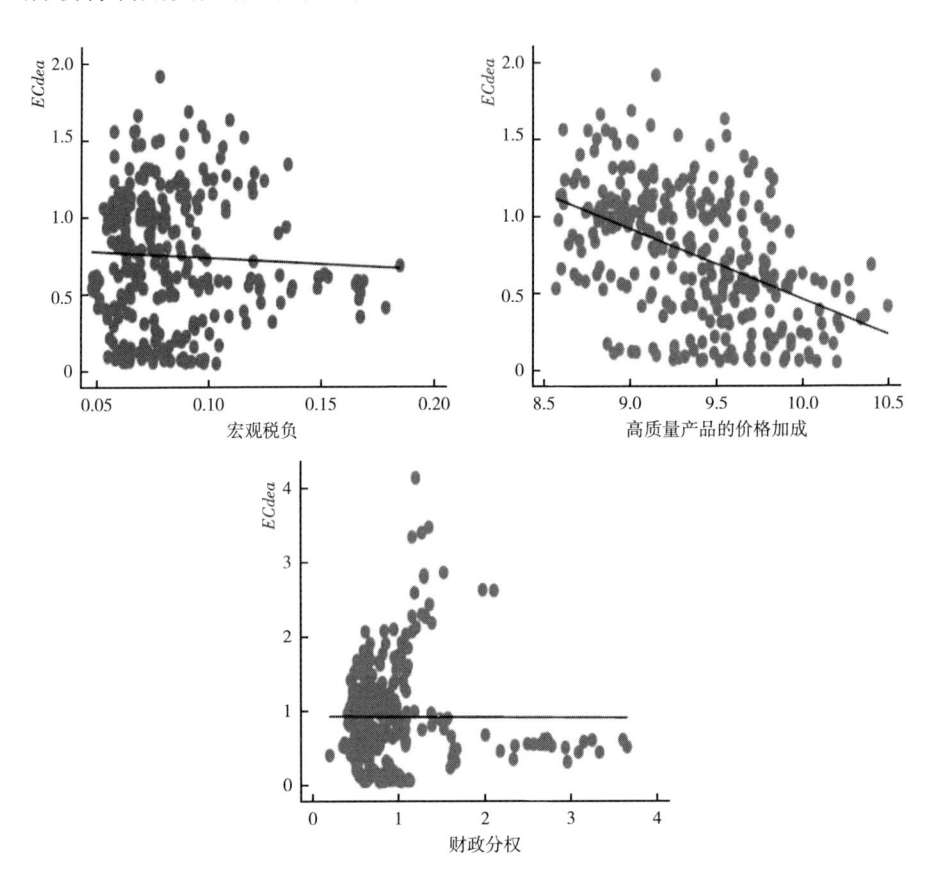

图 6-5 结构性产能过剩与解释变量的散点拟合图

第六章　政商关系、技术创新与结构性产能过剩

第五节　计量结果及分析

一　基本回归结果及分析

从表 6-2 知，回归 2 相对于回归 1 而言，系数的大小和显著性明显发生变化。这说明固定效应模型可能产生了重要的影响。但是，回归 1 和回归 2 没有考虑模型 （6-12） 由被解释变量的滞后项带来的内生性问题。故本书采用能够有效控制动态面板数据模型内生性问题的两步系统广义矩估计方法对模型 （6-12） 进行参数估计。系统广义矩估计方法之所以有效，主要基于三个理由。第一，Bond（2002）的研究表明，在短面板的数据估计中，采用混合最小二乘法（OLS）估计会使滞后项系数上偏，而采用固定效应（FE）估计会使滞后项系数下偏。表 6-2 中呈现的 *L. ECdea* 的系数（0.80）正好介于 OLS 估计的系数（0.89）和 FE 估计的系数（0.56）之间。第二，Sargan 检验不能拒绝工具变量有效的原假设。第三，AR（2）检验在 5% 的水平上不能拒绝一阶差分方程的随机干扰项不存在二阶序列相关的原假设。基于以上三点，由表 6-2 的回归结果可知，两阶段系统矩估计方法比混合 OLS 和固定效应估计方法更加有效。鉴于此，下文用两阶段系统矩估计方法得到的结果进行统计推断。

本书利用回归 1~3 来检验假设一。由于高质量产品的价格加成和国有产权比重之间存在严重的共线性问题，因此在做基准回归时剔除了国有产权比重。从表 6-2 的结果来看，高质量产品的价格加成的回归系数为 -0.09，且在 5% 的水平下显著。那么，基本的回归结果初步支持了假设一。本书利用回归 4 来检验假设二。从表 6-2 的结果来看，中央政府对企业征收的税率的回归系数为 2.7，且在 1% 的水平下显著。假设二得到了初步的验证。本书利用回归 5 来检验假

设三。从表6-2的结果来看，财政分权的回归系数为0.12，且在1%的水平下显著。假设三得到了初步的验证。下文将继续对回归结果进行稳健性分析，以增加实证结果的可靠性。

表6-2 基本回归结果

项目	回归1 OLS	回归2 FE	回归3 sysGMM	回归4 sysGMM	回归5 sysGMM
$L.ECdea$	0.89*** (27.62)	0.56*** (14.87)	0.80*** (43.06)	0.71*** (16.44)	0.75*** (30.06)
$\ln dipc$	0.00 (0.04)	-0.20*** (-2.92)	-0.09** (-2.23)		
tr				2.70*** (4.81)	
$czfq$					0.12*** (7.68)
RDP	-1.53*** (-4.10)	-1.51*** (-3.91)	-1.22*** (-10.09)	-0.80*** (-3.09)	-2.73*** (-11.54)
hr	0.19** (2.20)	0.06 (0.40)	0.11 (1.51)	0.07 (1.02)	1.01*** (7.09)
$\ln fmzlsl$	-0.02* (-1.92)	0.05* (1.81)	0.02 (0.80)	-0.04** (-2.06)	-0.04*** (-6.34)
sor				0.45*** (9.70)	0.39*** (8.00)
常数项	0.31 (1.37)	1.98*** (4.42)	0.89*** (4.26)	0.04 (0.33)	-0.24*** (-2.79)
AR(2) P			0.08	0.08	0.23
Sargan			24.12	22.04	23.91
Sargan P			0.51	0.63	0.52
工具变量			31	32	32
样本数	260	260	260	260	300

注：①***、**和*分别表示在1%、5%和10%水平上显著；②所有参数估计值均为两阶段GMM估计量，括号中为z值；③AR(2) P值为对一阶差分后的残差进行二阶序列相关检验得到的P值；④Sargan表示对工具变量的合理性进行过度识别检验得到的Sargan统计量，渐进服从卡方分布，自由度为25，Sargan P值为对应的P值。

二 稳健性检验及分析

为了增加实证结果的可靠性，根据现有文献，本书采用两种方法对模型进行稳健性检验。第一，替换变量。对地区的技术创新程度采用替换指标来衡量——地区专利申请受理量的对数和地区专利申请授权量的对数，再对模型重新进行估计。第二，逐步剔除控制变量。通过逐步剔除控制变量的方法观察解释变量回归系数的变化。

表6-3的结果是对基准回归3的稳健性检验。为了比较方便，我们将回归3的结果从表6-2挪向表6-3。结果表明，高质量产品的价格加成的回归系数的符号没变，且依然在1%的水平上显著。除了高质量产品的价格加成外，其他变量的回归系数的符号也保持不变，且都符合理论预期。由此我们可以得出：回归3的结果具有稳健性，假设一得到了进一步的验证。

表6-3 假设一的稳健性检验结果

项目	回归3	回归6	回归7	回归8	回归9	回归10
L.ECdea	0.80*** (43.06)	0.77*** (32.72)	0.80*** (42.94)	0.84*** (23.31)	0.81*** (49.00)	0.78*** (405.56)
ln$dipc$	-0.09** (-2.23)	-0.00 (-0.00)	-0.04*** (-3.95)	-0.04*** (-2.79)	-0.04*** (-4.46)	-0.07*** (-14.80)
RDP	-1.22*** (-10.09)	-1.24*** (-10.62)	-1.27*** (-8.05)	-1.34*** (-8.01)	-1.28*** (-12.59)	
hr	0.11 (1.51)	0.07 (0.93)	0.03 (0.73)	0.07** (2.00)		
ln$fmzlsl$	0.02 (0.80)					
ln$zlsl$		-0.03*** (-5.06)				
ln$zlsq$			0.00 (0.06)			

续表

项目	回归3	回归6	回归7	回归8	回归9	回归10
常数项	0.89*** (4.26)	0.58*** (5.76)	0.67*** (7.71)	0.57*** (3.97)	0.68*** (7.45)	0.80*** (16.66)
AR(2) P	0.08	0.08	0.07	0.07	0.07	0.09
Sargan	24.12	23.61	23.30	22.25	24.66	25.09
Sargan P	0.51	0.54	0.56	0.62	0.48	0.46
工具变量	31	31	31	30	29	28
样本数	260	260	260	260	260	260

注：①***、**和*分别表示在1%、5%和10%水平上显著；②所有参数估计值均为两阶段GMM估计量，括号中为z值；③AR（2）P值为对一阶差分后的残差进行二阶序列相关检验得到的P值；④Sargan表示对工具变量的合理性进行过度识别检验得到的Sargan统计量，渐进服从卡方分布，自由度为25，Sargan P值为对应的P值。

表6-4的结果是对基准回归4的稳健性检验。结果表明，中央政府对企业征收的税率的回归系数的符号没变，且依然在1%的水平上显著。在回归15中中央政府对企业征收的税率的系数虽然不显著，但符号仍然保持不变。这表明回归4的结果具有稳健性，假设二得到了进一步的验证。

表6-4 假设二的稳健性检验结果

项目	回归4	回归11	回归12	回归13	回归14	回归15
L.ECdea	0.71*** (16.44)	0.66*** (27.44)	0.71*** (21.25)	0.76*** (60.68)	0.89*** (38.68)	0.88*** (52.77)
tr	2.70*** (4.81)	3.01*** (6.19)	2.68*** (5.59)	1.77*** (11.75)	0.47*** (3.52)	0.27 (1.62)
RDP	-0.80*** (-3.09)	-0.62** (-2.15)	-0.77*** (-3.85)	-0.79*** (-4.39)	-1.42*** (-16.37)	-1.56*** (-18.34)
hr	0.07 (1.02)	0.06 (0.77)	-0.02 (-0.29)	-0.10** (-1.98)	-0.15*** (-3.29)	

续表

项目	回归4	回归11	回归12	回归13	回归14	回归15
sor	0.45*** (9.70)	0.46*** (8.08)	0.48*** (7.66)	0.54*** (18.81)		
ln*fmzlsl*	-0.04** (-2.06)					
ln*zlsl*		-0.06*** (-5.28)				
ln*zlsq*			-0.04*** (-3.59)			
常数项	0.04 (0.33)	0.31*** (4.03)	0.13* (1.73)	-0.16*** (-5.89)	0.32*** (7.19)	0.25*** (10.88)
AR(2) P	0.08	0.09	0.09	0.07	0.07	0.07
Sargan	22.04	21.82	21.39	21.49	24.17	24.72
Sargan P	0.63	0.65	0.67	0.67	0.51	0.48
工具变量	32	32	32	31	30	29
样本数	260	260	260	260	260	260

注：①***、**和*分别表示在1%、5%和10%水平上显著；②所有参数估计值均为两阶段GMM估计量，括号中为z值；③AR（2）P值为对一阶差分后的残差进行二阶序列相关检验得到的P值；④Sargan表示对工具变量的合理性进行过度识别检验得到的Sargan统计量，渐进服从卡方分布，自由度为25，Sargan P值为对应的P值。

表6-5的结果是对基准回归5的稳健性检验。结果表明，财政分权的回归系数的符号不变，且依然在1%的水平上显著。除了财政分权外，其他变量的回归系数的符号也保持不变，且都符合理论预期。这表明回归5的结果具有稳健性，假设三得到了进一步的验证。

表6-5 假设三的稳健性检验结果

项目	回归5	回归16	回归17	回归18	回归19	回归20
L.ECdea	0.75*** (30.06)	0.71*** (46.15)	0.77*** (50.85)	0.81*** (93.93)	0.92*** (164.50)	0.96*** (304.97)

续表

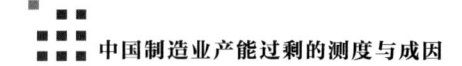

项目	回归 5	回归 16	回归 17	回归 18	回归 19	回归 20
$czfq$	0.12*** (7.68)	0.17*** (9.39)	0.11*** (7.51)	0.10*** (7.56)	0.04*** (7.26)	0.07*** (12.47)
RDP	-2.73*** (-11.54)	-2.85*** (-23.36)	-3.06*** (-20.96)	-3.14*** (-20.51)	-3.87*** (-23.27)	-3.71*** (-56.89)
hr	1.01*** (7.09)	0.96*** (12.49)	0.92*** (10.54)	0.84*** (10.96)	0.52*** (7.08)	
sor	0.39*** (8.00)	0.29*** (6.07)	0.49*** (7.45)	0.52*** (11.09)		
$\ln fmzlsl$	-0.04*** (-6.34)					
$\ln zlsl$		-0.08*** (-8.49)				
$\ln zlsq$			-0.03*** (-6.26)			
常数项	-0.24*** (-2.79)	0.27*** (3.61)	-0.28** (-2.21)	-0.47*** (-7.03)	0.14*** (3.72)	0.44*** (55.77)
AR(2) P	0.23	0.22	0.23	0.21	0.22	0.21
Sargan	23.91	25.67	26.92	26.36	25.91	28.09
Sargan P	0.52	0.43	0.36	0.39	0.41	0.30
工具变量	32	32	32	31	30	29
样本数	300	300	300	300	300	300

注：①***、**和*分别表示在1%、5%和10%水平上显著；②所有参数估计值均为两阶段GMM估计量，括号中为z值；③AR(2) P值为对一阶差分后的残差进行二阶序列相关检验得到的P值；④Sargan表示对工具变量的合理性进行过度识别检验得到的Sargan统计量，渐进服从卡方分布，自由度为25，Sargan P值为对应的P值。

综合基本回归结果和稳健性分析结果表明，回归3、回归4和回归5的结果是有效且稳健的，可利用这三个回归结果进行统计推断。由此可得出以下结论。

（1）高质量产品的价格加成（$\ln dipc$）的回归系数为-0.09，且在5%的水平上显著。高质量产品的价格加成对结构性产能过剩具有显著的负向作用,这一结论是稳健的,假设一得到有效支持。人们对高质量产品的价格加成提高反映了人们对高质量产品的需求增加,这是消费升级的表现。一方面,市场需求的扩大有助于企业进行技术创新(Acemoglu 和 Linn,2004)。另一方面,消费升级促进产业结构升级得到大量文献支持。杨天宇、陈明玉(2018)指出消费升级通过恩格尔效应和鲍莫尔效应带动产业升级促进产业结构迈向中高端。石奇等(2009)通过投入产出分析得出了消费升级可以解释29.64%的产业结构升级。孙早、许薛璐(2018)也从侧面论证了只有促进消费升级,才能真正实现高质量发展。这些文献都佐证了假设一:人们对高质量产品的价格加成越高,越能促使企业进行技术创新,企业选择高端技术的生产方式进行生产,进而化解"高端不足,低端过剩"的结构性产能过剩。

(2)中央政府对企业征收的税率(tr)的回归系数为2.7,且在1%的水平上显著。中央政府对企业征收的税率对结构性产能过剩具有显著的正向作用,这一结论是稳健的,假设二得到有效支持。可能的原因在于:中央政府对企业征收高的宏观税率,一方面高税收增加了企业的生产成本,压缩了企业的盈利空间。企业不论是通过引进技术的方式还是自主创新的方式,都需要更多的资金支持。因此,高税收削弱了企业采用高端技术的能力。另一方面,高税收促使企业与地方政府进行联合。企业为了增加利润,有逃税的动机,这促使企业主动与地方政府联合,进一步削弱了企业采用高端技术的意愿。

(3)财政分权($czfq$)的回归系数为0.12,且在1%的水平上显著。财政分权对结构性产能过剩具有显著的正向作用,这一结论是稳健的,假设三得到有效支持。也就是说,财政分权会抑制企业技术创新,导致企业技术被低端锁定,进而加剧结构性产能过剩。这与李政、杨思莹（2018）的研究结果一致，财政分权会降低财政科技支出比重，对城市创新产生负面影响。

（4）结构性产能过剩指数的滞后一期（L. ECdea）的系数在1%的水平上显著为正，这说明当期的产能过剩指数会影响到下一期的产能过剩指数。结构性产能过剩表现出一定的"惯性"的特征。这一结果的合理性从以下两个方面来判断。首先，在现实中，当期的生产决策往往会影响后续时期的决策。经济变量不可避免地表现出一定的连续性特征。其次，在短期内，企业可以调节的是生产产量，而难以对产能进行调整。也就是说，短期内产能是相对固定的。这与杨振兵、张诚（2015）的研究结果一致。

（5）对其他控制变量的分析。经济周期性因素（RDP）的系数在1%的水平上显著为负，这说明宏观经济增长越快，结构性产能过剩指数越小，产能过剩程度越低。结构性产能过剩与市场需求有关。在市场需求迅速扩张时，即使低端产能也会表现出供不应求，而不会发生产能过剩。这与董敏杰等（2015）的研究结果保持一致。国有产权比重（sor）的系数为正，且在1%的水平上显著。国有产权加剧产能过剩，可能基于两方面的原因：第一，国有产权越高，受政府干预的程度越高。政府的投资冲动和企业融资优势等原因可能导致过度投资。第二，国有产权越高，由于预算软约束等原因导致企业"淘而不汰"，进而形成僵尸企业。这与余淼杰等（2018）的研究结果一致。重工业比重（hr）的系数在回归3和4中不显著，在回归5中显著为正，由此我们推断，重工业比重增加不一定导致更严重的结构性产能过剩。这与黄秀路等（2018）的结论保持一致，即产能过剩在重轻工业层面差异不显著。地区的技术创新水平（lnfmzlsl）的系数在回归3不显著，但在回归4和5中显著为负。由此推断，地区技术创新水平对结构性产能过剩具有负向影响，但不稳健。可能的解释是，技术创新导致生产技术效率的提高从而缓解产能过剩，与此同时，在需求条件一定的情况下，生产效率提高导致的产品供给上升会恶化消费侧产能利用率从而加剧产能过剩（杨振兵，2016）。

三 进一步讨论：影响机制检验

前述的分析证明了高质量产品的价格加成、中央政府对企业征收的税率和财政分权与结构性产能过剩的关系。这里将进一步对其影响机制进行检验。从第三节的理论分析可以知道，高质量产品的价格加成、中央政府对企业征收的税率和财政分权都是通过扭曲的政商关系的渠道影响结构性产能过剩。以下分别对假设一、假设二和假设三的影响机制进行检验。影响机制具有不同的检验方法，笔者借鉴阮荣平等（2014）中影响机制的检验方法，以扭曲的政商关系作为被解释变量，分别用高质量产品的价格加成、财政分权和中央政府对企业征收的税率进行回归分析，看系数是否显著。如果回归发现高质量产品的价格加成、财政分权和中央政府对企业征收的税率的系数显著，那么扭曲的政商关系的影响机制成立，反之则反。控制变量的选取与式（6-12）保持一致。

（一）假设一的机制检验

考虑到时间和地区效应，采用双向固定效应的方法对模型进行估计。为了使估计结果更加稳健，通过采用逐步增加控制变量的方法进行估计，结果如表6-6所示。从表6-6的结果知道，高质量产品的价格加成与扭曲的政商关系具有显著的负向关系。也就是说，人们对高质量产品的价格加成越高，越能降低政商关系的扭曲程度，进而降低结构性产能过剩。高质量产品的价格加成—扭曲的政商关系—结构性产能过剩的影响机制得到验证。

表 6-6　假设一的影响机制检验

项目	回归 21	回归 22	回归 23	回归 24
ln$dipc$	-0.71***	-0.77***	-0.76***	-0.78***
	(-2.94)	(-3.18)	(-3.13)	(-3.16)
RDP		1.13**	1.17**	1.20**
		(2.03)	(2.08)	(2.11)
hr			0.15	0.13
			(0.69)	(0.60)
ln$fmzlsl$				0.02
				(0.45)
常数项	9.97***	10.39***	10.20***	10.25***
	(4.67)	(4.87)	(4.74)	(4.75)
时间效应	YES	YES	YES	YES
地区效应	YES	YES	YES	YES
r2_w	0.67	0.67	0.67	0.67
样本数	286	286	286	286

注：① ***、**和*分别表示在1%、5%和10%水平上显著；②括号中为t值。

(二) 假设二的机制检验

采用双向固定效应模型进行估计，为了使估计结果更加稳健，通过采用逐步增加控制变量的方法进行估计，结果如表6-7所示。从表6-7的结果知道，中央政府对企业征收的税率与扭曲的政商关系具有显著的正向关系。也就是说，中央政府对企业征收的税率越高，越能促进地方政府与企业联合，进而加剧结构性产能过剩。中央政府对企业征收的税率—扭曲的政商关系—结构性产能过剩的影响机制得到验证。

表6-7 假设二的影响机制检验

项目	回归23	回归24	回归25	回归26
tr	2.31** (1.99)	2.35** (2.03)	2.24* (1.89)	2.27* (1.90)
RDP		0.94* (1.67)	0.97* (1.71)	0.96* (1.68)
hr			0.10 (0.44)	0.11 (0.47)
$\ln fmzlsl$				-0.01 (-0.25)
常数项	3.52*** (40.27)	3.43*** (33.30)	3.37*** (20.65)	3.43*** (12.65)
时间效应	YES	YES	YES	YES
地区效应	YES	YES	YES	YES
r2_w	0.66	0.67	0.67	0.67
样本数	286	286	286	286

注：①***、**和*分别表示在1%、5%和10%水平上显著；②括号中为t值。

(三) 假设三的机制检验

采用双向固定效应模型进行估计。由回归27可知，系数虽为正，但不显著。考虑到扭曲的政商关系与其一阶滞后项的相关系数为0.88，采用系统广义矩估计对模型估计，并采用替换解释变量指标进行稳健性检验，结果如回归28~30所示。系数在10%的水平上显著。财政分权与扭曲的政商关系具有显著的正向关系。也就是说，财政分权越高，越能促进地方政府与企业联合，进而加剧结构性产能过剩。财政分权—扭曲的政商关系—结构性产能过剩的影响机制得到验证。

表 6-8　假设三的影响机制检验

项目	回归 27	回归 28	回归 29	回归 30
$czfq$	0.07 (1.63)	0.01* (1.92)	0.01* (1.94)	0.01* (1.66)
RDP	0.05 (0.09)	-0.21 (-0.96)	-0.01 (-0.07)	-0.19 (-0.73)
hr	-0.03 (-0.14)	-0.75*** (-4.56)	-0.98*** (-4.66)	-0.75*** (-7.10)
$\ln fmzlsl$	-0.11*** (-5.72)	-0.06*** (-7.45)		
sor	1.21*** (6.42)			
L.$\ln cpwr$		0.52*** (20.57)	0.51*** (12.44)	0.56*** (14.06)
$\ln zlsq$			-0.07*** (-6.65)	
$\ln zlsl$				-0.06*** (-5.54)
_cons	3.28*** (10.98)	2.59*** (12.11)	2.84*** (8.99)	2.48*** (9.55)
time	YES			
district	YES			
r2_w	0.59			
AR(2) P		0.48	0.47	0.48
Sargan		28.29	28.20	28.77
Sargan P		0.66	0.66	0.63
工具变量		38	38	38
样本数	330	300	300	300

注：①***、**和*分别表示在1%、5%和10%水平上显著；②所有参数估计值均为两阶段 GMM 估计量，括号中为 z 值；③AR(2) P 值为对一阶差分后的残差进行二阶序列相关检验得到的 P 值；④Sargan 表示对工具变量的合理性进行过度识别检验得到的 Sargan 统计量，渐进服从卡方分布，自由度为 25，Sargan P 值为对应的 P 值。

第六章 政商关系、技术创新与结构性产能过剩

第六节 本章小结

我国的产能过剩突出表现为"高端不足，低端过剩"的结构性产能过剩，从传统行业蔓延到战略性新兴产业，如光伏、新能源行业等。以往理论和经验研究一方面忽视了我国产能过剩的结构性特征，另一方面忽视了地方政府与企业合谋。正是由于产能过剩的结构性特征，目前基于总量产能过剩的宏观调控措施失效。也正是由于地方企业与政府建立了这样一种合谋的关系，中央政府的去产能措施难以奏效，使落后产能难以淘汰，不断加剧结构性产能过剩。鉴于此，本书弥补了这方面研究的不足，利用"政企合谋"框架为结构性产能过剩提供了一个理论分析框架，探讨了中国结构性产能过剩的形成机理。在理论研究的基础上，我们利用 2001～2011 年共 11 年的工业面板数据对理论假设一、假设二和假设三进行了实证检验，经验检验的结果与理论假设保持一致。机制检验表明，政企合谋的视角有助于我们理解中国的结构性产能过剩。

本章主要的结论是：一些因素加剧了中国地方政府和企业的合谋，允许大量企业选择低端技术进行生产，从而造成了低端产能的过度扩张，形成"高端不足，低端过剩"的结构性产能过剩。具体表现为：①人们对高质量产品的价格加成越高，政企合谋越困难，会促使企业选择高端技术生产高质量的产品，有利于化解结构性产能过剩；②地方政府和企业合谋的交易成本越高，政企合谋越困难，企业更倾向于选择高端技术生产高质量的产品，有利于化解结构性产能过剩；③地方政府的财政分权比例越高，越会促进政企合谋，使企业选择低端技术进行生产，加剧结构性产能过剩；④中央政府对企业征收的宏观税率越高，促使地方政府和企业进行合谋，使企业选择低端技

术进行生产，加剧了结构性产能过剩；⑤企业选择高端技术生产的成本与选择低端技术生产的成本之间的差距越小，政企合谋越困难，从而化解结构性产能过剩。

第七章 结论与政策建议

第一节 主要结论

巴塔耶在《被诅咒的部分：普遍经济学》里有一个论断：任何增长都是有限制的，在个体的增长触及这个限制，也即极限后，它就不得不将原本用于增长的过剩的能量消耗掉。如果承认一个增长模式增长极限的存在，那么就相当于承认了产能过剩存在的可能。在依靠要素投入的增长模式中，欧洲、美国和日本等国家和地区都遇到增长极限的问题，发生过产能过剩，欧美国家通过输出过剩产能、淘汰落后产能、启动内需消化产能、对外投资转移产能等举措来化解产能过剩。到目前为止，中国仍处于依靠要素投入的增长模式，而这个模式增长的极限导致我国长期的产能过剩。针对中国的产能过剩，中国出台了大量的措施，也可归纳为淘汰落后产能、启动内需消化产能、对外投资转移产能、输出过剩产能等，但为何治理效果不佳？为了回答这一问题，本书对产能过剩进行测度，并基于不确定性视角和政企合谋视角对产能过剩的形成机理进行分析。通过前文的研究，本书得到以下主要结论。

第一，通过对中国制造业产能过剩的测度和不同产能利用率测算方法的比较发现：①中国长期存在产能过剩问题，且产能利用率一般表现为顺周期特征，但在 2011~2013 年表现出显著的逆周期特征；②成本函数法下的两种不同标准的产能利用率可相互替代，但从理论上讲最低点标准可能更适合衡量产能过剩的程度；③基于产能利用率构建的动态产能过剩指标可以有效地衡量产能过剩；④不同产能利用率测算方法各有优劣，可根据样本特征、数据可得性、历史背景等多种因素，选择合适的估算方法。

第二，产能过剩形成的微观基础是企业的决策。企业的进入、退出和创新是企业最重要的决策，由于政府或市场的原因，企业过度进入，即形成"投资潮涌"，容易造成产能过剩，这也是形成产能过剩的第一步。在出现产能过剩的情况下，企业的退出却出现困难，这会进一步加剧产能过剩的严重程度。而技术创新是实现经济增长的根本动力，也是化解产能过剩的根本出路。因此可以说，"企业过度进入"是产能过剩形成的先决条件，"企业的退出困难"是产能过剩形成的必要条件，"企业的创新不足"是产能过剩形成的催化剂。

第三，不确定性与产能过剩存在非线性的"U"形关系。由于信息不对称和有限理性，经济主体通常无法及时、正确地获得政策或市场环境变动的时间、方向及后果，以至于企业通常在不确定性的经济环境中决策。不确定性的增加会提高企业进入和退出的难度，但会激励企业进行创新。当不确定性偏低时，不确定性与产能过剩表现为负向关系；而当不确定性偏高时，不确定性与产能过剩表现为正向关系，使不确定性与产能过剩呈现"U"形关系。这是因为当不确定性偏低时，企业进入效应占主导地位，表现为"过度进入"，进而造成产能过剩。而当不确定性偏高时，企业退出效应占主导地位，表现为"退出不足"，进而加剧了产能过剩。相比于企业的进入和退出，不确定性对企业的创新表现出长期效应，短期内难以占据主导地位。

第四，不确定性对政府干预造成产能过剩具有调节作用，将政府和市场因素纳入了统一的分析框架。现实中的市场由于不确定性的偏高或偏低等原因，会导致企业过度进入、退出不足和创新不足，进而造成"无效的"产能过剩。由于中国仍然处于向市场经济转型的阶段，政府干预"失灵"也是造成产能过剩的主要原因。而使政府干预变为不当干预的重要原因是经济中的不确定性。不确定性作为"桥梁"，将政府和市场因素纳入了统一的分析框架。正是中国政府忽视了经济中的不确定性，导致政府干预失灵，加剧经济中的产能过剩。这有利于化解当前产能过剩成因的政府与市场之争，并为政府出台治理产能过剩的措施提供理论依据。

第五，中国地方政府和企业的合谋，允许大量企业选择低端技术进行生产，从而造成了低端产能的过度扩张，造成"高端不足，低端过剩"的结构性产能过剩。通过数理模型分析发现，人们对高质量产品的价格加成、地方政府和企业合谋的交易成本、地方政府的财政分权比例、中央政府对企业征收的宏观税率和企业选择高端技术生产的成本与选择低端技术生产的成本之间的差距对政企合谋有影响。具体表现为：①人们对高质量产品的价格加成越高，政企合谋越困难，会促使企业选择高端技术生产高质量的产品，有利于化解结构性产能过剩；②地方政府和企业合谋的交易成本越高，政企合谋越困难，企业更倾向于选择高端技术生产高质量的产品，有利于化解结构性产能过剩；③地方政府的财政分权比例越高，越会促进政企合谋，使企业选择低端技术进行生产，加剧结构性产能过剩；④中央政府对企业征收的宏观税率越高，促使地方政府和企业进行合谋，使企业选择低端技术进行生产，加剧了结构性产能过剩；⑤企业选择高端技术生产的成本与选择低端技术生产的成本之间的差距越小，政企合谋越困难，从而化解结构性产能过剩。可能正是在制定政策时忽略了结构性产能过剩和政企合谋，导致中央政府治理产能过剩的措施难以奏效。这为后续治理产能过剩提供了理论依据。

第二节 政策建议

本书研究的另一个主要目的是为决策部门制定相关政策提供借鉴和参考。决策部门在制定相关政策时应把握政府和市场各自的边界，实现"看得见的手"和"看不见的手"有机统一，相互协调。与此同时，政府在制定政策时，除了充分认识不确定性之外，还应当正视当前的行政分权体制。根据本书的主要结论和现阶段产能过剩的特征，提出以下政策建议。

第一，对产能过剩进行科学评价。正确掌握产业的运行状况和变化趋势是化解产能过剩的第一步。欧美等各国建立了完善的产能利用率发布体系，可以对产业的发展做出提前预警。而当前我国相关部门并未建立完善的产能利用率调查体系，使我们难以对产能过剩做出提前预警。建议：①有关部门完善产能利用率调查测算制度，加强对重点行业企业的追踪，鼓励企业真实地填报产能利用情况；②建立科学的预测体系，根据调查结果推算各行业和整个工业的产能利用率，并通过计量方法测算产能利用率的未来变动趋势；③建立适合中国产业发展状况的产能过剩标准，加强与各高校和研究机构合作。

第二，分行业、分类治理产能过剩。当前的产能过剩治理措施，包括市场准入、项目审批、供地审批、贷款行政核准、目录指导、强制清理等都具有"一刀切"的特征。而各行业、各地区产生的不同产能过剩具有差异，这造成了"一刀切"的治理措施难以奏效。各相关部门应提高行政效率，调整政策思路、措施和执行方式，分类、分行业化解产能过剩。

第三，通过预期管理，调节企业面临的不确定性，稳定市场预期。既防止企业过度进入，又消除企业退出障碍。政府在获取数据和信息等方面比个人有优势，政府应当建立完善的数据采集系统和产业信息发布制度，向社会公布各行业的产能利用率情况、产业投资规模、市场需求等方面的信息，引导市场的不确定性（风险）维持在适当的水平。当市场不确定性偏低时，政策应重点关注企业的进入决策，防止经济过热。当市场不确定性偏高时，一方面应利用援助措施帮助企业顺利退出，另一方面应采用强有力的政策稳定经济预期，降低企业面临的不确定性。

第四，鼓励企业技术创新。经济中不确定性具有激励企业创新的作用，消除了不确定性也就破坏了企业创新的动力。针对一些不确定性较低的创新，有关部门应制定政策营造一个良好的竞争环境，让企业自由竞争，市场机制发挥主导作用。而对一些不确定性很高的创新，政府可以发挥在数据和信息搜集方面的优势，及时公布相关信息，鼓励企业进行创新。政府在这个过程中制定的措施必须与不确定性相兼容，不能替代市场机制发挥作用。也就是说，有关部门制定的政策只决定企业胜出的规则，而不是直接选择胜出的企业。

第五，加强对地方政府的监督，防止政企合谋，进一步推行各项体制改革。中国选择了分权体制改革道路，决定了地方政府在经济发展中必然起着重要的作用。中央政府不是改变分权体制，而是在分权体制之下，如何防范政企合谋。①中央政府加强监督，加大对地方官员经济活动腐败的惩罚力度，提高政企合谋的交易费用；②进一步改革财政分权体制，使地方政府的财权和事权相匹配，改变地方政府的激励机制；③进一步推行收入分配制度改革，提高居民收入在 GDP 中所占的比重；④进一步推行税收体制改革，真正减轻企业在生产经营活动中所负担的税收。通过加强监督和体制改革，破坏政企合谋的制度基础，防范政企合谋，从而达到化解结构性产能过剩的目的。

总之，治理产能过剩问题，应深刻抓住企业决策问题和体制改革问题。从短期来看，企业的进入和退出是影响产能过剩最主要的企业决策。而从长期来看，应抓住企业的创新和体制的改革。

第三节 需要进一步研究的问题

目前尽管对产能过剩的认识已经相当深入，但是我们依然需要在许多方面进行进一步的探究。这些探究包括如下方面。第一，进一步沿着创新的视角研究产能过剩问题。彻底让欧美国家摆脱产能过剩的关键是转变了经济增长模式，突破了要素投入增长的极限，进入了依靠技术进步增长的新模式。而我国仍处于依靠要素投入的发展阶段，这是产能过剩问题长期存在的根本原因。在经济发展中如何推动企业创新？如何破除企业创新的障碍？技术如何被锁定在低端技术层次？围绕这些问题的研究可以深化对产能过剩的理解。第二，进一步在"供给与需求"的一般均衡框架内研究产能过剩。产能过剩的本质是供求不匹配——相对于需求产生了过多的"无效供给"。一般均衡理论框架既包括供给和需求，还包括政府，通过严谨的理论推导与经验分析，可以更全面地分析各影响因素之间的相互联系。第三，进一步沿着政企合谋的视角进行产能过剩研究。产能过剩的治理措施效果不佳，还有一个可能的原因是措施未能有效地实施。地方政府和企业的合谋如何导致治理措施难以实施？政企合谋如何损害企业的创新动力？围绕这些问题的研究也可加深对产能过剩的认识。第四，进一步深入研究政府和企业之间的博弈对产能过剩形成的影响。本书忽视了不同干预政策的异质性和不同企业的异质性。实际上，政府干预行为包括可能提供的各种不同的优惠政策，比如土地优惠、金融优惠等。而不同的企业由于自身条件和能力的差异对政府干预的应对是不同的。通过对这类问题的研究也许可以回答哪类政府干预政策更容易造成产能过剩，哪类企业（产业）更可能发生严重的产能过剩现象。

参考文献

[1] A. Michael Spence. 1977. "Entry, Capacity, Investment and Oligopolistic Pricing." *The Bell Journal of Economics* 8: 534 – 544.

[2] Alderighi M. 2010. "The Role of Fences in Oligopolistic Airline Markets." *Journal of Transport Economics and Policy* 28: 189 – 206.

[3] Almarin Phillips. 1963. "An Appraisal of Measures of Capacity." *The American Economic Review* 53: 275 – 292.

[4] Anwar M. Shaikh, Jamee K. Moudud. 2004. "Measuring Capacity Utilization in OECD Countries: A Cointegration Method." Economics Working Paper Archive wp_415, Levy Economics Institute, November, pp. 1 – 19.

[5] Avinash Dixit. 1979. "A Model of Duopoly Suggesting a Theory of Entry Barriers." *The Bell Journal of Economics* 10: 20 – 32.

[6] Avner Bar – Ilan, William C. Strange. 1996. "Investment Lags." *The American Economic Review* 86: 610 – 622.

[7] Ben S. Bernanke. 1983. "The Determinants of Investment: Another Look." *The American Economic Review* 73: 71 – 75.

[8] Bruce A. Blonigen, Wesley W. Wilson. 2010. "Foreign Subsidization and Excess Capacity." *Journal of International Economics* 80: 200 –

211.

[9] B. Douglas Bernheim. 1984. "Strategic Deterrence of Sequential Entry into an Industry." *The RAND Journal of Economics* 15: 1 – 11.

[10] B. Peter Pashigian. 1968. "Limit Price and the Market Share of the Leading Firm." *The Journal of Industrial Economics* 16: 165 – 177.

[11] Badi H. Baltagi, James M. Griffin, Sharada R. Vadal. 1998. "Excess Capacity: A Permanent Characteristic of US Airlines." *Journal of Applied Econometrics* 13: 645 – 657.

[12] Bell G. K., Campa J. M. 1997. "Irreversible Investments and Volatile Markets: A Study of the Chemical Processing Industry." *The Review of Economics and Statistics* 79: 79 – 87.

[13] Barbara J. Spencer, James A. Brander. 1992. "Pre – commitment and Flexibility: Applications to Oligopoly Theory." *European Economic Review* 36: 1601 – 1626.

[14] C. L. Paine. 1936. "Rationalisation and the Theory of Excess Capacity." *Economica* 3: 46 – 60.

[15] C. Heath, A. Tversky. 1991. "Preferences and Beliefs: Ambiguity and the Competence in Choice Under Uncertainty." *Journal of Risk and Uncertainty* 4: 5 – 28.

[16] Carl Davidson, Raymond Deneckere. 1990. "Excess Capacity and Collusion." *International Economic Review* 31: 521 – 541.

[17] Catherine J. Morrison. 1985a. "On the Economic Interpretation and Measurement of Optimal Capacity Utilization with Anticipatory Expectations." *The Review of Economic Studies* 52: 295 – 309.

[18] Catherine J. Morrison. 1985b. "Primal and Dual Capacity Utilization: An Application to Productivity Measurement in the U. S. Automobile Industry." *Journal of Business & Economic Statistics* 3:

312 – 324.

[19] Chaim Fershtman. 1994. "Disadvantageous Semicollusion." *International Journal of Industrial Organization* 12: 141 – 154.

[20] Ciaran Driver. 2000. "Capacity Utilisation and Excess Capacity: Theory, Evidence, and Policy." *Review of Industrial Organization* 16: 69 – 87.

[21] Daron Acemoglu, Joshua Linn. 2004. "Market Size in Innovation: Theory and Evidence from the Pharmaceutical Industry." *The Quarterly Journal of Economics* 119: 1049 – 1090.

[22] Diane P. Dupont, R. Quentin Grafton, James Kirkley, Dale Squires. 2002. "Capacity Utilization Measures and Excess Capacity in multi – product Privatized Fisheries." *Resource and Energy Economics* 24: 193 – 210.

[23] Diego Escobari, Jim Lee. 2014. "Demand Uncertainty and Capacity Utilization in Airlines." *Empirical Economics* 47: 1 – 19.

[24] Dale W. Jorgenson. 1963. "Capital Theory and Investment Behavior." *The American Economic Review* 53: 247 – 259.

[25] David K. Backus, Patrick J. Kehoe and Finn E. Kydland. 1992. "International Real Business Cycles." *Journal of Political Economy* 100: 745 – 775.

[26] Ernst R. Berndt, Catherine J. Morrison. 1981. "Capacity Utilization Measures: Underlying Economic Theory and an Alternative Approach." *The American Economic Review* 71: 48 – 52.

[27] Frances Ferguson Esposito, Louis Esposito. 1974. "Excess Capacity and Market Structure." *The Review of Economics and Statistics* 56: 188 – 194.

[28] Frank Windmeijer. 2005. "A Finite Sample Correction for the Variance of Linear Efficient Two – step GMM Estimators." *Journal of Econometrics* 126: 25 – 51.

[29] Gabszewicz J. J., Poddar S. 1997. "Demand Fluctuations and Capacity Utilization Under Duopoly." *Economic Theory* 10: 131 – 146.

[30] Gordon C. Winston. 1974. "The Theory of Capital Utilization and Idleness." *Journal of Economic Literature* 12: 1301 – 1320.

[31] H. Michael Mann, James W. Meehan, Jr., Glen A. Ramsay. 1979. "Market Structure and Excess Capacity: A Look at Theory and Some Evidence." *The Review of Economics and Statistics* 61: 156 – 159.

[32] H. Youn Kim. 1999. "Economic Capacity Utilization and Its Determinants: Theory and Evidence." *Review of Industrial Organization* 15: 321 – 339.

[33] Hubbard T. N. 2003. "Information, Decisions, and Productivity: On – board Computers and Capacity Utilization in Trucking." *American Economic Review* 93: 1328 – 1353.

[34] Hulya Dagdeviren. 2016. "Structural Constraints and Excess Capacity: An International Comparison of Manufacturing Firms." *Development Policy Review* 21: 623 – 641.

[35] Huseyin Gulen, Mihai Ion. 2016. "Policy Uncertainty and Corporate Investment." *The Review of Financial Studies* 29: 523 – 564.

[36] Harold Demsetz. 1959. "The Nature of Equilibrium in Monopolistic Competition." *Journal of Political Economy* 67: 623 – 641.

[37] Harold Demsetz. 1964. "The Welfare and Empirical Implications of

Monopolistic Competition." *The Economic Journal* 74: 21 – 30.

[38] Harold Demsetz. 1967. "Toward a Theory of Property Rights." *The American Economic Review* 57: 347 – 359.

[39] J. M. Cassels. 1937. "Excess Capacity and Monopolistic Competition." *The Quarterly Journal of Economics* 51: 426 – 443.

[40] Jacques R. Artus. 1977. "Measures of Potential Output in Manufacturing for Eight Industrial Countries, 1955 – 78." *Staff Papers* 24: 1 – 35.

[41] James Crotty. 2002. "Why There Is Chronic Excess Capacity." *Challenge* 45: 21 – 44.

[42] James Tobin. 1969. "A General Equilibrium Approach to Monetary Theory." *Journal of Money, Credit and Banking* 1: 15 – 29.

[43] Jan Fagerberg. 1988. "International Competitiveness." *The Economic Journal* 98: 355 – 374.

[44] Jean – Fran cois Fagnart, Omar Licandro, Franck Portier. 1999. "Firm Heterogeneity, Capacity Utilization, and the Business Cycle." *Review of Economic Dynamics* 2: 433 – 455.

[45] Jean – Pierre Benoit, Vijay Krishna. 1987. "Dynamic Duopoly: Prices and Quantities." *The Review of Economic Studies* 54: 23 – 35.

[46] John C. Hilke. 1984. "Excess Capacity and Entry: Some Empirical Evidence." *The Journal of Industrial Economics* 33: 233 – 240.

[47] John T. Wenders. 1971. "Excess Capacity as a Barrier to Entry: An Empirical Appraisal." *The Journal of Industrial Economics* 35: 14 – 19.

[48] Jun Ishii. 2011. "Useful Excess Capacity? An Empirical Study of U. S. Oil & Gas Drilling." paper represented at Camp Energy (UCEI) and UMass Resource Economics, Amherst,

Massachusetts, January, pp. 1 – 37.

[49] Kathleen Sergerson, Dale Squires. 1993. "Capacity Utilization Under Regulatory Constrains." *The Review of Economics and Statistics* 75: 76 – 85.

[50] Kathleen Sergerson, Dale Squires. 1995. "Measurement of Capacity Utilization for Maximizing Firms." *Bulletin of Economic Research* 47: 77 – 84.

[51] Kuno J. M. Huisman, Peter M. Kort. 2015. "Strategic Capacity Investment Under Uncertainty." *RAND Journal of Economics* 46: 376 – 408.

[52] Kyle Jurado, Sydney C. Ludvigson, Serena Ng. 2015. "Measuring Uncertainty." *American Economic Review* 105: 1177 – 1216.

[53] L. R. Klein, R. S. Preston. 1967. "Some New Results in the Measurement of Capacity Utilization." *The American Economic Review* 57: 34 – 58.

[54] L. R. Klein. 1960. "Some Theoretical Issues in the Measurement of Capacity." *Econometrica* 28: 272 – 286.

[55] Lawrence R. Klein, Virginia Long, Alan Greenspan, Douglas Greenwald, Nathan Edmonson, George Perry. 1973. "Capacity Utilization: Concept, Measurement, and Recent Estimates." *Brookings Papers on Economic Activity* 4: 743 – 763.

[56] Lawrence R. Klein, Vincent Su. 1979. "Direct Estimates of Unemployment Rate and Capacity Utilization in Macroeconometric Models." *International Economic Review* 20: 725 – 740.

[57] Murray F. Foss. 1963. "The Utilization of Capital Equipment: Postwar Compared with Prewar." *Survey of Current Business* 43: 8 – 16.

[58] M. Dewatripont, E. Maskin. 1995. "Credit and Efficiency in Centralized and Decentralized Economies." *The Review of Economic Studies* 62: 541 - 555.

[59] Marco Della Seta, Sebastian Gryglewicz, Peter M. Kort. 2012. "Optimal Investment in Learning - curve Technologies." *Journal of Economic Dynamics & Control* 36: 1462 - 1476.

[60] Marvin B. Lieberman. 1987. "Excess Capacity as a Barrier to Entry: An Empirical Appraisal." *The Journal of Industrial Economics* 35: 607 - 627.

[61] Matthias Kehrig. 2011. "The Cyclicality of Productivity Dispersion." Paper represented at the SED Annual Meeting, University of Texas, Austin, December, pp. 1 - 73.

[62] Morton I. Kamien, Nancy L. Schwartz. 1972. "Uncertain Entry and Excess Capacity." *The American Economic Review* 62: 918 - 927.

[63] Marianne Baxter, Robert G. King. 1999. "Measuring Business Cycles: Approximate Band - Pass Filters for Economic Time Series." *Review of economics and statistics* 81: 575 - 593.

[64] Morten O. Ravn, Harald Uhlig. 2002. "On Adjusting the Hodrick - Prescott Filter for the Frequency of Observations." *Review of Economics and Statistics* 84: 371 - 376.

[65] Nicholas Kaldor. 1935. "Market Imperfection and Excess Capacity." *Economica* 2: 33 - 50.

[66] Nicholas Bloom. 2014. "Fluctuation in Uncertainty." *Journal of Economic Perspectives* 28: 153 - 176.

[67] Nick Bloom. 2007. "Uncertainty and the Dynamics of R&D." *American Economic Review* 97: 250 - 255.

[68] Nick F. D. Huberts, Kuno J. M. Huisman, Peter M. Kort, Maria N. Lavrutich. 2015. "Capacity Choice in (Strategic) Real Options Models: A Survey." *Dyn Games Appl* 5: 424 – 439.

[69] Philippe Aghion, Nick Bloom, Richard Blundell, Rachel Griffith, Peter Howitt. 2005. "Competition and Innovation: An Inverted – U Relationship." *Quarterly Journal of Economics* 120: 701 – 728.

[70] Pankaj Chemawat, Barry Nalebuff. 1990. "The Devolution of Declining Industries." *Quarterly Journal of Economics* 105: 167 – 186.

[71] Richard Schmalensee. 1972. "Option Demand and Consumer's Surplus: Valuing Price Changes Under Uncertainty." *The American Economic Review* 5: 813 – 824.

[72] Randy A. Nelson. 1989. "On the Measurement of Capacity Utilization." *The Journal of Industrial Economics* 37: 273 – 286.

[73] Robert S. Pindyck. 1988. "Irreversible Investment, Capacity Choice, and the Value of the Firm." *The American Economic Review* 78: 969 – 985.

[74] Roger Craine. 1989. "Risky Business: The Allocation of Capital." *Journal of Monetary Economics* 23: 201 – 218.

[75] Ruixue Jia, Huihua Nie. 2017. "Decentralization, Collusion and Coalmine Deaths." *The Review of Economics and Statistics* 99: 105 – 118.

[76] Scott R. Baker, Nicholas Bloom, Steven J. Davis. 2016. "Measuring Economic Policy Uncertainty." *The Quarterly Journal of Economics* 131: 1593 – 1636.

[77] Shengyu Liu, Heng Yin. 2017. "A Structural Method to Estimate Firm – level Capacity Utilization and Application to Chinese Heavy

Industries." *Annals of Economics and Finance* 18: 1 - 28.

[78] Stephen R. Bond. 2002. "Dynamic Panel Data Models: A Guide to Micro Data Methods and Practice." *Portuguese Economic Journal* 1: 141 - 162.

[79] Sudipto Sarkar. 2009. "A Real - option Rationale for Investing in Excess Capacity." *Managerial and Decision Economics* 30: 119 - 133.

[80] Susanto Basu. 1996. "Procyclical Productivity: Increasing Returns or Cyclical Utilization." *The Quarterly Journal of Economics* 111: 719 - 751.

[81] Tay - Cheng Ma. 2005. "Strategic Investment and Excess Capacity: A Study of the Taiwanese Flour Industry." *Journal of Applied Economics* 8: 153 - 170.

[82] Theologos Dergiades, Lefteris Tsoulfdis. 2007. "A New Method for the Estimation of Capacity Utilization Theory and Empirical Evidence from 14 EU Countries." *Bulletin of Economic Research* 59: 361 - 381.

[83] Thomas F. Cooley, Lee E. Ohanian. 1991. "The Cyclical Behavior of Prices." *Journal of Monetary Economics* 28: 25 - 60.

[84] William F. Steel. 1972. "Import Substitution and Excess Capacity in Ghana." *Oxford Economic Papers* 24: 212 - 240.

[85] Yoram Barzel. 1970. "Excess Capacity in Monopolistic Competition." *Journal of Political Economy* 78: 1142 - 1149.

[86] 阿维纳什·迪克西特、罗伯特·平迪克，2013，《不确定条件下的投资》，朱勇等译，中国人民大学出版社，第6，24~51页。

[87] 爱德华·张伯伦，2009，《垄断竞争理论》，周文译，华夏出版

社，第 108~114 页。

[88] 安同良、杨羽云，2002，《易发生价格竞争的产业特征及企业策略》，《经济研究》第 6 期，第 46~54 页。

[89] 安体富，2002，《当前世界减税趋势与中国税收政策取向》，《经济研究》第 2 期，第 17~22 页。

[90] 白让让，2016，《竞争驱动、政策干预与产能扩张——兼论"潮涌现象"的微观机制》，《经济研究》第 11 期，第 56~69 页。

[91] 白雪洁、于志强，2018，《资源配置、技术创新效率与新兴产业环节性产能过剩——基于中国光伏行业的实证分析》，《当代财经》第 1 期，第 88~98 页。

[92] 白重恩、张琼，2014，《中国的资本回报率及其影响因素分析》，《世界经济》第 10 期，第 3~30 页。

[93] 曹建海、江飞涛，2010，《中国工业投资中的重复建设与产能过剩问题研究》，经济管理出版社，第 25 页。

[94] 曹建海，2004，《论我国土地管理制度与重复建设之关联》，《中国土地》第 11 期，第 11~14 页。

[95] 曹建海，2001，《中国产业过度竞争的市场分析》，《上海社会科学院学术季刊》第 1 期，第 58~66 页。

[96] 陈得文，2016，《新常态下"去产能"的思考》，《金融纵横》第 6 期，第 36~41 页。

[97] 陈乐一、张喜艳，2018，《经济不确定性与经济波动研究进展》，《经济学动态》第 8 期，第 134~146 页。

[98] 陈诗一，2011，《中国工业分行业统计数据估算：1980~2008》，《经济学（季刊）》第 3 期，第 735~776 页。

[99] 陈祎淼、卞曙光，2016，《电池材料高端不足低端过剩》，《中国工业报》10 月 24 日，第 2 版。

[100] 陈少凌、杨海生、李广众，2014，《市场风险、政策不确定性

与过度投资》，经济研究工作论文。

[101] 程俊杰，2017，《产能过剩的研究进展：一个综述视角》，《产业经济评论》第3期，第70~82页。

[102] 程俊杰，2014，《中国转轨时期产能过剩测度、成因及影响》，南京大学博士学位论文，第69页。

[103] 程俊杰，2015，《转型时期中国产能过剩测度及成因的地区差异》，《经济学家》第3期，第74~83页。

[104] 道格拉斯·诺斯，2008，《理解经济变迁过程》，钟正生、刑华等译，中国人民大学出版社，第14页。

[105] 董敏杰、梁泳梅、张其仔，2015，《中国工业产能利用率：行业比较、地区差距及影响因素》，《经济研究》第1期，第84~98页。

[106] 董钰、孙赫，2012，《知识产权保护对产业创新影响的定量分析——以高技术产业为例》，《世界经济研究》第4期，第11~15页。

[107] 方福前，2018，《中国式供给革命》，中国人民大学出版社，第21~25页。

[108] 冯梅，2013，《钢铁产能过剩的特点、成因及对策》，《宏观经济管理》第9期，第36~37页。

[109] 弗兰克·H. 奈特，2006，《风险、不确定性与利润》，王宇、王文玉译，商务印书馆，第55~56页。

[110] 弗里德里希·A. 哈耶克，2012，《科学的反革命：理性滥用之研究》，冯克利译，译林出版社，第50页。

[111] 弗里德里希·A. 哈耶克，2000，《致命的自负：社会主义的谬误》，冯克利、胡晋华等译，中国社会科学出版社，第90页。

[112] 付保宗，2011，《关于产能过剩问题研究综述》，《经济学动态》第5期，第90~93页。

[113] 傅勇、张晏，2007，《中国式分权与财政支出结构偏向：为增

长而竞争的代价》，《管理世界》第 3 期，第 4~12 页。

[114] 戈特弗里德·哈伯勒，2011，《繁荣与萧条》，朱应庚译，中央编译出版社，第 38 页。

[115] 威廉·H. 格林，1998，《计量经济分析》，王明舰、王永宏等译，中国社会科学出版社，第 550~555 页。

[116] 耿强、江飞涛、傅坦，2011，《政策性补贴、产能过剩与中国的经济波动——引入产能利用率 RBC 模型的实证检验》，《中国工业经济》第 5 期，第 27~36 页。

[117] 顾夏铭、陈勇民、潘士远，2018，《经济政策不确定性与创新——基于我国上市公司的实证分析》，《经济研究》第 2 期，第 109~123 页。

[118] 郭树龙、李启航，2014，《中国制造业市场集中度动态变化及其影响因素研究》，《经济学家》第 3 期，第 25~36 页。

[119] 郭庆旺、贾俊雪，2005，《中国全要素生产率的估算：1979~2004》，《经济研究》第 6 期，第 51~60 页。

[120] 国务院发展研究中心《进一步化解产能过剩的政策研究》课题组，2015，《当前我国产能过剩的特征、风险及对策研究——基于实地调研及微观数据的分析》，《管理世界》第 4 期，第 1~10 页。

[121] "国有企业经营效益"课题组，2000，《1999 年我国国有企业经营效益统计分析》，《中国工业经济》第 9 期，第 23~29 页。

[122] 郭峰、石庆玲，2017，《官员更替、合谋震慑与空气质量的临时性改善》，《经济研究》第 7 期，第 155~168 页。

[123] 海曼·P. 明斯基，2009，《凯恩斯通论新释》，张德卉译，清华大学出版社，第 57，67 页。

[124] 韩国高、高铁梅、王立国、齐鹰飞、王晓姝，2011，《中国制造业产能过剩的测度、波动及成因研究》，《经济研究》第 12

期，第 18~31 页。

[125] 韩国高、胡文明，2017，《要素价格扭曲如何影响了我国工业产能过剩？——基于省际面板数据的实证研究》，《产业经济研究》第 2 期，第 49~61 页。

[126] 韩国高，2013，《行业市场结构与产能过剩研究——基于我国钢铁行业的分析》，《东北财经大学学报》第 4 期，第 17~24 页。

[127] 韩国高，2018，《环境规制、技术创新与产能利用率——兼论"环保硬约束"如何有效治理产能过剩》，《当代经济科学》第 1 期，第 84~93 页。

[128] 韩文龙、黄城、谢璐，2016，《诱导性投资、被迫式竞争与产能过剩》，《社会科学研究》第 4 期，第 25~33 页。

[129] 郝威亚、魏玮、温军，2016，《经济政策不确定性如何影响企业创新——实物期权理论作用机制的视角》，《经济管理》第 10 期，第 40~56 页。

[130] 何蕾，2015，《中国工业行业产能利用率测度研究——基于面板协整方法》，《产业经济研究》第 2 期，第 90~99 页。

[131] 侯方宇、杨瑞龙，2018，《新型政商关系、产业政策与投资"潮涌现象"治理》，《中国工业经济》第 5 期，第 62~79 页。

[132] 胡荣涛，2016，《产能过剩形成原因与化解的供给侧因素分析》，《现代经济探讨》第 2 期，第 5~9 页。

[133] 黄群慧，2014，《"新常态"、工业化后期与工业增长新动力》，《中国工业经济》第 10 期，第 5~19 页。

[134] 黄秀路、葛鹏飞、武宵旭，2018，《中国工业产能利用率的地区行业交叉特征与差异分解》，《数量经济技术经济研究》第 9 期，第 60~77 页。

[135] 金碚，2018，《关于"高质量发展"的经济学研究》，《中国工业经济》第 4 期，第 5~18 页。

[136] 江飞涛、耿强、吕大国、李晓萍，2012，《地区竞争、体制扭曲与产能过剩的形成机理》，《中国工业经济》第6期，第44~56页。

[137] 江飞涛，2017，《中国产业组织政策的缺陷与调整》，《学习与探索》第8期，第118~126页。

[138] 江飞涛，2008，《中国钢铁工业产能过剩问题研究》，中南大学博士学位论文，第60~61页。

[139] 江小涓，2014，《体制转轨中的增长、绩效与产业组织变化：对中国若干行业的实证研究》，上海人民出版社，第33~50页。

[140] 江轩宇，2016，《政府放权与国有企业创新——基于地方国企金字塔结构视角的研究》，《管理世界》第9期，第120~135页。

[141] 鞠蕾、高越青、王立国，2016，《供给侧视角下的产能过剩治理：要素市场扭曲与产能过剩》，《宏观经济研究》第5期，第3~16页。

[142] 康志勇，2012，《赶超行为、要素市场扭曲对中国就业的影响——来自微观企业的数据分析》，《中国人口科学》第1期，第60~69页。

[143] 李春临、刘航、徐薛璐，2017，《土地供应结构对产能过剩的影响——基于省级数据的分析》，《城市问题》第1期，第4~11页。

[144] 李凤羽、杨墨竹，2015，《经济政策不确定性会抑制企业投资吗？——基于中国经济政策不确定指数的实证研究》，《金融研究》第4期，第115~129页。

[145] 李后建、张剑，2017，《企业创新对产能过剩的影响机制研究》，《产业经济研究》第2期，第114~126页。

[146] 李江涛，2006，《产能过剩：问题、理论及治理机制》，中国财政经济出版社，第29页。

[147] 李平、江飞涛、曹建海，2015，《产能过剩、重复建设形成机理与治理政策研究》，社会科学文献出版社，第14~15页。

[148] 李强、陈宇琳、刘精明，2012，《中国城镇化"推进模式"研究》，《中国社会科学》第7期，第82~100页。

[149] 李晓辉，2011，《机械业低端过剩高端不足明显》，《中国证券报》5月24日，第11版。

[150] 李旭超、罗德明、金祥荣，2017，《资源错置与中国企业规模分布特征》，《中国社会科学》第2期，第25~43页。

[151] 李正旺、周靖，2014，《产能过剩的形成与化解：自财税政策观察》，《改革》第5期，第106~115页。

[152] 李静、杨海生，2011，《产能过剩的微观形成机制及其治理》，《中山大学学报》（社会科学版）第2期，第192~200页。

[153] 李静晶、庄子银，2017，《知识产权保护对我国区域经济增长的影响》，《科学学研究》第4期，第557~564页。

[154] 李政、杨思莹，2018，《财政分权、政府创新偏好与区域创新效率》，《管理世界》第12期，第29~42页。

[155] 梁泳梅、董敏杰、张其仔，2014，《产能利用率测算方法：一个文献综述》，《经济管理》第11期，第190~199页。

[156] 林毅夫、刘培林，2004，《地方保护和市场分割：从发展战略的角度考察》，北京大学中国经济研究中心内部讨论稿，No. C2004015。

[157] 林毅夫、巫和懋、邢亦青，2010，《"潮涌现象"与产能过剩的形成机制》，《经济研究》第10期，第4~19页。

[158] 林毅夫，2007，《潮涌现象与发展中国家宏观经济理论的重新构建》，《经济研究》第1期，第126~131页。

[159] 林毅夫，2012，《繁荣的求索：发展中经济如何崛起》，张建华译，北京大学出版社，第9页。

[160] 刘航、李平、杨丹辉,2016,《出口波动与制造业产能过剩——对产能过剩外需侧成因的检验》,《财贸经济》第 5 期,第 91～105 页。

[161] 刘航、孙早,2014,《城镇化动因扭曲与制造业产能过剩——基于 2001～2012 年中国省级面板数据的经验分析》,《中国工业经济》第 11 期。第 5～17 页。

[162] 刘瑞明,2012,《国有企业、隐性补贴与市场分割:理论与经验证据》,《管理世界》第 4 期,第 21～32 页。

[163] 刘阳阳、冯明,2016,《"4 万亿"是否造成了产能过剩?——政策干预与信贷错配》,《投资研究》第 4 期,第 4～22 页。

[164] 龙硕、胡军,2014,《政企合谋视角下的环境污染:理论与实证研究》,《财经研究》第 10 期,第 131～144 页。

[165] 楼继伟,2016,《中国经济最大潜力在于改革》,《现代企业》第 1 期,第 4～5 页。

[166] 卢锋,2009,《治理产能过剩问题(1999～2009)》,《CCER 中国经济观察》第 19 期,第 21～38 页。

[167] 罗德明、李晔、史晋川,2012,《要素市场扭曲、资源错置与生产率》,《经济研究》第 3 期,第 4～15 页。

[168] 罗美娟、郭平,2016,《政策不确定性是否降低了产能利用率——基于世界银行中国企业调查数据的分析》,《当代财经》第 7 期,第 90～99 页。

[169] 奥利弗·E. 威廉姆森、西德尼·G. 温特,2007,《企业的性质:起源、演变和发展》,姚海鑫、邢源源译,商务印书馆,第 22 页。

[170] 吕政、曹建海,2000,《竞争总是有效率的吗?——兼论过度竞争的理论基础》,《中国社会科学》第 6 期,第 4～14 页。

[171] 马红旗、黄桂田、王韧、申广军，2018，《我国钢铁企业产能过剩的成因及所有制差异分析》，《经济研究》第3期，第94~109页。

[172] 马莎·阿姆拉姆、纳林·库拉蒂拉卡，2001，《实物期权：不确定性环境下的战略投资管理》，张维等译，机械工业出版社，第28页。

[173] 莫莎、周婷，2017，《FDI质量影响产能过剩研究》，《经济经纬》第4期，第105~110页。

[174] 聂辉华、江艇、张雨潇、方明月，2016，《中国僵尸企业研究报告——现状、原因和对策》，中国社会科学出版社，第1~54页。

[175] 聂辉华、李金波，2006，《政企合谋与经济发展》，《经济学（季刊）》第1期，第75~90页。

[176] 聂辉华、李翘楚，2013，《中国高房价的新政治经济学解释——以"政企合谋"为视角》，《教学与研究》第1期，第50~62页。

[177] 聂辉华、张雨潇，2015，《分权、集权与政企合谋》，《世界经济》第6期，第3~21页。

[178] 聂辉华、蒋敏杰，2011，《政企合谋与矿难：来自中国省级面板数据的证据》，《经济研究》第6期，第146~156页。

[179] 聂辉华，2016，《政企合谋：理解"中国之谜"的新视角》，《阅江学刊》第6期，第5~15页。

[180] 聂辉华，2017，《产业政策的有效边界和微观基础》，《学习与探索》第8期，第110~117页。

[181] 齐鹰飞、张瑞，2015，《市场集中度与产能过剩》，《财经问题研究》第10期，第24~30页。

[182] 任若恩、孙琳琳，2009，《我国行业层次的TFP估计：1981~

223

2000》,《经济学（季刊）》第 3 期，第 925~950 页。

[183] 阮荣平、郑风田、刘力，2014，《信仰的力量：宗教有利于创业吗?》,《经济研究》第 3 期，第 171~184 页。

[184] 桑瑜，2015，《产能过剩：政策层面的反思与实证》,《财政研究》第 8 期，第 14~20 页。

[185] 沈坤荣、钦晓双、孙成浩，2012，《中国产能过剩的成因与测度》,《产业经济评论（山东）》第 4 期，第 1~26 页。

[186] 沈利生，1999，《我国潜在经济增长率变动趋势估计》,《数量经济技术经济研究》第 12 期，第 3~6 页。

[187] 史晋川、赵自芳，2007，《所有制约束与要素价格扭曲——基于中国工业行业数据的实证分析》,《统计研究》第 6 期，第 42~47 页。

[188] 孙天琦，2001，《产业组织结构研究——寡头主导，大中小共生》，经济科学出版社，第 4 页。

[189] 孙巍、赵天宇，2014，《市场需求对重工业投资影响的非对称性诱导效应研究》,《产业经济研究》第 1 期，第 31~39 页。

[190] 孙焱林、温湖炜，2017，《我国制造业产能过剩问题研究》,《统计研究》第 3 期，第 76~83 页。

[191] 孙喜，2014，《产品开发与产业升级——中国车用柴油机工业的历史教训》,《产业经济研究》第 3 期，第 11~21 页。

[192] 孙早、许薛璐，2018，《产业创新与消费升级：基于供给侧结构性改革视角的经验研究》,《中国工业经济》第 7 期，第 98~116 页。

[193] 史东辉，2010，《产业组织学》，格致出版社，第 62~67 页。

[194] 时磊、田艳芳，2011，《FDI 与企业技术"低端锁定"》,《世界经济研究》第 4 期，第 75~80 页。

[195] 石奇、尹敬东、吕磷，2009，《消费升级对中国产业结构的影

响》,《产业经济研究》第 6 期,第 7~12 页。

[196] 汤小俊,2006,《产能过剩,再考土地政策》,《中国土地》第 2 期,第 4~6 页。

[197] 万岷,2006,《市场集中度和我国钢铁产能过剩》,《宏观经济管理》第 9 期,第 52~54 页。

[198] 汪浩瀚,2003,《不确定性理论与现代宏观经济学的演进》,《经济评论》第 1 期,第 80~85 页。

[199] 王凤飞,2013,《我国战略性新兴产业何以"过剩"?》,《经济研究参考》第 28 期,第 60~69 页。

[200] 王浩瀚,2003,《不确定性理论与现代宏观经济学的演进》,《经济评论》第 1 期,第 80~85 页。

[201] 王立国、高越青,2012,《基于技术进步视角的产能过剩问题研究》,《财经问题研究》第 2 期,第 26~32 页。

[202] 王立国、高越青,2014,《建立和完善市场退出机制有效化解产能过剩》,《宏观经济研究》第 10 期,第 8~21 页。

[203] 王立国、鞠雷,2012,《地方政府干预、企业过度投资与产能过剩:26 个行业样本》,《改革》第 12 期,第 52~62 页。

[204] 王维国、王蕊,2018,《经济不确定性测度——基于 FAVAR-SV 模型》,《经济问题探索》第 12 期,第 21~29 页。

[205] 王维国、袁捷敏,2012,《我国产能利用率的估算模型及其应用》,《统计与决策》第 20 期,第 82~84 页。

[206] 王伟光,2001,《结构性过剩经济中的企业竞争行为——以彩电企业"价格联盟"的终结和价格战再起为例》,《管理世界》第 1 期,第 170~177 页。

[207] 王文甫、明娟、岳超云,2014,《企业规模、地方政府干预与产能过剩》,《管理世界》第 10 期,第 17~36 页。

[208] 王岳平,2006,《我国产能过剩行业的特征分析及对策》,《宏

观经济管理》第 6 期，第 15~18 页。

[209] 王世江、陈杰勇、江华、刘渝声、王双、朱彬、金艳梅，2016，《中国光伏产业发展路线图》，工信部电子信息司。

[210] 王展祥、龚广祥、郑婷婷，2017，《融资约束及不确定性对非上市制造业 R&D 投资效率的影响——基于异质性随机前沿函数的实证研究》，《中央财经大学学报》第 11 期，第 27~37 页。

[211] 韦影，2007，《企业社会资本与技术创新：基于吸收能力的实证研究》，《中国工业经济》第 9 期，第 119~127 页。

[212] 魏后凯，2003，《中国制造业集中与利润率的关系》，《财经问题研究》第 6 期，第 21~27 页。

[213] 魏琪嘉，2014，《国外治理产能过剩经验研究》，《现代商业》第 20 期，第 53~54 页。

[214] 温湖炜，2017，《研发投入、创新方式与产能过剩——来自制造业的实证依据》，《南京财经大学学报》第 4 期，第 8~17 页。

[215] 吴春雅、吴照云，2015，《政府补贴、过度投资与新能源产能过剩——以光伏和风能上市企业为例》，《云南社会科学》第 2 期，第 59~63 页。

[216] 吴卫星、付晓敏，2011，《信心比黄金更重要？——关于投资者不确定性感受和资产价格的理论分析》，《经济研究》第 12 期，第 32~44 页。

[217] 吴卫星、汪勇祥、梁衡义，2006，《过度自信、有限参与和资产价格泡沫》，《经济研究》第 4 期，第 115~127 页。

[218] 吴延兵，2012，《国有企业双重效率损失研究》，《经济研究》第 3 期，第 15~27 页。

[219] 武在平、祝剑锋，2006，《十三大行业产能过剩突出》，《中国经济周刊》第 17 期，第 32~33 页。

[220] 夏飞龙，2018a，《产能过剩的概念、判定及成因的研究评

述》，《经济问题探索》第 12 期，第 54~69 页。

[221] 夏飞龙，2018b，《产能利用率测算比较与产能过剩研究》，《中国流通经济》第 7 期，第 71~82 页。

[222] 夏晓华、史宇鹏、尹志锋，2016，《产能过剩与企业多维创新能力》，《经济管理》第 10 期，第 25~39 页。

[223] 相晨曦，2014，《中国钢铁产业产能过剩特征分析》，《中国管理信息化》第 8 期，第 91~94 页。

[224] 肖文、林高榜，2014，《政府支持、研发管理与技术创新效率——基于中国工业行业的实证分析》，《管理世界》第 4 期，第 71~80 页。

[225] 小宫隆太郎、奥野正宽、岭村兴太郎，1988，《日本的产业政策》，黄晓勇译，国际文化出版公司，第 52 页。

[226] 谢攀、林致远，2016，《地方保护、要素价格扭曲与资源误置——来自 A 股上市公司的经验证据》，《财贸经济》第 2 期，第 71~84 页。

[227] 徐朝阳、周念利，2015，《市场结构内生变迁与产能过剩治理》，《经济研究》第 2 期，第 75~87 页。

[228] 徐滇庆、刘颖，2016，《看懂中国产能过剩》，北京大学出版社，第 28~29 页。

[229] 杨蕙馨，2000，《企业的进入和退出与产业组织政策——以汽车制造业和耐用消费品制造业为例》，上海人民出版社，第 37，56 页。

[230] 杨立勋，2018，《中国工业行业产能利用率测度分析》，《北京理工大学学报》（社会科学版）第 5 期，第 90~96 页。

[231] 杨汝岱，2015，《中国制造业企业全要素生产率研究》，《经济研究》第 2 期，第 61~74 页。

[232] 杨振兵、张诚，2015，《中国工业部门产能过剩的测度与影响

因素分析》，《南开经济研究》第 6 期，第 92~109 页。

[233] 杨振兵，2016，《有偏技术进步视角下中国工业产能过剩的影响因素分析》，《数量经济技术经济研究》第 8 期，第 30~46 页。

[234] 杨天宇、陈明玉，2018，《消费升级对产业迈向中高端的带动作用：理论逻辑和经验证据》，《经济学家》第 11 期，第 48~54 页。

[235] 杨志安、邱国庆，2019，《财政分权与中国经济高质量发展关系——基于地区发展与民生指数视角》，《财政研究》第 8 期，第 27~36 页。

[236] 余东华、吕逸楠，2015，《政府不当干预与战略新兴产业产能过剩》，《中国工业经济》第 10 期，第 53~68 页。

[237] 余东华、丘璞，2016，《产能过剩、进入壁垒与民营企业行为波及》，《改革》第 10 期，第 54~64 页。

[238] 余淼杰、崔晓敏，2016，《中国的产能过剩及其衡量方法》，《学术月刊》第 12 期，第 52~62 页。

[239] 余淼杰、金洋、张睿，2018，《工业企业产能利用率衡量与生产率估算》，《经济研究》第 5 期，第 56~71 页。

[240] 约翰·伊特韦尔、默里·米尔盖特、彼得·纽曼，1996，《新帕尔格雷夫经济学大辞典（中译本）》第三卷，经济科学出版社，第 785，834~836 页。

[241] 臧旭恒、裴春霞，2004，《预防性储蓄、流动性约束与中国居民消费计量分析》，《经济学动态》第 12 期，第 28~31 页。

[242] 张龙鹏、蒋为，2015，《政企关系是否影响了中国制造业企业的产能利用率？》，《产业经济研究》第 6 期，第 82~90 页。

[243] 张东辉、徐启福，2001，《过度竞争的市场机构及其价格行为》，《经济评论》第 1 期，第 59~63 页。

[244] 张慧、江民星、彭璧玉，2018，《经济政策不确定性与企业退

出决策：理论与实证研究》，《财经研究》第 4 期，第 116~129 页。

[245] 张杰、周晓艳、李勇，2011，《要素市场扭曲抑制了中国企业 R&D?》，《经济研究》第 8 期，第 78~91 页。

[246] 张倩肖、董瀛飞，2014，《渐进工艺创新、产能建设周期与产能过剩——基于"新熊彼特"演化模型的模拟分析》，《经济学家》第 8 期，第 33~42 页。

[247] 张少华、蒋伟杰，2017，《中国的产能过剩：程度测算与行业分布》，《经济研究》第 1 期，第 89~102 页。

[248] 张小筠、刘戒骄，2018，《改革开放 40 年产业结构政策回顾与展望》，《改革》第 9 期，第 42~54 页。

[249] 张晓晶，2006，《产能过剩并非"洪水猛兽"——兼论当前讨论中存在的误区》，《学习时报》第 4 期，第 92~109 页。

[250] 张新海、王楠，2009，《企业认知偏差与产能过剩》，《科研管理》第 5 期，第 33~39 页。

[251] 张新海，2007，《转轨时期落后产能的退出壁垒和退出机制》，《宏观经济管理》第 10 期，第 37~39 页。

[252] 张雪魁，2013，《经济学中的不确定性——一种经济哲学视角的考察》，《人文杂志》第 1 期，第 1~9 页。

[253] 张雪魁，2010，《知识、不确定性与经济理论：主流经济理论的三个替代性假设》，上海人民出版社，第 1，14~20，142~143，163，318，332 页。

[254] 张少军、刘志彪，2013，《国际贸易与内资企业的产业升级——来自全球价值链的组织和治理力量》，《财贸经济》第 2 期，第 68~79 页。

[255] 中国金融四十人论坛课题组，2017，《产能过剩的衡量与原因分析——一个文献综述》，《新金融评论》第 1 期，第 73~95 页。

［256］中国铸造协会，2010，《国内大型铸锻件高端紧缺》，《特种铸造及有色合金》第11期，第1052页。

［257］钟春平、潘黎，2014，《"产能过剩"的误区——产能利用率及产能过剩的进展、争议及现实判断》，《经济学动态》第3期，第35～47页。

［258］周劲、付保宗，2011，《产能过剩的内涵、评价体系及在我国工业领域的表现特征》，《经济学动态》第10期，第58～64页。

［259］张林，2016，《中国式产能过剩问题研究综述》，《经济学动态》第6期，第90～100页。

［260］张莉、高元骅、徐现祥，2013，《政企合谋下的土地出让》，《管理世界》第12期，第43～51页。

［261］张晏、龚六堂，2005，《分税制改革、财政分权与中国经济增长》，《经济学（季刊）》第4期，第75～108页。

［262］周黎安，2004，《晋升博弈中政府官员的激励与合作：兼论我国地方保护主义和重复建设问题长期存在的原因》，《经济研究》第6期，第33～40页。

［263］周密、刘秉镰，2017，《供给侧结构性改革为什么是必由之路？——中国式产能过剩的经济学解释》，《经济研究》第2期，第67～81页。

［264］朱希伟、沈璐敏、吴意云、罗德明，2017，《产能过剩异质性的形成机理》，《中国工业经济》第8期，第44～62页。

后 记

本书的主要内容来自我在中国社会科学院研究生院完成的博士论文《中国产能过剩的测度和形成机理研究》。我要衷心感谢我的导师金碚先生。先生学识渊博、勤于思考、为人和善，无论是在做事，还是做人，或者说是做学术研究等各个方面，都是我学习的榜样。与其他同学相比，我无疑是幸运的。我天性热爱自由，不论是对生活还是对学术。先生给了我足够的空间去寻找感兴趣的研究方向。每当我遇到学术问题，先生都能耐心与我交谈，并给予方向性的指导。每次交谈之后，我都有"醍醐灌顶"之感。从毕业论文的开题到论文写作，再到论文的答辩，先生都给予了足够的指导和帮助。特别是在我论文开题不顺之时，先生不仅在学术上给予指导，而且在心理上给予辅导，最后才使我顺利完成后续论文的写作。借此机会，我要向先生表达我最真诚的感激之情。

感谢我的硕士生导师朱丽萍副教授。朱老师不仅是我学术的启蒙老师，还鼓励我继续深造，如此我才能考取中国社会科学院的博士研究生。直至今日，朱老师对我都颇为照顾。

在此同样感谢评阅我论文和参加我论文答辩的老师们，他们是戚聿东教授、王永贵教授、刘戒骄研究员、张其仔研究员、杨丹辉研究员、李曦辉教授、杨德林教授。他们提出的宝贵建议使本论文更加完善。

感谢同窗崔文杰、牛建国和罗振洲，他们对我的学习和生活都颇为照顾，都是我尊敬的"老大哥"。感谢同窗好友张小筠，与她一起在北大听课，与她一起探讨学术，都使我倍感充实。他们在其他各个方面对我包容和照顾，让我感受到了亲人般的关怀。感谢硕、博同学赵蕊和薄凡，相识就是缘分。感谢同窗朱芳芳、张珂莹、吕鹏娟、张建英、尚永珍、王鹏飞、郭文等在学习上给予的帮助。特别感谢同窗好友夏宇，与他的思想碰撞，使我获益良多。

还要感谢我的家人。自 2004 年开始，我便离家求学和工作，一晃已过 17 年。如果不是父母的省吃俭用供我读书，我不可能安心地写下这些文字。读书对已过而立之年的我来说实在是一件奢侈的事，我所享受的这份奢侈是我的父母用辛勤的劳动换来的。在这条求学的路上，特别是我的父亲，给予了我最大的鼓励和支持。父母对我无私的付出是我一辈子也还不清的债。作为儿子，我已经让父母吃了太多的苦，希望这些文字能让他们得到稍许安慰。感谢我的妹妹及其家人，在我不在父母身边的日子，他们能让父母享受天伦之乐。最后，感谢我的妻子，是她默默的关心和支持让我得以完成这项研究工作。

夏飞龙

2021 年 5 月于昆明

图书在版编目（CIP）数据

中国制造业产能过剩的测度与成因 / 夏飞龙著 . --北京：社会科学文献出版社，2021.12
ISBN 978 - 7 - 5201 - 8623 - 0

Ⅰ.①中… Ⅱ.①夏… Ⅲ.①制造工业 - 生产过剩 - 研究 - 中国 Ⅳ.①F426.4

中国版本图书馆 CIP 数据核字（2021）第 120821 号

中国制造业产能过剩的测度与成因

著　　者 / 夏飞龙

出 版 人 / 王利民
责任编辑 / 张　超
责任印制 / 王京美

出　　版 / 社会科学文献出版社·皮书出版分社（010）59367127
　　　　　　地址：北京市北三环中路甲29号院华龙大厦　邮编：100029
　　　　　　网址：www.ssap.com.cn

发　　行 / 市场营销中心（010）59367081　59367083
印　　装 / 三河市龙林印务有限公司
规　　格 / 开本：787mm × 1092mm　1/16
　　　　　　印张：15.25　字数：203千字
版　　次 / 2021年12月第1版　2021年12月第1次印刷
书　　号 / ISBN 978 - 7 - 5201 - 8623 - 0
定　　价 / 98.00元

本书如有印装质量问题，请与读者服务中心（010 - 59367028）联系

▲ 版权所有 翻印必究